STUDIA
HUMANITATIS
문명지평

STUDIA
HUMANITATIS
문명지평
7

황종희가 꿈꾸는 도덕정치

연대와 성장의 민주주의

이혜경 지음

서울대학교출판문화원

STUDIA HUMANITATIS
문명지평 7

황종희가 꿈꾸는 도덕정치

연대와 성장의 민주주의

초판 1쇄 인쇄 2017년 6월 20일
초판 1쇄 발행 2017년 6월 25일

지은이 이혜경
펴낸곳 서울대학교출판문화원
펴낸이 성낙인

출판등록 제15-3호

주소 08826 서울 관악구 관악로 1
대표전화 02-880-5252 | 팩스 02-888-4148
전략기획팀(출판상담 및 홍보) 02-880-5217
출판관리팀(주문상담) 02-889-4424, 02-880-7995
이메일 snubook@snu.ac.kr
홈페이지 www.snupress.com

ISBN 978-89-521-1899-8 04190
978-89-521-1576-8 세트

이 저서는 2007년 정부(교육과학기술부)의 재원으로
한국연구재단의 지원을 받아 수행된 연구임(NRF-2007-361-AL0016).

머리말

이 책은 중국 명말청초의 학자 황종희가 구상한 좋은 세상에 관한 이야기이다. 더 정확하게 말하면, 황종희의 이야기를 바탕으로 유학이 오늘날에도 좋은 세상에 대한 조언을 줄 수 있다면 이런 것이리라 짐작하면서 살을 붙여 서술한 것이다.

중국이 유럽근대문명 앞에서 휘청거리던 청대 말기, 황종희는 중국의 루소로 불리며 역사에서 소환되었다. 중국의 애국청년들이 황종희에게서 루소의 『사회계약론』에 필적하는 민주의 정신을 보았기 때문이다. 실제로 황종희의 사상을 '민주주의'로 평가할 수 있을지는 좀 더 따져 봐야 할 문제이지만, 그 정신으로 평가해 줄 만한 것이 있음은 분명하다.

유학자들은 도덕적으로 선각자이자 우수한 사람이고자 했으며, 도덕적 사회를 만드는 것이 자신들의 임무라고 생각했다. 군주제 아래서 좋은 사회를 만드는 일의 핵심은 군주의 전횡을 막고 도덕적 원리에 의해 사회를 운영되도록 하는 것이었다. 유학이라는 학파 혹은 사회사상은 도덕주의와 엘리트주의로 특징지을 수 있다. 유학자가 갖는 우월의식의 근거는 도덕성이므로 그들의 엘리트주의는 도덕적 엘리트주의라고 할 수 있다. 어떤 분야의 엘리트이든 엘리트들이 배타적으로 사회의 중요한 역할을 해야 한다고 주장하는 엘리트주의는 일반적으로 민주주의와 조화되기 어려운 이념이다. 도덕주의는 사회가 추구하는 가치를 성취하는 원동력이 도덕이라고 주장하는 이념이다. 유학은 도덕적 엘리트들의 도덕성과 책임감에 의해 사회를 도덕적으로 운영하겠다는 이상을 표방한다.

황종희는 도덕적인 삶이 가장 중요하다고 생각하는 점에서 유학의 도덕주의 전통 위에 있다. 그러나 그는 좋은 사회를 만들 책임을 지고 도덕적인 성장을 해야 하는 사람이 일부 엘리트에 국한된다고 생각하지 않았다는 면에서 엘리트주의를 벗어나 있다. 그 점에서 황종희가 보여 주는 좋은 세상에 대한 청사진은 유학이 현대사회에 제시해 줄 수 있는 도덕적 사회가 되리라고 생각한다.

황종희는 명나라가 무너지고 청나라가 중원에 대신 들어서던 그 현장에서 살았다. 그는 자신이 몸담은 공동체의 운명을 자기 개인의 운명과 분리하지 않았다. 그리하여 조국이 멸망하는 것을 온전히 자신의 일로 체험했다. 쓰러져 가는 조국을 붙들어 세우기 위해 가산을 털어 무력 항쟁하는 것도 불사했다. 그 와중에 아버지를 잃고 스승을 잃었다. 이어 자식과 손자가 자기 앞에서 죽는 것도 지켜봐야 했다. 아버지는 썩은 명의 조정을 어찌해 보려다 모함을 당해 옥에서 죽었고, 스승은 명의 멸망을 확인하고 식음을 끊고 죽었다. 동생은 항청운동 중에 체포되어 죽었고, 그의 아들과 손자는 도피생활 중에 병으로 죽었다. 가족을 따라 죽는 것이 그에게는 가장 쉬운 일이었을 것이다. 그러나 그는 죽을 수 없었다. 죽기 전에 자신이 겪은 비극에 대해 책임질 일이 있다고 생각했기 때문이다. 그가 스스로에게 준 과제는 그 비극이 발생한 원인에 대해 해명하고, 그럼으로써 이후의 역사에서 그 비운의 구름을 걷어 내는 것이었다. 그는 온힘을 다해 공부했다. 그리고 그가 찾은 길을 후대 사람들에게 보여 주고자 했다.

언제나 자기 시대가 위기라고 느끼는 것일까? 매 순간이 위기인 것 같은 오늘날이다. 우리는 황종희에게서 무엇이든 배울 것이 있을 것이다. 그는 이른바 하늘이 무너지고 땅이 흔들린 위기 속에서, 그 위기를 돌파하기 위해 평생을 바쳤기 때문이다.

황종희는 공자와 맹자의 후예를 자처한 유학자였지만, 특히 맹자가 낙관한 정치적 전망에 대해서는 동의할 수 없었다. 맹자가 남긴 책 『맹자』에는 유학의 이상적 정치와 그 근거가 되는 인간본성론이 담겨 있다. 맹자는 천성적으로 갖는 나의 선한 마음이 세상의 평화를 가져올 근원이라는 윤리-정치 이론을 전개했다. 즉 그는 인간이 가진 선한 마음의 힘을 믿었으며 그 마음의 힘에 의한 정치에 대해 낙관했다. 그러나 황종희가 겪은 현실, 그리고 현실을 이해하기 위해 공부한 역사는 피와 부조리로 가득 찬 것이었고, 세상을 피로 물들이는 데는 한 사람의 도덕적 허약함으로도 충분했다.

그럼에도 그는 맹자의 선한 본성 이론을 계승한다. 선한 본성을 발휘하고 사는 것이 사람에게 가장 귀한 일이라고 생각했다. 그러나 그가 말하는 선한 본성은 주희(朱熹)가 말하듯이 우주적 진리가 아니었다. 그는 사람이 타고난 선한 본성은 전광석화처럼 혹은 끊어진 물줄기처럼, 반짝하다 사라질 수 있는 작은 것이라고 생각했다. 실제로 역사가 보여 주듯이 선한 마음은 있다 하더라도 너무나 쉽게 사라질 수 있는 것이었다.

그러나 그 선한 본성이 아무리 허약하더라도 그것만이 밝은 미래를 열어 줄 수 있다고 그는 생각했다. 도덕적 허약함이란 누구나의 사정이기 때문에 도덕적 타락은 누구에게나 가능한 일이었다. 그런 사람들이 모인 사회는 서로의 선함을 인정하고 동시에 서로의 이기심도 인정하며, 선함을 키우고 이기심을 경계해 주면서 더불어 성장해 나가야만 하는 곳이었다.

맹자가 소개한 선한 본성은 다른 사람의 불행을 같이 느낄 수 있는 공감의 마음이다. 송나라의 주희가 집대성한 성리학은 송나라를 대신해서 들어선 원나라의 조정에서 과거시험의 필수과목이 되었고, 이후 20세기 초 청나라가 망할 때까지 세상을 풍미했다. 성리학은 맹자의 선한 본성을 완전한 것이라고 재해석했다. 더구나 그 본성은 우주의 질서를 담고 있다고 주장되었다. 성리학 이후 중국에서 글을 읽고 쓴다는 사람들은 자신의 본성만을 잘 간직하고 발휘하면 우주적 진리를 내다볼 수 있다고 믿게 되었다. 그러한 생각은 자기의 마음 밖, 즉 구체적인 외부세계에 관심을 갖기 어렵게 만든다.

맹자가 주장하는 것처럼, 주희가 주장하는 것처럼, 세계의 평화는 내 선한 마음만으로 달성되는 것이던가? 그런 적이 있었던가? 나와 가장 가까운 사람의 평화조차 내 마음만으로는 어찌할 수 없지 않은가? 내 마음과 아주 관련이 없지는 않겠지만 내 밖에 있는 많은 사람들의 마음은 내가 통제할 수 있는 것이 아니다. 세상일이야 말할 것도 없다.

황종희는 마음 밖의 세상을 알아야 한다고 생각했다. 황종희는 선한 마음의 힘을 믿었지만 내 마음을 떠나 펼쳐지는 세상에 대해 맹자나 주희와는 다른 방식으로 대응해야 했다. 그의 세상은 '기'(氣)에 의해 설명된다. 그에 의하면 모든 존재는 기로 이루어졌다. 기는 운동하며 흐른다. 세상은 움직이며 서로에게 동시적으로 때로는 연쇄적으로 영향을 준다. 사람의 마음 역시 기로서, 자신의 주위에서 영향을 받으며 스스로를 형성하고, 또 거꾸로 주변에 영향을 준다. 그러므로 누구라도 스스로의 인생뿐 아니라 사회에 책임이 있고 나아가 세계에 책임이 있다. 그는 『맹자사설』을 통해 자신이 해석하는 『맹자』의 선한 본성 이론을 소개하고, 『명이대방록』을 통해 자신이 경험한 것과 같은 비극을 끝내는 정치는 어떠해야 하는지 소개한다. 그는 본성의 윤리적 허약함과 현실의 부조리를 경험했지만, 그래도 사람의 마음이 이 세상을 개선해 나가지 않으면 안 된다고 생각했다. 자신의 허약함을 인정하고, 허약하기 때문에 서로에게 의지해 성장을 도모하고, 허약하기 때문에 서로가 타락하지 않도록 관심을 갖고 지켜보고, 필요할 때는 견제하고 비판해 주는, 그런 세상이 되어야 한다고 생각했다.

그래서 그가 그린 세상에서는 여전히 윤리와 정치가 분리되지 않는다. 동물적인 이기심에만 자신을 맡기고 살지 않기 위해, 섬광처럼 찾아드는 타고난 선한 마음을 키워 나가는 일은 윤리의 영역이다. 너무나 쉽사리 타락할 수 있는 자신을 되돌아보며, 권력을 가진 그 누구라도 결국은 자신과 다름없이 보통 사람이라는 것을 알고 견제와 비판을 멈추지 않는 일은 정치의 영역이다. 이 두 영역의 일은 경계선 없이 이어져 있다. 누구나 윤리적 성장을 추구해야 하듯이 권력에 대한 견제와 비판 역시 모두의 몫이다. 그가 꿈꾸는 세상에서는 누구나 선한 사람이 되려고 노력해야 하는 것처럼 누구나 선한 사회, 선한 세상을 만드는 데 기여할 의무가 있다.

유용함이 아니라 선함을 지향하는 사회, 나의 선함이 너의 선함으로 인해 가능하고, 우리의 선함이 사회의 선함을 좌우하는 그런 사회, 황종희가 소개해 주는 좋은 세상은 그런 곳이다.

이 책은 황종희의 주장을 소개하는 글이라기보다는, 오늘날 우리 사회가 황종희에게서 경청할 수 있는 조언을 탐색하려는 글이다. 그래서 황종희의 이야기와 오늘날의 이야기가 경계 없이 섞여 있다. 황종희가 자신의 정치사상을 펼치면서 『맹자』를 비판적으로 학습했기 때문에 맹자와 그의 책 『맹자』의 이야기도 섞여들 수밖에 없다. 그리고 황종희가 자신의 의견을 펼치면서 주로 비판하는 대상이 성리학이므로, 성리학도 자주 등장한다. 맹자의 비판적인 계승자인 17세기 중국의 인물이 오늘날의 우리에게 어떤 의미 있는 이야기를 해 줄 수 있을까?

우리는 순식간에 산업화를 이룩했고 민주주의도 도입했다. 그러나 민주주의는 여전히 학습 중인 듯하다. 근대유럽에서 시작된 민주주의는 개인주의를 실현하려는 정치적 방식이다. 개인주의는 자율성을 가진 인간으로서 개인의 존엄성을 실현하고자 한다. 개인은 스스로를 이성적 존재라고 상상하고, 스스로를 위해 늘 올바른 판단과 선택을 한다고 자부한다.

한국의 민주주의 실현에서 개인의 부재는 자주 지적되며, 흔히는 독립적인 개인이 없었던 유학 전통 탓이라고 비판된다. 동의한다. 유학은 모든 존재를 관계로 정의한다. 민주주의가 개인주의를 실현하기 위한 방법이라고 한다면, 독립적이고 자주적인 개인이 되지 못하면 민주주의도 제대로 운영하지 못하는 것일까? 독립적 개인은 정말 늘 스스로를 위해 이로운 결정을 할 수 있는 존재인가?

이성적 개인에 대해서는 진작부터 서구에서도 의문과 우려의 목소리가 나왔다. 그 우려의 목소리는 개인주의를 대체하거나 보완할 수 있는 것으로 공동체주의를 제안한다. 유학은 공동체주의에 가깝지만 공동체주의가 전제하고 있는 개인의 자유와 평등을 유학은 가치로 생각하지 않는다. 즉, 유학이 공동체주의의 노선이라고 하더라도 근대가 성취한 자유와 평등은 결여되어 있다. 그러나 사상은 순일한 것이 아니고 고정된 것도 아니다. 자유와 평등의 가치는 서구에서 수입하고 그것을 내면화하고 생활화할 수 있는 교실은 다른 환경이어도 되지 않을까? 그럴 수밖에 없는 것이 아닐까?

황종희는 유학의 전통 위에 있다. 황종희에게 그 의미는 도덕적 힘과 도덕적 성장을 중시하는 것으로 드러난다. 도덕적 힘을 중시한다는 것은 인간의 존엄성을 지키겠다는 의지이다. 도덕적 성장은 공동체 안에서만 가능하다. 우리는 황종희에게서 오히려 우리에게 현실적인 민주주의의 실천방식을 배울 수도 있을 것이다.

차례

제1장

어둠 속에서 때를 기다리며

어려운 때일수록 정도를 가라

"어려운 때일수록 정도를 가라."라는 말을 읊조릴 때가 있다. 마주한 위기가 나를 위축시키고, 그 상황에서 헤어 나오는 것을 당장의 목표로 하게 되면 영락없이 무리수를 두게 되고, 그 무리수는 더욱 상황을 나쁘게 만들고 나는 더욱더 위축된다. 물에 빠진 사람이 헤어 나오기 위해 허우적거릴수록 더 깊이 빠져드는 것처럼, 어려운 환경에 처한 사람은 평상심을 잃고 평상심에서 벗어난 마음은 설상가상의 상황을 만들기 십상이다.

어려움이 뭔지 모르고 마냥 좋은 환경에서 자란 사람은 선량한 사람이 되기 쉽다. 자신을 둘러싼, 사람을 비롯해 모든 것이 자신에게 호의적이기만 하다면, 서로를 미워하고 서로를 믿지 못하고 심지어는 상대를 모함하여 앞길을 막고자 한다는 것이 어떤 것인지 어떻게 알겠는가? 정말 어려운 것은 나를 둘러싼 상황이 나쁘게만 돌아갈 때, 정신 줄 놓지 않고 그 상황을 견뎌 내며 이윽고는 돌파해 가는 일일 것이다. 그러고서도 인간에 대해서든 상황에 대해서든 긍정적인 전망을 잃지 않는 일일 것이다. 어떻게 하면 그럴 수 있는가?

그에 대해 맹자가 제시한 방법이 있다. 맹자는 나쁜 환경도 자신을 성장시키기 위한 도구로 받아들이라고 조언했다. 더 큰 일을 할 수 있는 사람을 만들기 위해 하늘이 자신을 단련하는 것이라고 받아들이며 더욱 견고해지도록 자신을 키우는 기회로 삼으라는 것이었다. 맹자의 말을 긍정적으로 받아들여 곱씹어 보면 다음과 같은 상황을 기대하는 것이리라. 즉 자신을 덮친 불행을 자신이 교육받을 교실로 삼아 그 고난으로 인해 성장하면서 단단해지는 일에 집중하다 보면 어려움은 지나가 있을 것이다. 성장해서 이겨 내는 일에 집중하다 보면 어려움 자체에 대한 관심은 줄어들 것이고, 어떤 어려움이든 변하지 않는 것은 없을 것이고, 결국에는 한층 성장해서 강해진 자신이 되어 있을 것이다.

외부에서 찾아오는 위기는 내가 어쩔 수 있는 것이 아니지만, 평상심을 잃지 않는 일은 내게 달린 일이다. 위기 앞에서 자신의 바닥을 드러낼 수밖에 없다면, 평소에 그 바닥을 어떻게 해 둬야 할 일이다. 너무 낮은 바닥이 드러나지 않도록 기본을 높여 두고 쉽게 흔들리지 않도록 단단하게 해 둘 일이다. 그리고 평상심을 잃지 않으려고 노력하면서 맹자가 조언해 준 대로 그 위기로부터 무엇을 배울 것인지에 몰두한다면, 당장의 위기 극복은 물론이고 그다음의 위기를 대비하는 데 분명 도움 되는 것이 있을 것이다.

위기와 대면하여 평상심을 유지하는 한편에서 올바른 길 즉 '정도'가 무엇인지 거듭 헤아리는 일 역시 함께해야 할 일이다. 올바른 길에서 벗어나지 않는 것이 위기의 심연으로 빠지지 않는 방법이기 때문이다.

"어려운 때일수록 정도를 가라."라는 의미심장한 말을 누가 했을까? 한때 누구의 말일까 궁금해하다 알아내지 못하고 그대로 덮어 둔 적이 있다. 최근에 황종희(黃宗羲, 1610~1695)가 쓴 정치사상서 『명이대방록』(明夷待訪錄)을 읽다가, 그 책 이름에 들어 있는 '명이'(明夷)라는 말이 비슷한 의미를 갖는다는 것을 알게 되었다. '명이'는 『역』의 64괘 가운데 하나로, 밝음이 땅속에 들어가 있는 모습[地火明夷]을 표현했다. 즉 '명이'는 새벽을 앞두고 있는 밤을 형상화한 괘이다. "밝음이 사라진 때에는 어렵지만 바르게 처신함으로써 뒷날을 기약할 수 있다"는 것이 『역』에서 말하는 괘의 의미이다.

우리가 아는 한, 밤이 지나면 어김없이 새벽이 온다. 오래전부터 사람들은 밤이 지나면 새벽이 오는 자연의 규칙을 인생사에까지 확대해서, 어려운 시간을 이겨 내면 좋은 시간이 올 것이라는 암시로 받아들였다. 일찍부터 인생사와 자연사가 같은 원리에 의해 움직인다는 이론이 많은 사람들에 의해 받아들여졌다고는 해도, 또 앞으로도 어김없이 밤이 지나면 새벽이 온다고 해도, 그렇다고 그것이 사람이 겪는 어려움이 지나가고 좋은 일이 오리라는 보장이 되지는 않는다. 그러나 바르게 처신하는 것 이상으로 또 다른 어떤 좋은 방법이 있으랴. 더구나 황종희처럼 사람이 경험할 수 있는 나쁜 일의 극단을 겪은 사람에게는 이보다 더 좋은 어떤 처신도 남아 있을 법하지 않다.

그는 위기라는 말에 다 담을 수 없는 비극을 겪었다. 그에게 기둥이 되었던 아버지와 스승을 비롯해 주위의 혈족들이 자살하거나 살해당했다. 황종희는 자신의 현실을 가늠할 수도 없었고 앞은 더더구나 내다볼 수 없었다. 그러나 황종희는 그들과 함께 죽는 대신 '명이'

를 가슴에 품었다. "바르게 처신"하는 것이 어떤 것인지 근본을 물었고, 그렇게 새벽을 맞이하고자 했다.

맹자의 조언대로 내 마음만이 상황을 좋게 만들 수 있다는 믿음을 갖고 고난에서 배운다는 자세로 임하는 것이 바르게 처신하는 길일 수도 있다. 황종희 역시 고난에서 배우고자 했다. 그러나 맹자처럼 자신 안으로 들어가는 방식은 아니었다. 그의 근원 찾기는 자신의 마음을 향하지 않았다. 그는 나라가 썩어서 스스로 무너지는 사건의 근원을 찾았다. 그는 정치란 무엇이며, 어디에서 잘못되었고, 잘못이 되풀이되지 않도록 하려면 어떻게 해야 하는지 등을 물었다. 그리하여 그는 자신만의 마음을 단련하는 것이 아니라, 세상 사람들의 마음을 단련시켜야 한다고 생각했다.

명나라는 몽골이 건국한 원나라를 대신해 중원에 들어섰다. 명나라의 태조 주원장(朱元璋, 1328~1398)은 소작농 출신이었다. 원나라 말기, 주원장은 홍건적에 가담하여 그 안에서 입신양명한 것을 발판으로 마침내는 새 왕조를 열기에 이르렀다. 새 왕조의 시조가 된 그는 자신과 왕실의 권위를 지키기 위해 자신의 비천했던 과거를 깨끗이 지우고자 했다. 그리하여 어려운 날을 함께했던 동지들을 숙청하는 일도 감행했다. 재상제도 폐지했다. 재상제는 군주의 올바른 권력 사용을 인도하면서 만일에 있을 군주의 폭주를 제어한다는 유학의 정치적 비전에 의해 설치된 것이었다. 재상의 임무에는 군주가 올바른 길로 가도록 가르치면서 협력하는 것뿐 아니라, 왕권이 비대해지고 왕이 무소불위의 존재가 되지 않도록 견제하는 것도 포함되었다. 재상의 이러한 존재의미가 왕의 권력 다지기에 위협적인 것이었을 뿐 아니라, 원말에 황제를 폐위하고 옹립할 만큼 재상의 권력이 비대해졌던 사실도 명태조에게는 반면교사가 되었다.

명태조가 절대 권력으로 남는 방법은 자신에게 거스르지 않고 순응하며 아부하는 환관들을 곁에 두는 것이었다. 아이러니하게도 황제의 권력이 절대화되는 길은 황제의 통치능력이 무능력해지는 길이었고, 동시에 환관의 권력이 비대해지는 길이 되었다. 재상을 비롯해 입바른 소리를 할 대신들을 멀리하게 되자 황제의 귀에 말을 넣는 사람은 환관밖에 남지 않았다. 환관은 황제의 온갖 어리광과 패악에 쓴소리 한마디 안 하고 비위를 맞춰 주고, 그 보상으로 황제 옆에서 호가호위의 권세를 누렸다. 이러한 환경이 지속되고 상황이 증폭되면서 명나라 황제들은 폭력적이 되거나 무능해졌다. 그 황제들을 다루면서 환관들은 점점 더 영악해지고 점점 더 탐욕스러워졌다. 명의 멸망은 이 길을 따라간다.

황종희의 아버지 황존소(黃尊素, 1584~1626)는 정의롭고 혈기왕성한 사람이었다. 당시 환관의 우두머리는 위충현(魏忠賢, 1568~1627)이라는 자였다. 위충현은 황제 직속인 비밀경찰을 장악할 정도로 권력이 막강했다. 그는 전국 각지에 사병을 배치하여 제멋대로 권력을 휘두르면서 전국을 공포에 떨게 했다. 황존소는 산동 지역의 어사로 복무하면서 당시 정책의 열 가지 실책을 지적하는 것을 시작으로 위충현의 미움을 사게 되었다. 그러나 황존소는 굴하지 않고 북경에 가서 동림당(東林黨)의 일원이 되어 본격적으로 위충현과 맞서게 된다. 동림당은 비대해진 황제권력과 환관의 전횡, 그에 동반한 기성 정치인들의 부패와 무능 등 명조의 총체적인 비정상의 상황을 개혁해야 한다는 문제의식을 가진 젊은 선비들이 만든 조직이었다.

동림당원은 점차 중앙관직으로 진출하면서 성장해 갔다. 그러나 그들의 성장은 반 동림당 세력이 결집하는 계기가 되기도 했다. 황존소가 처형당하기 2년 전, 동림당의 한 인사가 위충현을 탄핵하는 문서를 올려 일시적으로 위충현을 휘청거리게 했다. 그러나 위충현은 바로 기세를 회복하여 동림당원들을 조정에서 밀어내고, 그 이듬해는 부정사건을 조작해 동림당원들을 잡아들였다. 잡아들여 바로 처형했는데, 황존소 역시 그때 처형되었다. 위충현은 동림당의 근거지인 동림서원을 폐쇄하고 동림서원의 세미나 즉 강학(講學)도 금지했다.

황종희의 나이 17세 때였다. 아버지가 사망하기 전부터 집안은 이미 흔들리고 있었다. 아버지와 숙부는 번갈아 가며 고발되고 체포되었으며, 기울어 가는 가세 때문에 허구한 날 이사를 다녀야 했다. 아버지의 죽음 이후 황종희는 한동안 떠돌이 생활을 한다. 독서 결사에 가담하고 때로는 스스로 결사를 조직하면서 전국을 유랑했다. '작은 동림'이라 불리던 '복사'(復社)에 참여하며 절의를 키운 것도 이때였다. '복사'는 청년들의 독서모임이었으나 동림당의 정신을 계승해 당시의 학문경향과 정치에 대해 날카로운 비판정신을 키워 갔다.

훗날 그는 자신의 활동을 세 시기로 나눈 적이 있는데, 이 시절을 '당인'(黨人)의 시절이라고 불렀다. 무리를 지어 활동했다는 의미이다. 이 시기 이후의 나머지 두 시기는 각각 유협(游俠)과 유림(儒林)이다. '유협'은 떠돌아다니는 병사라는 의미이고, '유림'은 유학자란 뜻이다. 이 두 단어 역시 이후 황종희의 일생을 요약해서 보여 주는 것이다.

여러 결사에 가담하면서 옮겨 다니던 황종희의 생활은 농민군의 영수 이자성(李自成, 1606~1645)의 북경 점령과 뒤이은 숭정제(崇

禎帝)의 자살, 그리고 잇따른 청의 북경 입성 등 명이 몰락해 가는 과정을 배경으로 한다. 황종희의 나이 35세 때 명은 돌이킬 수 없는 지경에 접어들었다. 아버지의 유언으로 스승으로 모셨던 유종주(劉宗周, 1578~1645)가 의병을 일으키자 그를 따라 남경의 복왕(福王) 정권에 합류했다. 그러나 복왕 정권도 일 년 만에 무너졌다. 복왕은 만력제(萬曆帝)의 손자로서, 유종주와 같은 명의 유신들은 명조의 회복을 기약하면서 그 정권을 세웠다. 그런데 복왕 정부는 환관이 득세하고 그 환관에 반대하는 신하들이 대립하는 명조의 형세를 그대로 이어받았다. 당연히 그 정권은 오래 버티지 못하고 유민(遺民)들의 기대도 무너져 내렸다. 복왕 정권이 무너지자 유종주는 곡기를 끊고 명조를 따라 죽었다.

유종주가 죽은 후 황종희는 가산을 털어 제자 300여 명으로 '세충영'(世忠營)이라는 항청 무장 세력을 조직하여 남명의 마지막 정권이 된 노왕(魯王)을 따랐다. 그러나 어떻게 해도 끊어진 명의 명맥을 되살릴 수는 없었다. 오래지 않아 노왕 정권도 몰락하고, 명나라는 역사의 뒤편으로 물러났다.

무장운동에 뛰어든 30대부터 20여 년 동안 황종희는 집안의 노인과 아이들을 이끌고 고향 일대를 전전하는 생활을 했다. 황종희를 수배하는 청 조정의 격문이 붙어 도망 다녀야 했기 때문이다. 그 과정에서 자식을 잃고 손자를 잃었다.

아버지를 잃고 임금을 잃고 스승을 잃고 형제를 잃고 자식을 잃고, 황종희는 그렇게 나라가 무너지는 것을 온몸으로 겪었다. 아버지는 자신이 믿는 정의를 지키다 죽었고 스승은 조국을 따라 죽었다. 나라는 오랑캐의 수중으로 떨어졌다. 이보다 더 큰 나락은 상상하기 어렵다. 그는 살아야 하는가? 그의 삶을 지탱하는 무엇이 남아 있었을까?

그는 나락에서 일어나 '정도'를 찾아 새로운 삶을 시작했다. 그리하여 50대에 비로소 학자가 되었다. 잠자는 시간도 먹는 시간도 아끼며, 고행하듯 혹은 전쟁하듯 공부한 듯하다. 말 그대로 피골이 상접한 그의 초상화를 보면 그랬을 것이라 짐작된다. 그는 남겨진 시간 동안 엄청난 양의 책을 읽고 엄청난 분량의 책을 썼다. 그가 온 마음과 피를 쏟아 부어 찾아낸 정도는 과연 무엇이었을까?

죽음보다 무거운 삶

50대 초가 되어서야 황종희는 떠돌이 생활을 끝낼 수 있었다. 명나라의 명맥이 완전히 끊어지고, 청나라 조정이 명의 유신들을 회유하는 정책을 펼 만큼 중원의 운영에 자신감을 갖게 될 즈음이었다. 이때부터 황종희는 산당에 기거하며 책에 둘러싸였다. 황종희가 자기 삶의 시기를 구분한 것에 따르면, '유림'의 시기에 접어든 것이다. 이 시기 그는 젊은 날 제대로 못했던 일을 시작했다. 즉 마음을 기울여 책을 읽고 남겨야 할 말을 글로 옮기는 데 자신에게 남겨진 시간을 사용했다.

젊은 시절 그는 한 치의 망설임도 없이 일말의 두려움도 내보이지 않고, 자신이 가진 전 재산은 물론 생명마저도 아까워하지 않고 나라를 위해 던졌다. 그렇게 해서 나라가 무너지는 것을 막아 보려 하였다. 그러나 결국 나라는 무너졌고 가족과 동지들은 사라졌다.

책을 읽고 책을 쓰는 그 이후의 삶이 이전의 삶보다 덜 치열했던 것도 아니었다. 죽을 때까지 약 30여 년 동안 그가 해낸 저술 작업을 보면 한순간도 허투루 쓰지 않은 듯하다. 전쟁터에서만큼이나 비장하게 목숨을 내걸고 전투하듯 읽고 썼음이 분명하다. 산방에서 한동안의 시간을 보낸 뒤 그는 다음과 같이 술회한다.

> 천지가 뒤바뀌자 깊은 산속에서 말라 굶주리다가 장서를 모두 꺼내어 읽었다. 그러자 근 이십 년간 흉중에 막혔던 것이 풀어지고 분명하게 되었다.(『남뢰시문집』)

그는 장서가로도 유명하다. 가솔들을 이끌고 산천을 떠돌며 도망자생활을 하면서도 엄청난 양의 서적들을 끌고 다녔다고 한다. 그 책들을 몇 년 만에 다 읽었다는 것이다. 그리하여 집필에 돌입하자마자인 54세에 『명이대방록』을 완성했고, 67세에는 『명유학안』을 완성했다. 『명유학안』을 완성하자마자 『송원학안』에 착수했다.

『명유학안』은 명대의 철학사이다. '명유'(明儒)는 명나라 유학자라는 의미이고, '학안'(學案)이란 본래 선생이 학습용으로 편집한 교재를 일컫는 말이다. 황종희가 교재로 사용할 목적으로 엮은 그 책은 실제로는 명대의 철학사였다. 양명학의 기원부터 그 계통을 밝히고 각 학파들의 문집과 어록을 요약해 넣었다. 총 17개 학파의 200여 명을 다뤘고 62권으로 묶었다. 방대한 분량의 글을 읽지 않고서는 할 수 없는 작업이었다. 그 일을 혼자 한 것이다. 송대와 원대의 철학사인 『송원학안』은 황종희 사후 몇 번의 보충작업을 거쳐 약 200여 년 뒤인 청대 말에야 지금 볼 수 있는 체제로 마무리되었다. 황종희가 서술한 분량은 일부분이지만 기본적인 시각과 틀은 황종희가 세운 것이다.

뒤돌아볼 여유도 없이 망국의 길을 따라 달려온 50여 년을 뒤로 하고 그는 자신이 달려온 길 밖으로 나왔다. 길을 잃었다고 생각될 때 할 수 있는 일은 자신이 서 있는 곳을 찬찬히 살펴보는 것이리라. 황종희는 자신이 서 있던 길에서 물러나 조망하는 자리에 섰다. 그 길이 어디에서 와서 어디에서 잘못되어 어디로 흘러가는지 알아내야만 했다. 그럴 요량으로 시작한 일이 자기 시대의 철학사 즉 『명유학안』을 쓰는 것이었다.

자기 시대의 철학사를 더듬으면서 그는 건전한 힘의 흐름을 찾아낸다. 철학사에서 그가 주목한 사람들은 독자적인 경지를 이룬 사람들이었다. 『명유학안』의 서문에서 자신이 분류하고 기록한 각 학파의 의미를 황종희는 다음과 같이 말한다.

> 요점은 그들 모두가 노력을 통해 도달한 것이고, 각기 다른 수만 가지 마음속의 최선을 다한 이후에야 일가(一家)를 이루었다는 것이다. 어느 누구도 흐리멍덩한 정신으로 다른 사람들이 배운 찌꺼기를 사칭한 적이 없었다. … 이는 마치 길 한가운데 물동이와 같으니 후대의 사람들이 국자나 그릇만 있으면 마음대로 퍼 가서 누구나 다 배를 채울 수 있을 것이다.(『명유학안』)

"학문의 길은 각자가 옳다고 믿고 획득한 것을 진실로 여긴다."(『명유학안』) 이는 유학 전통에서 말하는 "스스로 얻음" 즉 "자득"(自得)을 평가한 것이다. 스스로에게 있는 것을 찾아낸 결과일 수도 있고, 밖에 있는 것을 스스로의 힘으로 찾아낸 결과일 수도 있다.

일가를 이뤘다는 것은 독자적인 경지 혹은 체계를 가지게 되었다는 것이다. 이는 스스로 갖고 있는 힘을 발현했기 때문에 가능했던 일이다.

자기의 생각을 갖고 끝까지 파고들어 가는 사람은 자신에게 성실한 사람이다. 남들이 무엇을 귀중하게 생각하는지 남들이 나를 어떻게 생각하는지는 중요하지 않다. 오로지 자신이 중요하게 생각하는 것, 그것이 무엇이든 알 수 있는 데까지 알아내고야 마는 사람들이다. 스스로에 대한 성실성과 집중력을 가진 사람들, 그런 사람들의 힘이 모여야만 역사를 바꿔 나갈 수 있다고 황종희는 생각했다. 인용문의 마지막에서 말하고 있듯이 스스로에게 성실함으로써 뭔가를 일구어 낸 사람들은 동시대인에게 영향을 주는 데 머물지 않고 후대에게도 마음의 양식을 남겨 줄 것이라고 기대한다.

그는 세대를 이어서 이루어지는 사람들의 협업에 대해 다음과 같이 말한 적이 있다.

> 세상에서 가장 알기 어려운 것을 한 사람이 찾으면 얻지 못하더라도 천만인이 찾으면 모두 얻을 수 있다. 세상에서 가장 이루기 어려운 일은 한때 힘을 쓰면 이루지 못하더라도 천백 년을 힘쓰면 못 이룰 것이 없다.(『맹자사설』)

일가를 이룰 정도로 자기의 것이 있고 이를 끝까지 밀고 나갈 수 있는 사람들이 모여야 이러한 협업의 힘이 나올 것이다. 50이 넘어서야 그는 비로소 책이 주는 의미를 발견한 것이다. 한 사람 한 사람의 노력은 책으로 남아 구슬이 되어 있었다. 황종희는 그 구슬을 꿰는 일을 하고자 했다. 그들이 각자에게 충실해서 알아내고 이뤄 낸 것들을 찾아 엮어 앞길을 가늠해 보고자 했다. 그의 몸은 어둠 속에서 웅크리고 있었지만, 그 어둠 속에서 쉬지 않고 새벽을 준비하고 있었다.

저술활동에 힘을 쏟는 동시에 그가 또 힘쓴 일은 강학이었다. 강학이란 요즘의 세미나와 같다. 함께 읽을 책을 정하고 정해진 사람이 발제하고 발제에 이어 전체가 토론하는 형식이다. 황종희는 산당에 정착하고 나서 몇 년 후인 56세 무렵부터 제자들을 받았다. 이 제자들이 강학의 주 멤버였지만, 아이부터 노인까지 열혈 참여자들로 넘치는 인기 강학이었다고 한다. 이 강학활동을 20년 동안 중단 없이 계속했다. 80이 다 되도록 기력이 쇠할 때까지 계속한 것이다.

남겨진 기록에 의하면 이들의 강학은 점심시간을 끼고 오전, 오후 계속되는 강행군이었다. 독서가 혼자만을 위한 교육이라면 강학은 서로를 성장시켜 주는 학문방법이라고 할 수 있다. 강학에서는 스승과 제자의 역할이 따로 있지 않다. 토론하면서 타인의 생각에 스스로의 생각이 정리되는 것은 말할 것도 없고 막혀 있던 곳이 트이는 경우도 많다. 제자의 질문에 스승이 대답하면서 자신의 생각을 확연하게 정리하는 일도 있고, 제자의 질문에 스승이 불현듯 깨달음을 얻을 수도 있다. "강학은 덕을 쌓은 후에 할 수 있는 것"(『명유학안』)이라고 황종희는 말한다. '덕'이란 스스로 생각하고 물고 늘어져 깨달은 사람이 갖게 되는 마음의 힘이다. 그 일은 사고 작용으로만 이루어지는 것이 아니라 몸과 마음을 기울여 몰두하며 자신의 인격을 향상시켜 나가는 것이다. 당시 스스로 생각하여 깨달을 생각은 안 하고 사회에서 통용되는 것을 묵수하는 사람들을 향해, 황종희가 "강학은 하면서도 덕은 쌓지 않기 때문"(『명유학안』)이라고 말한 것도 그 때문이다. 기존의 가치를 맹종하는 사람이라면 진리에 다가가고 싶다는 열망보다는 맹종함으로써 얻을 수 있는 안전과 안락에 더 관심이 많을 것이다. 그런 사람이라면 진리를 따지기 위한 토론은 하지 않을 것이며, 특히나 선생으로서 권위를 내려놓고 제자와 토론하는 일은 더더욱 하지 않을 것이다. 제자 역시 마찬가지이다. 진리보다 사회적 권위를 더 무겁게 생각한다면 선생의 의견에 반대하면서 자신의 내면에서 꿈틀거리는 의문을 펼쳐 놓지 못할 것이다.

이늘의 강학 전통은 외부의 권위에 눈 돌리지 않고 철저하게 자신의 진리탐구의식에 몰두하는 정신, 그러면서도 진리탐구의 열망을 공유하면서 서로를 성장하게 해 주는 동료의식이 있기에 가능한 것이었다. 황종희는 그러한 것들에 다시 희망을 걸었다.

그는 망한 왕조의 남겨진 백성 즉 유민(遺民)이라는 의식을 갖고 남은 일생을 보냈다. 끝까지 청 조정을 오랑캐라고 생각하고 적대시해서는 아니었다. 오히려 그는 어느 시점부터 청나라 정부를 백성에게 괜찮은 정치를 펴는 중국의 왕조로 인정하고, 그의 제자나 자식이 벼슬하는 것을 막지 않았다. 그러나 그 자신은 유민으로서 할 일이 있다는 생각이었다.

망한 왕조의 유민에게 남겨진 과제는 무엇인가? 망국으로 이끈 것은 무엇이며 그 책임은 누구에게 있으며 다시 그 비극적인 역사가 되풀이되지 않도록 하기 위해 무엇을 해야 하는가 등의 문제에 답을 찾아서 후세에게 전해 주는 것이었다. 그는 근본으로 돌아가 다시 물었다. 인간의 본성은 무엇이며 정치의 본질은 무엇인가? 왜 인간은 그처럼 쉽게 타락하며, 어떻게 한 사람의 타락이 온 세상을 나락으로 끌고 들어갈 수 있는가?

황종희는 자신에게 남은 인생을 그 과제를 하기 위한 시간으로 생각했다. 그리하여 자신의 죽음을 예감했을 때, 입던 옷 그대로 관도 사용하지 말고 다음날 장사지낼 것을 부탁하고 죽었다. 그리고 그의 원대로 죽은 그다음 날 바로 땅에 묻혔다. 이미 늦어진 자신의 죽음을 더 늦추고 싶지 않았기 때문일 것이다. 나라를 놓친 유민으로 예를 갖춘 장례를 누릴 만하지 않다고 생각했기 때문이리라고 짐작한다. 스스로에게 가혹한, 참으로 엄격한 사람이었다.

전쟁터를 누비고 다닌 20여 년, 주위의 가족은 하나둘씩 죽어 나갔다. 나라가 완전히 망해 더 이상 싸울 기회도 없어지자 그는 죽음을 유예하고, 스스로 부과한 숙제를 해 나가며 자연의 죽음을 기다렸다. 명 조정을 따라 스스로 목숨을 끊은 스승이나 동지들의 죽음만큼 무거운, 어쩌면 그보다 더 무거운 삶이었다.

다시 길을 열기 위해

『명이대방록』에서 황종희는 군주와 신하, 법의 존재 의미를 묻는다. 그것들은 어떤 연유로 어떤 역할을 부여받아 생겨났는가? 그는 근본적인 의미를 묻고 현실에서 그 역할들이 왜 일그러졌는지 파고들었다.

『명이대방록』 첫 챕터의 제목은 '군주란 무엇인가'이다. 그에 따르면, 자기 이익을 추구하는 개인들이 모여 사는 사회에서 군주란 개인들의 이익을 실현시켜 주기 위해 요청된 사람이다. '신하란 무엇인가'라는 챕터가 그 뒤에 이어진다. 신하는 군주를 위해 고용된 사람이 아니라, 군주가 세상 사람의 이익실현이라는 공적인 일을 하는 것을 돕기 위해 필요해진 사람이다. 이어 '법은 무엇인가'가 이어진다. 법은 "세상 사람의 재부(財富)를 세상 사람의 수중에 두기 위한 것"이다. 즉 백성들을 통제하기 위해서가 아니라, 백성의 이익을 보장하기 위해서 법이 만들어진 것이다. 이처럼 황종희는 군주, 신하, 법 등의 정치적 장치들은 세상 사람의 이익실현이라는 동일한 목표를 위해 요청된 존재임을 확인한다.

황종희는 "자기 것을 챙기고 자기 이익을 도모하는" 것은 사람이 갖는 자연적인 성질이라고 생각했다. 군주나 신하는 그러한 성질을 가진 보통 사람들의 욕망을 충족시켜 줄 임무를 부여받은 사람이다. 사람들 각자 자신의 욕구를 충족시키려다 충돌이 생겼다는 것은 이미 눈으로 쉽게 확인할 수 있다. 군주와 신하는 그 욕구들 사이의 충돌을 막고, 나아가 보다 적극적으로 바람직한 방식으로 재화를 분배하는 일을 해야 한다. 그 과정에서 반드시 지켜야 할 원칙은 법으로 정하여, 군주와 신하가 바뀌어도 그 법에 따르도록 해야 하고, 나아가 그 법의 정신을 더 잘 실현하기 위한 것이 아니라면 함부로 법을 바꾸지 못하게 해야 한다.

그런데 군주나 신하는 사람이 아닌가? 보통 사람과 다른가? 사람이라면 누구나 자기 것을 챙기고 자기 이익을 도모하지 않는가? 분명 이들도 다른 종류의 사람은 아니다. 사람이 이기적이라는 것은 변하지 않는 사실이고 막을 수 없는 흐름이다. 그런데도 군주와 신하를 갖춘 정부가 성립하고 나라를 이룰 수 있다고 기대하는 것은 무엇 때문일까?

황종희는 군주와 신하에게는 사리사욕은 접어 두고 세상 사람의 이익이라는 공을 위해 헌신할 것을 요청한다. 과거에는 특별하게 훌륭한 사람이 그 책임을 자임하고 어렵지 않게 멸사봉공에 헌신하던 때도 있었을 것이다. 자신의 이기심은 접어 두어야 하는 자리라면 보통 사람이 그 자리를 원할 이유는 없을 것이다. 아마도 이기심과 별도로 봉사정신이나 책임감이 강한 사람이 그 자리를 수락했을 것이다. 그러다 세습에 의해서 군주의 자리가 이어지게 되는데, 세습에 의해 군주가 된 사람들의 책임감이나 봉사정신이 보통 사람과 다를 이유는 없다. 오히려 보통 사람과 달리 그가 무엇을 하든 말릴 수 있는 사람이 없고 뭐든 하고 싶은 대로 할 수 있는 자리라면 타락하기 더 쉬울 뿐이다.

황종희는 군주 세습을 부정하지 못하고 군주제도 부정하지 못한다. 그렇다면 그는 세습 군주에게 어떤 기대를 가질 수 있었는가? 어떤 근거로 자신의 이기심을 포기하고 천하 사람들의 이기심을 충족시켜 줄 것을 목표로 일하라고 말할 수 있는가?

중국어 '본성'은 본래의 성질이라는 의미로, 변하지 않는다는 의미도 내포하고 있다. 이들에게 본성은 타고나서 변하지 않는 것을 의미했다. 즉 이기심이 본성이라면 그것은 변하지 않는 것이다. 황종희는 사람이 이기적이라는 것을 인정하고 각자의 이기심을 충족시키는 것이 정치의 목표라고 하면서도, 동시에 정치가에게는 그 이기심을 넘어설 것을 요구한다. 그런데 이기심을 넘어설 것을 군주와 신하들에게만 요구하는가? 아니면 모든 사람들에게 이기적인 것을 인정하면서 동시에 그 이기심을 넘어서는 다른 마음도 공존시키기를 요구하는가? 어쨌든 이기심과 그 이기심을 넘어서는 것, 정치는 이 두 가지를 모두 다뤄야 한다.

학자로서 황종희의 작업 역시 맹자 이래 유학의 중요한 주제가 된 인간본성론과 정치, 이 두 영역으로 나눌 수 있다. 황종희의 『맹자사설』은 『맹자』를 황종희의 시각으로 해석한 맹자해설서이다. 황종희는 맹자의 선한 본성론 즉 '성선설'을 이어받으면서, 그 선함은 아주 미미할 뿐이라는 독창적인 해석을 했다. 그리고 사람 마음에서 보다 강력한 것은 오히려 이기심이라고 생각했다. 『명이대방록』은 작은 선함과 강한 이기심을 가진 인간이 사회를 이뤄서 어떻게 사회를 건전하게 유지해 갈 수 있는지 논했다. 황종희는 자신의 경험에 근거해서 인간에 대한 종래의 유학적 이해를 수정하고, 그 인간 이해에 기초해서 바람직한 권력의 역할과 권력의 타락을 방지하는 방법에 대해 고민했다.

명대는 양명학이 성행했던 시대지만 정규 교육과정에서 가르치는 것은 여전히 성리학이었다. 성리학은 원조(元朝)부터 청조(淸朝)가 끝날 때까지 관리등용시험 즉 과거의 시험과목이었다. 그러므로 학교를 다니고 벼슬을 하려고 생각하는 사람들은 누구나 성리학의 책을 읽고 그 사상을 자신의 내면에 받아들였다. 양명학을 창시한 왕수인(王守仁, 1472~1528) 역시 성리학을 공부해 벼슬길에 나갔다. 왕수인은 어렸을 때부터 성리학을 공부하면서 성리학에 대해 피어나는 의심을 억누를 수 없는 소년이었다. 관직에 나간 왕수인은 중앙정부를 비판하는 글 때문에 귀양을 가게 된다. 혼자만의 시간이 필요한 사람에게 귀양은 꼭 나쁜 것이 아니었다. 왕수인은 귀양지에서 성리학과 다른 자신의 학설, 즉 양명학을 정립할 수 있었다. 양명학은 그 시대의 주류인 관료들에게가 아니라 새로운 세력으로 등장한 상인과 수공업자들 사이로 퍼져 나갔다. 황종희가 중요하게 생각하고 운영했던 강학은 이런 사람들이 모여 공부하고 토론하면서 만들어진 양명학의 전통을 따른 것이었다.

황종희와 그의 스승 유종주 모두 기본적으로는 양명학자이다. 왕수인은 '마음이 진리' 즉 '심즉리'(心卽理)를 양명학의 제일명제로 내세웠는데, 이는 '본성이 진리'[性卽理]라고 주장하는 성리학을 비판한 결과였다. 즉 '본성' 대신 '마음'이 진리라고 주장한 것이다. 성리학에 의하면, 우리의 마음은 느끼거나 생각하거나 판단하거나 하는 등의 활동을 하는데, 본성 자체는 활동성이 없다. 본성 자체는 언제 어디서나 옳은 변치 않는 진리이고, 사람의 마음속에서 본성은 운동성이 있는 '기'(氣)와 결합함으로써 움직일 수 있다. '본성이 진리'라는 명제는 타고난 우리의 본성에 완전한 진리가 깃들어 있다는 주장인데, 그 말 그대로 받아들이면 어린아이도 완전한 본성을 갖고 있다고 말하는 셈이다. 물론 현실의 본성이 완전하지 않다는 것은 누구에게나 명약관화하다. 성리학자들은 그 불일치를 해명하기를, 현실에서는 '기'(氣)가 본성을 가리고 있다고 했다. 기는 맑거나 탁한 성질을 갖고 있어서 다양한 구성물들을 변주해 낸다. 맑은 기가 둘러싸고 있는 누군가의 본성은 상대적으로 기의 방해가 적을 것이고, 탁한 기에 싸여 있는 누군가의 본성은 선한 본성이 제구실을 하기 어려울 것이다. 성리학의 설명에 의하면, 현실에서 사람이 완전한 진리를 구현하기 위해 할 일은 때가 탄 기를 벗겨 내는 것이다. 그들은 주로 서재에 앉아 책을 보는 방법으로 본성에 낀 때를 벗겨 낼 수 있다고 생각했으며, 그런 방법으로 완전한 본성을 회복할 수 있다고 주장했다. 즉 우리의 본성이 완전하다고는 하지만, 현실에서 우리의 본성이 바로 작동하는 것이 아니라 그것이 작동되도록 하는 데에는 독서를 비롯한 기나긴 수련 과정이 필요했다. 그리하여 실질적으로는 완전하다는 본성이 없는 것이나 마찬가지로 만들었다는 것이 양명학 쪽의 비판이다. 왕수인이 대신 내세운 '마음이 진리'라는 명제는 기 안에 깊

숙이 감춰져 있는 본성이 아니라 지금 우리가 느끼고 판단하는 이 마음이 바로 진리라고 주장하는 것이었다.

황종희는 왕수인보다 한발 더 나아가 더 심각하게 성리학을 비판했다. 앞에서도 이야기했듯이 황종희가 현실에서 겪은 인간은 기본적으로 이기적이다. 황종희는 사람들이 이기심을 버려야 한다고는 주장하지 않았다. 오히려 사람들의 이기심을 충족시켜 주는 것이 정치가 해야 할 일이라고 생각했다. 황종희가 적절한 이기심의 수위에 대해 직접 말한 적은 없지만, 백성들이 추구하는 이기심의 충족이란 맹자가 좋은 정치를 위한 최소한의 경제조건으로 제시한 것과 비슷한 정도일 것이다. 맹자가 말하는 좋은 정치란 풍년이 들면 배불리 먹고 흉년이 들어도 굶을 걱정은 안 해도 되며, 나아가 중년 정도 되면 가벼운 비단 옷을 입을 수 있고 노년이 되면 고기를 먹을 수 있는 정도의 경제력을 갖추게 하는 것이다. 그 정도의 경제적 기반이 갖춰져야 부모를 봉양하면서 자식을 교육하는 데 문제가 없을 것이라 생각했다. 즉 기본적으로 백성들이 굶을 걱정 하지 않고 인륜을 실천하며 인간답게 살 수 있도록 하는 것이 좋은 정치라 생각했다.

나라의 구성원들이 기본적인 생활을 보장받을 수 있으려면, 나라 살림을 책임진 사람이 재화를 적절하게 배분해야 한다. 황종희에 의하면 군주와 신하는 그 일을 위해 필요한 사람이다. 그런데 그 자리에 앉고 보니 군주든 고위 관리든 엄숙한 본분을 잊고 다른 마음을 먹는다면, 사람들에게 갈 재화를 깎아서 제 주머니로 챙겨 넣기 쉬운 자리이다. 이기심은 사라지지 않는 본능이다. 책임감 혹은 사명감이라는 이름 아래 억눌러 오던 이기심은 아주 생명력이 강해서 조금만 자극해도 바로 되살아난다.

황종희는 사람이 자기이익만 생각하는 존재가 아니라, 맹자가 얘기했듯이, 남의 감정을 같이 느끼는 마음 즉 공감의 마음 또한 갖는 존재라고 확고하게 믿었다. 그런데 그가 경험한 것에 의해 판단하건대, 타고나는 공감의 마음은 아주 작은 분량뿐이었다. 타고난 선한 마음은 사람들과 부대끼고 살아가면서 키워 내야 하는 것이었다. 키워 내지 못한다면 사람에게 남는 것은 이기심뿐이게 된다. 그리하여 황종희는 자신의 욕망도 충족시키면서 동시에 타인의 욕망도 충족시킬 방법을 찾아야 했고, 함께 살아가며 공감의 마음을 키울 수 있는 방법을 알아내야 했다.

성리학은 타고난 본성이 완전하다고 주장한다. 황종희는 이 '본래 완전한 본성' 이론이 인간에 대한 이해를 왜곡하고, 마땅히 해야 할 노력을 외면하게 한다고 생각했다. 작은 분량의 선함만을 갖고 태어났다는 것을 안다면, 그 선함이 말라 버리기 전에 키우는 것이 중요하다는 데에 생각이 미치고, 실제로 키우기 위해 노력을 쏟을 것이다. 그런데 본래 완전한 본성이라고 생각한다면 키우는 일은 별달리 중요하지 않게 된다. 우리가 경험하듯이 인간이란 여차하면 이기심 한길로 달리기 쉽다. 그 점을 인정한다면 도덕적으로 허약한 인간이 저지를 만한 일을 방지하기 위해 다양한 관점에서 방법을 강구해 놓을 필요가 있다. 그런데 본래 완전한 본성을 갖고 있다고 낙관한다면, 어떤 대책도 세울 필요를 느끼지 못할 것이다.

그 점에서 황종희는 "마음이 진리"라는 양명학의 명제에도 전적으로 찬성한 것은 아니었다. 왕수인은 성리학의 '본성이 진리'라는 주장 대신 '마음이 진리'라고 주장함으로써 움직이는 현재의 마음을 윤리의 주체로 세웠다. 왕수인은 개인의 주체가 지금 그대로 완전한 선이라고 주장한 것인데, 황종희가 보기에 개인의 주체가 "완전한 선"이라고 주장했다는 점에서는 성리학과 다르지 않았다.

황종희가 판단하건대 마음의 선함은 미미하고 불완전한 것이었다. 그것을 유지하고 키우려는 후천적인 노력이 없다면 사라져 버릴 허약한 것이었다. 왕수인은 이 세상을 구성하는 근원이 '마음'이라고 생각했다. 황종희는 "마음은 기(氣)"라고 말한다. 마음만이 기가 아니라 존재하는 모든 것이 기라고 말한다. 기의 성격은 선하면서도 불완전한 마음의 성격을 대변한다.

기는 본성상 끊임없이 운동한다. 기는 황종희가 언급하기 훨씬 이전부터 중국 사람들에게 익숙한 것이었다. 기란 이 세상을 구성하고 있는 근원적인 것으로 생각되었다. 동시에 기는 또한 움직이는 기운이었다. 기의 운동은 통상적으로 자신의 궤도를 돌면서 때때로 지나쳐서 넘치거나 모자라서 미치지 못하거나 한다. 이러한 기의 운동 속성은 통상 '과불급'(過不及)이라고 표현된다. '과불급'이란 '넘치거나 모자람'의 의미를 갖는 한자어이다. '궤도'라는 말 자체가 올바름이라는 의미를 내포한다. '넘치거나 모자람'이란 그 올바름이 되기에는 모자라거나 넘친다는 의미이다. 과불급의 궤도이탈의 운동 역시 기의 속성이라고 할 수밖에 없다.

기의 마음이 가진 타고난 선함은 '전광석화' 혹은 '한 점의 영명함'으로 표현될 정도로 희미한 것이었다. 그것은 후천적인 노력, 즉 사회적이고 역사적인 노력에 의해 성장하고 유지되어야 했다. 그렇지 않으면 어둠 속에 묻혀 버린다고 황종희는 생각했다. 또한 한 점 영명함을 활활 타오르는 불로 만드는 노력을 했다 하더라도, 기의 본성상 그것이 질적으로 다른 존재가 되는 것은 아니다. 기가 다른 것으로 변해서 없어지는 일은 없으며, 운동하는 기의 속성이 사라지는 일도 없다. 순간적으로 과불급의 운동을 할 가능성, 즉 잘못된 판단을 하고 잘못된 행동을 할 가능성은 영원히 지속된다. 인간은 누구라도 언제라도 완전해질 수 없다. 기가 그런 것이기 때문이다. 그러므로 누구라도 자신의 완전한 본성을 자신하면서 독단적으로 행동할 정당성은 황종희의 세상에서는 찾을 수 없다.

그리하여 황종희는 전광석화 같은 마음이 모여서 사회를 늘 밝게 비출 수 있도록 하는 방법을 강구해야 했다. 혼자서는 곧 꺼질 듯이 위태로운 빛이라도 서로 비춰 주고 키워 주며 함께 지켜 나간다면 밝음을 유지할 수 있을 것이라고 생각했다. 그래서 그에게 성장은 중요한 과제가 되었다. 성장은 개인적으로 할 수 있는 일이 아니었기 때문에, 성장의 공동체를 만들고 지속적으로 성장의 책임을 다할 수 있는 제도의 설치가 중요해졌다. 또한 성장은 동시대 사람들의 상호 작용을 넘어서, 시대를 이어서 흐르면서 이루어져야 하는 것이었다.

학문에 대한 특별한 강조, 역사에 대한 남다른 의식, 같이 배우고 공부하는 도반(道伴)에 대한 열정과 열린 토론의 중요함에 대한 깨달음, 그리고 자신의 도덕적 허약함을 인정하기 때문에 권력자의 허약함을 경계하며 시행되는 권력의 감시와 견제 등은 황종희를 설명하는 특징들이다. 이는 그의 인간본성론과 관계있으며, 어떻게 인간이 성장할 것인가에 관한 전망과도 밀접히 관련된다.

성장해야 할 공감의 마음, 과불급의 운동을 하기 때문에 늘 불완전할 수밖에 없는 마음, 그렇기 때문에 요청되는 상호 성장과 견제, 세대를 넘어 계속되는 협업, 황종희가 구상한 새로운 세상은 이러한 내용을 담고 있다. 같은 공간에서 같은 시대를 사는 사람은 서로의 불완전함을 보완하기 위해 학교를 만들어 함께 성장을 도모하고, 동시에 자신과 타인이 저지를 수 있는 실수가 비극적 결과를 낳지 않도록 열린 견제 속에 서로를 내어놓아야 한다. 이것이 역사의 비극을 겪은 사람으로서 황종희가 제시한 극복의 방안이다.

황종희의 『맹자사설』과 『명이대방록』은 각각 그의 인간본성론과 이에 연동되는 사회정치사상을 담은 글이다. 이 책은 황종희의 두 글을 주요 텍스트로 삼아 황종희의 고민과 이를 돌파해 가는 과정을 살펴보려 한다. 그리고 황종희가 얻어 낸 답이 오늘날 우리의 위기를 헤쳐 나가는 데 어떤 도움을 줄 수 있을지 생각해 보고자 한다.

제2장

맹자가 가르쳐 준 것

자신에게 집중하는 삶

자신에게 집중하는 삶

맹자는 "세상의 모든 것이 내게 다 갖춰져 있다"는 말을 했다. 그 말에 바로 이어 "자신을 돌이켜보아 성실하다면 이보다 더 큰 즐거움은 없다"(『맹자』)고도 했다. "세상의 모든 것이 내게 다 갖춰져 있다"고 하다니, 보통 사람의 마음은 아니다. 훗날 성리학자들은 그 말이 의미하는 것을 나의 '본성이 바로 우주적 진리'[性卽理]라는 명제로 정식화했다. 맹자는 무슨 생각으로 그런 말을 했으며, 성리학은 왜 맹자의 말을 그처럼 정식화한 것일까?

맹자의 의도를 짐작해 보면 '세상에 관심을 갖고 그 안에 사는 각각의 대상과 적절한 관계를 맺는 일은 나한테 달려 있으며 나에게는 실제로 그러한 능력이 있다'는 의미일 거라고 생각된다. 하나의 몸짓에 지나지 않았던 어떤 것이 저만치 막연하게 있었는데 내가 그의 이름을 불러 주자 내게로 와서 친구가 되고 애인이 되었다는 바로 그런 이야기이다. 이러한 시각에 따르면 세상이 나에게 어떤 의미를 갖는가는 내가 세상과 어떤 관계를 맺고 있는가의 문제이다. 세상의 존재에 의미를 부여하는 것은 바로 나 자신이라는 말로도 대신할 수 있다. 진리란 실제로 어떤 거창한 것이 아니라 인간 사이에서 적절하게 친밀한 관계를 찾고 지켜 나가는 것일 수도 있다. 생각해 보면 우리의 주된 즐거움과 괴로움도 인간관계에서 생기는 것이 아니던가?

성리학의 체계화 작업은 우주를 비롯해 존재하는 모든 것을 설명하려고 한 형이상학적 기획에서 나왔다. '성즉리'라는 명제는 우주에 정연한 질서가 있고 내 본성에도 바로 그 정연한 질서가 갖춰져 있다는 의미를 담고 있다. 그런데 성리학에서 생각하는 진리의 중요한 부분은 일상생활에서의 인간관계였다. '성즉리'는 인간관계의 적절함과 올바름이 이미 객관적인 진리로 제시되어 있고 나는 본성적으로 그 원리를 알고 있다는 뜻으로 해석될 수 있다. 적절해서 무리 없는 인간관계를 정말로 내가 본성적으로 알아서 자연스럽게 구사할 수 있다면, 인간관계에서의 어려움은 사라지고 평화와 그에 따른 즐거움만 있을 것이다. 게다가 진리를 구현하고 있다는 충족감과 자존감까지 따라올 것이다.

물론 진리라는 자리까지 승격된 인간관계는 그냥 관계가 아니라 관계마다 최선이고 최적이라고 생각되는 적절한 관계이다. 그것이 최선이든 최선에 미치지 못하는 것이든 혹은 적절한 것이든 적절하지 못한 것이든, 관계의 중심이 되고 관계를 시작해야 하는 사람은 바로 나 자신이기 때문에, 내가 어떠한가에 따라 관계에 의해 구성되는 세상은 달라질 것이다. 가령 내가 아주 편협하고 인정하지 못하는 것에 대해서 강한 적대감을 표출하는 사람이라고 한다면, 나의 세상은 아주 좁고 어두울 것이다. 반대로 마음을 열어 놓으려고 노력하고 사람마다 사정이 다를 뿐 모두 선의를 갖고 있다는 믿음으로 타인을 대하는 사람이라면, 그 사람의 세계는 계속 확장될 것이고 밝은 빛으로 가득 찰 것이다.

만약 인간 사이의 관계가 세상을 구성하는 요소이고 그 관계가 잘 이루어지는 세상이 좋은 세상이라고 생각한다면, 그리고 그 관계를 잘 맺는가 여부는 내게 달려 있다는 생각을 가지고 있다면, 그 사람이 그다음 할 일은 자신의 마음을 잘 발휘하는 일이다. 사람을 향해 열려 있어야 할 것도 마음이고 주위의 사람과 연결되는 것도 마음이기 때문이다. 상대에게 다가가려는 마음이 약하다면 강하게 키우고 메마르면 기름지게 가꾸는 식으로 애써야 할 것이다. 혹은 무언가가 가로막고 있다면 방해되는 것을 없애기 위해 노력해야 할 것이다.

맹자는 자신의 마음을 비롯한 모든 인간의 마음에 '착한 마음'의 싹이 있다고 생각했다. 그런데 그가 말한 착한 마음이란 다른 사람의 감정을 함께 느낄 수 있는 마음이다. 맹자는 그 마음을 '측은지심'(惻隱之心)이라고 표현했는데, 다른 사람을 가엽게 여기는 마음이라는 뜻이다. 저 사람이 슬퍼하고 있는 그 슬픔을 나도 같이 슬퍼하고 안타까워하고 있더라는 것이다. '함께' 슬퍼하는 마음이므로 '공감'의 마음이라 불러도 될 것이다.

맹자가 착한 마음으로 꼽는 것은 실제로 네 가지인데, 측은지심은 그 가운데 착한 마음의 대표로 자주 언급된다. 맹자가 측은지심을 공감의 마음의 대표로 삼은 것은 정치를 하는 사람의 입장에서 생각하고 말했기 때문인 듯하다. 정치하는 사람의 입장에서 백성들에게 공감해야 할 가장 중요한 사안은 그들의 어려운 사정이기 때문이다. 굶을 걱정은 없는지, 자식을 공부시킬 만한 여유는 되는지, 늙은 부모를 봉양할 좋은 음식을 마련할 사정은 되는지를 살펴서 그들의 어려움을 알아야 한다. 맹자의 생각에 정치의 제일보는 사회 구성원 각자가 그 정도의 어려움은 모면하고 살 수 있도록 전체의 살림을 조율하는 일이었다.

공감의 마음에 관한 맹자의 주장이 근본적으로 의미하는 바는 사람의 마음이란 자신의 몸뿐만이 아니라 타인의 상황, 타인의 일까지 나의 것처럼 느낄 수 있는 능력이 있다는 것이다. 가령 내 손에 상처가 나서 피가 흐르면 나는 고통을 느낀다. 그런데 내 손이 아니라 옆에 있는 사람의 손에서 피가 흐르는 것을 목격해도 내 손에서 피가 날 때와 비슷하게 놀라고, 나아가 고통을 느낀다. 누구의 자식인지도 알 수 없는 처음 보는 어린아이가 엄마가 한눈 판 사이에 아장아장 걸어서 지하철 플랫폼으로 떨어지려는 순간을 목격하면, 마음이 철렁하면서 반사적으로 그 아이를 잡으려고 몸을 던진다. 이러한 비슷한 예를 들면서 맹자는 우리에게 측은지심이 천성적으로 있다고 주장했다. 그 천성적인 마음은 생각이나 계산이 끼어들기 이전에 발동하는 본능 같은 것이다.

그런데 남에게 공감할 줄 아는 마음은 식물의 싹과 같은 상태로 우리에게 주어진다고 맹자는 말했다. 싹은 건장한 나무로 자랄 수도 있지만 말라서 죽을 수도 있다. 싹과 같은 마음을 깊은 뿌리를 내린 아름드리나무처럼 길러 낸다면, 언제든 자연스럽게 공감의 마음이 움직이리라 기대할 수 있다. 공감의 마음이 나무처럼 성장한다면 어떤 인간관계든 상대를 헤아리고 배려하면서 이루어질 것이다. 또한 나와 공감의 마음을 나눈 상대 역시 그 마음을 키우며 성장하게 될 것이고, 그 배려는 상호적으로 일어날 것이다. 그렇게 되면 사람으로 인한 갈등은 생기지 않을 것이고, 사람으로 인한 괴로움이 생기기는

커녕 내 주위의 사람들과 서로 따뜻한 존재로 지낼 수 있을 것이다.

싹이라고 하는 비유는, 가령 내가 상대의 슬픔에 공감했다고 해도 몸이 움직이지 않아 아무것도 하지 않을 수도 있고 어제는 공감하는 마음을 갖고 그를 배려하는 행동을 했는데 오늘은 급한 내 일에 정신이 팔려서 전혀 무감해질 수 있는 것처럼, 일시적인 마음으로, 그저 가능성으로 있다는 것을 표현한다. 늘 그러한 마음으로 그러한 행동을 하는 사람이라고 인정할 수 있을 만큼 안정된 마음, 안정된 인격이 아닌 것이다. 남의 감정에 공감하는 선한 마음을 타고났다고 하지만 마치 식물의 싹처럼 아주 작고 쉽게 사라져 버릴 수 있는 상태이므로, 맹자는 그 마음을 놓치지 말고 키워야 하는 일이 필요하다고 역설했다.

어떤 관계든 자신의 마음이 움직여야 시작하고 연결해 갈 수 있으므로, 관계로 엮인 이러한 세상을 존재하게 하는 것은 자신의 마음이라고 맹자는 주장했다. 그래서 맹자는 "자신을 바르게 함으로써 세상의 모든 존재를 바르게 할"(『맹자』) 수 있다고까지 말한다. 그리하여 자신에게 집중하여 자신을 성장시키는 공부의 중요성을 강조했다. 타고난 공감의 마음을 성장시키는 공부를 말한다. 그는 이 공부를 "나를 위한 공부" 즉 "위기지학"(爲己之學)이라고 부르면서, "사람들의 인정을 받기 위한 공부" 즉 "위인지학"(爲人之學)과 대비시켰다. "위기지학"은 실제로는 타인에게 공감하는 효과를 일으키는데, 재미있게도 슬로건은 "나를 위한 공부"이다. "위기지학"은 철저하게 스스로에게 집중해서 자신의 모든 가능성을 살려 내도록 스스로를 성장시키는 공부이다. 자신이 가진 핵심적인 가능성이 바로 측은지심이기 때문에 자신을 성장시킨 사람은 그 공감 능력을 예민하게, 빈틈없이 그리고 멀리까지, 게다가 늘, 타인에게 미치도록 마음이 자라게 될 것이다. 그러한 품성을 가진 사람이 될 것이다.

자신에게 집중해서 다른 사람에게 공감하는 능력을 극대화시킨다면 나는 내 주위의 모든 사람과 바르고 친밀한 관계를 맺을 수 있을 것이고, 나와 마음의 연대를 하게 되는 내 주위의 사람들도 나와 같은 선한 마음으로 내게 응대하게 될 것이다. 나아가 나와 연대하게 된 그 사람들 역시 연대하는 마음을 자기 주변의 사람들에게 쓰면서 나와 마찬가지로 공감의 마음을 키우면서 살게 될 것이다. 맹자는 이처럼 자신에게 집중한다는 것은 자신에게서 끝나지 않는 연쇄를 가져온다는 전망을 주었다. 타인의 마음을 공감함으로써 나는 타인을 배려할 수 있게 되고, 그런 일이 상호간에 이뤄지고 또 그렇게 상호 관련된 사람이 늘어나면서 이 세상은 마음으로 연결되며 공감하고 배려하는 곳이 된다. 자신에게 몰두한다는 것은 내 안에 있는 공감능력의 존재를 깨닫고 이를 살려 내고 키워 내는 데에 힘쓴다는 것이다.

만약 중요한 것, 가치라 불리는 것, 혹은 세상을 아름답게 하는 어떤 힘이 자신에게 없다면, 밖에서 찾아야 할 것이다. 사람은 그저 배만 부르다고 살아갈 수 있는 존재가 아니기 때문이다. 사람은 위장의 포만감이 아니라 가치를 성취함으로써 삶의 기쁨을 느끼는 존재이기 때문이다. 그러므로 가치 있는 것이 내게 있지 않다면 밖으로 눈을 돌릴 수밖에 없다. 맹자가 '위기지학'의 반대편에 둔 '위인지학'은 타인의 인정을 받기 위한 학문이라는 뜻이다. 그러한 학문이라면, 타인이 무엇을 가치 있는 것으로 평가하는지 확인하는 일부터 그것을 얻기 위해 노력하는 일까지, 끊임없이 신경을 밖으로 돌려야 한다. 권위 있는 사람의 인정 혹은 권력 있는 사람의 인정, 혹은 이미 정평이 난 가치인 부와 명예 등을 찾아 밖으로 눈을 돌려야 한다. 가치 있는 것이 어떤 것인지 찾고 또 그것을 얻기 위해 애쓰는 가운데 세상에 대한 지식은 분명 증가할 것이고, 노력 여하에 따라 세상 사람들이 값어치 있다고 여기는 것들을 얻을 수도 있을 것이다.

그런데 세상이 인정함으로써 만들어 낸 귀함은 내가 아니라 밖, 내가 아니라 남에 의존하는 것이기 때문에 생기는 문제가 있다. 이에 대해 맹자는 다음과 같이 말했다.

> 귀하게 되고 싶은 것은 사람마다 공통된 마음이다. 그런데 사람은 누구나 자신의 몸에 귀한 것을 지니고 있다. 다만 그것을 생각하지 못할 뿐이다. 남이 귀하게 해 준 것은 진실로 귀한 것이 아니며, 조씨나 맹씨가 귀하게 해 준 것은 조씨나 맹씨가 천하게 할 수 있다.(『맹자』)

세상이 인정하는 귀함은 세상에 의해 좌우된다. 조씨나 맹씨는 맹자 당시의 권력가였다. 권력가가 준 부귀는 그들이 다시 빼앗아 갈 수 있다. 그래서 이를 유지하고자 하는 욕망을 품는다면, 권력가의 마음이 어디로 움직이는지 권력가의 상황이 어떻게 변화하는지 늘 전전긍긍 살펴야 한다.

나에게 귀함을 준 것이 권력 있는 사람이든 대중의 인기이든, 그것은 나를 하찮은 존재로 만든다. 그것이 나 자신보다 더 귀한 것이 되었기 때문이다. 그러한 귀함은 내게 어떤 의미가 있는 것일까? 부와 권력이 내게 있을지라도, 나는 그 부와 권력 때문에 누군가의 눈치를 계속 보면서 내 마음을 위축시킨다. 불안에 떨며 부와 권력을 준 그쪽을 바라보고 있는 나는 진정 귀한 존재인가? 부귀나 혹은 그 무엇이든 내게 없는 것을 기대하는 마음은 정말로 중요한 내 성정을 병들게 한다.

이와 달리, 정말 중요한 것은 내게 있음을 깨닫는다면 밖으로 향하던 시선을 내면으로 돌리고 그 안에서 진정으로 귀중한 것을 찾게 된다. 자신에게 몰두한다는 것은 이러한 의미이다. 어떤 외부의 것도 내 안에 있는 것보다 가치 있지 않으므로 어떤 외부의 것도 나를 움직일 수 없다. 그런 연유로 맹자는 타인의 평판에 의해 자신의 가치가 결정되게 두지 않았다. 자신의 가치는 오로지 자신이 결정하는 것이었다. 외부의 무엇보다도 귀중한 것이 자신 안에 있다고 생각하는 사람의 자존감은 그 무엇보다도 견고할 것이다. 나의 가치, 나아가 그것이 주는 만족이 오로지 나에게만 달려 있다면, 외부에 의존하지 않는 자기충족적인 삶을 꾸려 갈 수 있다. 이 세상에 나보다 더 귀한 것이 없다면 밖의 어떤 것도 나를 하찮게 만들 수 없다.

이러한 마음은 어떤 힘을 갖는가? 마음이 얼마나 대단한지는 조금만 자신을 들여다보면 인정하게 된다. 마음은 많은 것을 바꿀 수 있다. 가령 내 인생에 별로 중요하지 않은 주변 사람의 한 마디에, 혹은 사소하게 내뱉는 그 말투에, 세상에 고립된 것 같은 기분으로 하루를 보낼 수도 있고, 반대의 경우도 있을 수 있다. 큰 부귀나 큰 명예가 쉽게 우리를 흔들 수 있지만, 그렇게 대단한 것만이 우리를 흔드는 것이 아니다. 아주 사소한 것에도 우리 마음은 상처를 받는다. 그 상처는 하루의 기분을 망칠 뿐 아니라 나아가 인생을 흔들 수도 있다. 반대로 백척간두같이 더 이상 도망할 데 없이 아슬아슬하고 괴로운 상황에서 자신을 괴롭히던 모든 욕망과 그로 인한 걱정을 내려놓으면, 갑자기 자신이 처한 곳이 넓디넓은 초원처럼 느껴질 수도 있다. 부정적인 의미로 쓰이기는 말이기는 하지만 '정신 승리법'이 면면히 살아서 곳곳에서 효과를 보고 있는 이유는 마음이 갖는 힘 덕분이다.

자신의 가치에 대해 전혀 흔들림 없이 자존감으로 차 있는 사람을 상상해 보라. 자신이 가진 것이 세상에서 가장 값진 것이기 때문에 밖의 어떤 것을 더해도 나의 가치는 늘지 않고, 어떤 것으로 흠집 내려 해도 상처 입지 않는 마음을 가졌다고 자각한 사람을 상상해 보라. 더구나 그 사람의 자존감이 자신이 선한 마음을 갖고 있다는 자각에서 온 것이라면, 그 높은 자존감을 시기하고 질투할 타인도 없을 것이다. 선한 마음에서 오는 귀함은 배타적인 것이 아니라 누구나 가질 수 있는 것이기 때문이다.

게다가 그 마음이 가치 있는 것은 공감의 마음을 세상 끝까지 발휘할 수 있기 때문이다. 몸과 달리 마음은 세상 어디에나 갈 수 있다. 나의 마음이 다른 사람의 기쁨과 슬픔을 공감하게 되면, 나의 마음은 내 몸에서 확장되어 그 사람에게 가서 닿는다. 그리되면 나와 그 사람 사이에는 마음이라는 길이 놓인다. 내 마음이 귀중한 가치를 가진 것은 그러한 길을 놓는 능력이 있기 때문이다.

길은 나 혼자만이 다니는 곳이 아니다. 내 마음이 저 사람의 마음에 가서 함께 느낀다는 것은 저 사람의 마음이 내게로 올 수 있다는 이야기이기도 하다. 마음을 키운다는 것은 이러한 길을 새로 내고 또 넓힌다는 것이다. 맹자가 이 마음을 가짐으로써 타인을 바르게 할 수 있고 나아가 세상을 바르게 할 수 있다고 생각한 이유가 여기에 있다. 맹자가 생각하는 '바름'이란 마음과 마음이 공명해서 함께 느낌으로써 얻을 수 있는 것이었다. 타인에게 공감할 수 있다면 모든 갈등은 저절로 해결될 것이라고 맹자는 기대했다. 갈등 없이 각자 만족한 관계를 맺는 것 외에 달리 올바름이 있는 것이 아니라고 생각했다.

맹자가 말하는 스스로에게 집중하기는 타인에게 인정받는 것과 대비되는 일이지만, 타인을 아랑곳하지 않는 태도는 아니다. 스스로의 행복만을 위한 것도 아니다. 그가 실제로 인생의 가치로 생각했던 것은 세상 사람들을 자기 가족처럼 품는 것이었다. 그러나 그 일 역시 목표로 두고 애쓸 일이 아니라, 자신에게 집중함으로써 저절로 이루어질 수 있는 일이라고 생각했다. 그는 자신에게 집중한다는 이 한 가지 노력으로 세상을 바르게 하고 나아가 따뜻하게 할 수 있다고 생각했다.

맹자는 마음을 근원을 가진 샘에 비유하기도 했다. 풍부한 근원을 가진 샘처럼 마음도 깊이를 더해 가면, 마르는 일 없이 멀리까지 흐를 것이기 때문이다. 맹자는 마음이 점점 더 깊어져 점점 더 멀리 흐르게 되는 과정을 다음과 같이 표현했다.

> 누구에게나 차마 견디지 못하는 일이 있는데, 그것을 거리낌 없이 하는 일에까지 확충해서 적용하는 것이 인(仁)이다. 누구에게나 모두 하지 못하는 일이 있는데, 그것을 거리낌 없이 하는 일에까지 확충해서 적용하는 것이 의(義)이다.(『맹자』)

차마 견디지 못한다는 것은 안타까워 그대로 두고 보지 못한다는 의미이다. 맹자의 용어로는 '불인지심'(不忍之心)인데, 앞에서 말한 '측은지심'과 같은 의미를 갖는 말로 사용되었다. 자신의 어린 자식이 굶거나 부모가 추위에 떨거나 형제가 남에게 비난당하는 일은 우리가 견디기 어려운 일이다. 그래서 그 상황을 벗어나서 편안할 수 있도록 자신이 할 수 있는 일을 한다. 자식이나 부모나 형제는 가족이므로 그들에게 마음을 쓰는 것은 어렵지 않다. 그러한 마음을 확대해 가서, 무심하게 내버려 두었던 혈연 아닌 사람들에게까지 닿게 하는 것이 유학에서 가장 중요한 덕목으로 꼽는 인(仁)이다.

또한 아무리 좋아 보인다고 해도 남의 물건을 훔치거나, 아무리 밉다고 해도 남을 해치거나 하는 일은 하지 않는다. 옳지 않은 일을 하지 않는 그 마음을 점점 더 넓은 영역으로 확장해 간다면, 아주 사소한 일일지라도 양심을 무릅쓰고 자행되는 불의한 일은 없게 될 것이다. 옳음을 지키는 것이 의(義)이다.

인에 의해 연대를 이어 가고 의에 의해 연대가 나아갈 올바른 길을 짚어 간다면, 이 세상은 해서 될 것과 안 될 것을 분명하게 지키면서도 우애 또한 넘치는 세상이 될 것이다. 맹자는 인과 의는 사람의 마음이면서 사람이 다니는 길이라고도 했다. 마음이 놓은 길인 것이다. 내가 넓힌 내 마음은 내 이웃에게 가 닿고 나아가 더 넓은 세상으로 통하는 길이 된다. 그 길은 나뿐만이 아니라 주위의 모든 사람, 세상의 모든 사람들이 왕래하며 소통하는 세상의 것이다.

내 마음은 다른 사람을 얼마나 움직일 수 있을까?

내 말을 제대로 알아듣는 사람을 만나는 것은 쉬운 일이 아니다. 말이 통하는 사람을 만난다는 기쁨은 인생에 아주 드물게 찾아오는 일이 아닌가? 같은 한국어를 사용하고 있지만, 놀랍게도 서로의 말을 제대로 알아듣고 서로 이해하는 일은 흔한 일이 아니다. 단적으로 소통의 장벽 때문에 괴로워하는 부부들을 위해 소통치료를 해 주는 TV 프로그램을 보라. 부부 각자의 말은 각자 아파서 내는 신음소리인데, 그것이 상대방에게는 자신을 비난하는 소리로 들린다. 왜 이런 일이 일어나는 것일까? 왜 남의 말을 알아듣는 것이 이렇게 어려울까? 서로의 말만 잘 알아들어도 세상에 있는 수많은 싸움이 반 이상 사라질 것이다.

맹자의 이론을 염두에 두고 추측해 보자면, 남과 함께 느껴야 하는 마음 즉 공감의 마음이 작동하지 않기 때문일 것이다. 자신의 마음을 고인 물처럼 자신에게만 가둬 두고 상대방에게 흐르게 하지 않기 때문일 것이다. 상대의 말을 듣고 있는 듯하지만 마음이 움직이지 않으므로 상대의 말이 들리지 않는 것이다. 아마도 자신의 마음이 너무 아프다 보니 자신만을 가엽게 여겨서인지도 모른다. 말은 마음을 대신하기 위해 사용하는 도구이다. 그 사람의 말을 따라가서 그 사람의 마음을 만나야 하는데, 내 마음이 내게만 관심이 있다면 내 앞에 앉아 있는 사람의 말이 내게로 들어올 틈이 없다.

말이 통하는 사람을 만나는 것이 쉽지 않기 때문에 그런 사람을 만나는 것은 특별한 기쁨이다. 앞에 앉은 사람이 마음을 기울여 내 말을 들어주고 내가 느끼는 슬픔과 분노에 공감해 준다면, 내 슬픔과 분노는 반으로 줄어들고 나는 나를 따뜻한 마음으로 바라봐 주는 사람이 있다는 것에 또 위로 받는다. 이런 사람이 옆에 있다면 분명 내 인생은 달라질 것이다. 우리는 이런 사람들을 친구로 혹은 애인으로 옆에 두고 오래 사귀며 서로에게 영향을 주고받는다. 마음이 사람을 움직인다는 것은 분명하다.

그런데 친구나 애인은 특별한 관계가 아닌가? 맹자에 의하면, 특별한 관계에 한정되지 않고 발휘되는 타고난 공감의 마음이 누구에게나 있다. 그런데도 서로 공감할 수 있고 순조롭게 대화가 통하는 사람을 만나는 것이 왜 이렇게 어려울까? 공감과 소통은 오늘날 사회적인 문제라고 이야기된다. 친구나 애인이라 하더라도 서로에게 잘 공감하는 것은 아니다. 오히려 소통이 잘 되는 사이여야 한다는 기대 때문인지 더 나쁘다고 느껴지기도 한다. 마음이 통해서 만나 친구가 되었어도 서로 마음이 상해 절교하는 일도 드물지 않다. 애인이 되고 이어서 부부가 되어 같은 공간에 살아도, 시간이 지나면 그 가정에서조차 소통이 부족해 한 지붕 아래서 각자 불편한 마음으로 살기 일쑤이다.

왜 이렇게 어려운가? 맹자에게 대답은 있다. 앞에서 얘기했듯이 공감의 마음은 싹과 같은 작은 것으로 주어진다. 자신을 둘러싼 사람들과 마음의 다리를 놓고 교류하면서 이를 넓히고 단단하게 해야 한다. 그러는 사이에 그 마음이 자라, 웬만한 난관에도 흔들리지 않는 뿌리 깊은 나무처럼 된다. 내 마음이 다른 사람에게 다가가 그 사람을 건드리고 그 사람도 거기에 촉발되어 응답함으로써 그의 마음도 커진다. 그렇게 넓혀 가서 어디든 다른 마음이 있는 곳이면 다가가서 연결되어야 한다. 어린아이인 나의 마음을 내 부모가 건드려 주면 나는 그들에게 반응하면서 내 마음을 키울 것이고, 점차 그 마음을 친구에게 이웃에게 사회에게 뻗어 나가게 할 것이다. 내 마음이 성장하도록 볕이 되고 수분이 되고 양분이 될 것들은 내 주위의 사람들이다. 내게 공감하고 나를 사랑해 주는 사람들이다.

그런데 자라지 못한다면 싹에 머무는 것이 아니라 말라죽는다. 마음이 자라지 못하게 되는 환경이란 내 마음을 건드려 주는 사람이 없어 내가 그 마음을 어떻게 써야 하는지, 어떻게 키워야 하는지 모르는 채 자랄 수 있는 기회를 갖지 못할 경우일 것이다. 맹자는 이 외에도 경제적인 어려움이나 잘못된 정치도 사람들의 마음을 마르게 할 수 있다고 지적했다.

환경의 영향이 있는 것은 분명한데, 근본적으로는 인간의 내부에 환경에 영향 받는 기제가 있기 때문이다. 사람의 마음 안에는 공감의 마음만 있는 것이 아니다. 사람은 이목구비라는 감각도 갖는다. 이목구비는 각각 좋은 소리, 좋은 모습, 맛있는 음식, 좋은 냄새를 원한다. 그 감각을 충족시키는 데에만 열중하게 되면, 공감의 마음은 점점 위축될 것이라고 맹자는 말한다. 그러할 것이다. 너무 맛있는 음식을 먹다 보면 그 자리에 없는 다른 가족을 생각하는 마음이 잠시 사라져, 동이 나도록 먹어 치우는 경우가 있다. 그런데 거기에서 끝이 아니다. 그 감각이라는 것은 키우면 키울수록 점점 더 강한 것을 원하게 된다. 이 역시 쉽게 경험하는 일이다. 너무 맛있는 음식을 먹어서 한동안 계속 그 음식을 먹다 보면 질리게 된다. 더 이상 맛있지 않게 되고, 맛있는 것을 먹고 싶다는 욕망은 지펴졌으니, 다른 맛있는 것을 갈구하게 된다. 맛있는 것을 원하는 욕망이 커질수록 다른 사람들의 입을 생각하는 마음은 자연 줄어들다가, 이어서 없어질 것이다. 앉으면 눕고 싶어 한다는 우리 속담도 있다. 실제로 맹자는 이목구비의 욕구에 편안함을 원하는 육신까지 합해서 다섯 가지 감각이 있다고 말했다. 한번 편안한 것을 경험한 몸은 더욱 편한 것을 찾는다. 그것은 산업이 계속 커질 수 있는 이유이기도 하다. 너 편한 의자, 더 편한 침대, 더 성능 좋은 안마의자가 계속 만들어지고 팔리는 이유이다.

가령 모든 집안일을 다 해 주는 어머니와 살고 있어서 자기가 먹은 밥그릇 하나 설거지해 본 적이 없고 자기가 잠자는 방 한 번 청소해 본 적이 없는 아이는 어떤 어른으로 성장할 것인가? 자신이 편하면 누군가는 자신이 해야 할 일을 대신하느라 두 배 세 배 힘들 것이라는 것을 늦게라도 알게 되면 다행이다. 그럴 기회를 갖는 시기가 늦을수록 편한 것을 바라는 마음을 바로잡기는 점점 어려워질 것이다.

맹자는 욕심을 줄이는 것이 공감의 마음을 키우는 데 가장 좋다고 말했다. 고삐 풀린 욕심은 걷잡을 수 없이 무섭게 커지기 때문이다. 내 욕심이 커지면 남을 생각하는 마음이 줄어들 것이라는 것은, 굳이 맹자의 말이 아니더라도 쉽게 짐작할 수 있는 일이다.

공감의 마음과 대척점에 있는 감각이란 쉽게 말하면 이기심이다. 이기심은 나의 감각만을 고려한다. 반면 공감의 마음이란 나의 감각을 미루어 타인의 감각까지 짐작하고 배려하는 마음이다. 그렇기 때문에 내 감각을 즐겁게 하는 외부의 사물에 대한 느낌이 없어서는 안 된다. 즉 맛있는 것을 먹으면 즐겁다는 것, 편안하게 쉬면 행복하다는 것, 그 느낌을 모른다면 타인에게 공감하는 것도 불가능할 것이다. 감각을 유지하면서 공감의 마음을 키워 가는 것이 핵심이다.

공감의 마음을 키워 가는 사람이라면 직접 만나서 보고 듣는 영역을 넘어, 전해 듣거나 짐작하는 것만으로도 공감의 영역을 확대할 수 있다. 먼 이웃이 자연재해를 당해 어려움에 처해 있다는 소문을 듣고 봉사나 기부를 하는 사람들이 얼마나 많은가? 평생 본 적도 없는 그들을 위해 마음을 쓰고 행동을 할 수 있는 것은 공간을 넘어 움직이는 마음을 가졌기 때문이다.

맹자는 사회에서의 모든 행동이 그런 방식으로 이뤄져야 한다고 생각했다. 사람의 성장은 공감의 마음을 확대해 가는 과정이 되어야 한다고 생각했다. 교사가 되거나 정치가가 되는 것은 직접적이고 적극적으로 그러한 마음을 실현할 수 있는 길이다. 교사가 되어 많은 학생들이 그들의 마음을 넓히는 것을 도와준다면 그 많은 학생들은 세상 곳곳에서 역할을 다할 것이다. 정치가가 된다면, 그것도 유력한 정치가가 된다면, 공감의 마음을 넓은 영역에서 효과적으로 발휘할 수 있을 것이다. 흉년으로 굶주리는 백성을 위해 구휼사업을 벌이는 것도 누구보다 잘할 것이며 나라 안의 모든 어린이들이 교육의 혜택을 받게 하는 일도 누구보다 잘할 것이다.

그러나 그런 직업이 아니더라도, 사는 것 자체가 공감의 마음을 넓혀 가는 과정이다. 우리가 한순간이라도 다른 사람과의 관련 없이 숨 쉴 수가 있는가? 같이 사는 가족은 말할 것도 없다. 일터에 가서 일하는 것, 친구들과 노는 일, 그 모든 일이 공감의 마음 없이 이루어지기 어렵다.

맹자는 당시 자신이 살았던 시대에 몇 백 년째 계속되고 있던 전쟁 상황을 종식시켜야 한다는 사명감을 갖고, 전쟁을 끝낼 수 있는 정치를 하게 하려고 군주들을 상대로 유세를 하고 다녔다. 그가 남긴 『맹자』의 주요 독자 역시 군주를 비롯한 영향력 있는 정치가였다. 『맹자』는 군주를 비롯한 정치가가 어떻게 마음을 넓혀야 하는지, 그리고 어째서 정치 역시 그 마음 넓히기의 연장인지에 대한 설명을 주 내용으로 담고 있다. 맹자는 군주가 백성에게 측은지심을 품고 그들에게 다가가면 백성의 마음을 얻을 수 있다고 말한다. 백성의 마음을 얻을 수 있다는 것은 백성의 마음이 군주의 마음에 반응해서 움직이도록 했다는 것이다. 군주가 백성이 갖고 있는 공감의 마음을 자극하여 살려 냈다는 것이다. 맹자는 백성에게 공감하는 군주가 정치를 할 때의 모습을 다음과 같이 묘사했다.

> 백성들이 날마다 선(善)으로 옮아가지만 누가 그렇게 만드는지 알지 못한다. 군자가 지나가는 곳의 사람들은 감화되며 그가 거처하는 곳은 다스려진다. 이처럼 군자의 역할은 위아래로 마치 하늘과 땅의 작용처럼 자연스럽게 이루어진다. 그러니 그것이 어찌 작은 일이겠는가!(『맹자』)

백성들이 군주를 본받아서 선해지는 것이 아니라 군주의 선한 마음이 백성의 마음에 닿아 백성의 선한 마음을 깨어나게 한 것이다. 자신의 본성이 그대로 드러나는 것이므로 하늘에서 비가 오고 땅에서 싹이 돋는 것처럼, 자신의 마음이 자라나는 것도 자연으로 받아들인다는 것이다. 이처럼 타인의 마음은 비와 같이 양분과 같이 나의 마음을 자라게 하고, 나의 마음 역시 타인의 마음을 그렇게 자라게 한다. 그러므로 서로가 있어야 성장할 수 있다. 맹자는 그러한 상호 성장의 세상을 다음과 같이 묘사했다.

> 자로(子路)는 남들이 그에게 잘못이 있다고 일러주면 기뻐했다. 우임금은 선한 말을 들으면 절을 했다. 위대한 순임금은 그들보다 뛰어나서 선한 일을 남들과 함께하여, 자신의 사사로움을 비리고 사람

> 을 따르며 즐거운 마음으로 다른 사람에게서 좋은 점을 받아들여 선행을 실천했다. 농사짓고 질그릇 굽고 물고기를 잡을 때부터 황제의 자리에 오를 때까지 다른 사람에게서 좋은 점을 받아들이지 않은 적이 없었다. 다른 사람의 좋은 점을 받아들여 선행을 실천하는 것은 그 사람과 함께 선행을 실천하는 것이다. 그러므로 군자에게 다른 사람과 함께 선행을 실천하는 것보다 더 위대한 일은 없다.(『맹자』)

이것이 맹자가 그린 선한 마음의 힘이다. 선한 마음의 발휘는 사람과 사람 사이에서 일어나는 일이기 때문에, 이처럼 옆의 사람들을 물들이면서 퍼져 간다. 스스로 성장하면서 상대에게도 성장할 양분을 주는 것이다. 맹자가 말한 "자신을 바르게 함으로써 세상의 모든 존재를 바르게 하는 자"(『맹자』)라는 것은 이런 의미일 것이다.

세상과 연대하는 이 마음이 무엇보다 귀한 가치를 지닌다는 생각, 이를 내면에 품고 있는 사람이라는 자존감을 가지고 가는 길이 곧 내 이웃들과 함께 다닐 올바른 길로 이어진다는 맹자의 구상은 감동적이다. 이보다 인간에게 더 고귀한 삶을 제공해 주는 청사진은 없을 듯하다.

"선을 좋아하면 천하 사람들이 모두 천릿길도 가벼운 걸음으로 다가와서 선을 일러주게 된다"(『맹자』)고 맹자는 말한다. 내가 제대로 된 길에 접어들었다면, 세상 사람들 모두가 나의 성장을 도울 것이므로 내가 갈 길은 탄탄대로이다. 자신을 돌아보아 유감없이 온 마음을 다하고 있다면, 시행착오를 거듭하는 일은 있을지라도 나의 성장, 내 주변의 성장에는 어떤 문제도 없을 것이다.

그러나 내 마음과 다른 마음들

공감의 마음이 사람들을 움직일 수 있다는 맹자의 주장에는 중요한 전제가 깔려 있다. 즉 그 누구의 마음도 내 마음과 같을 것이라는 믿음, 마음의 성분도 같고 마음이 움직이는 기제도 같으리라는 믿음이 전제되어 있다.

가령 내가 좋다고 느끼는 것은 저 사람도 좋다고 느낀다고 생각하는 것이다. 내가 맛있다고 여기는 음식, 내가 좋다고 느끼는 음악, 내가 좋아하는 냄새, 내가 아름답다고 생각하는 사람, 이런 것에 대한 기호가 모두 같다고 주장하는 것이다.

사람들의 기호는 제각각인 듯 보이지만, 감각의 기호에 동일한 점이 있다는 것에 대해서는 어느 정도 동의할 수 있다. 가령 좋은 음악, 좋은 미술, 맛있는 음식, 미남미녀 등에 대해서는 대체로 동의하는 것이 있기 때문에, 객관적으로 훌륭한 음악, 객관적으로 맛있는 음식점, 객관적 미남미녀들이 엄연히 존재한다. 여기까지는 어느 정도 동의할 수 있을 듯하다.

그런데 맹자는 더 나아가 희로애락에 대해서도 마찬가지로 공동의 감정 기제를 전제한다. 내가 슬픔을 느끼는 상황에서는 저 사람도 그렇게 느낄 것이라고 믿는다. 내가 분노를 느끼는 상황에 대해 저 사람도 분노를 느끼고 있다고 믿는다. 이 부분에 대해서는 과연 그럴까 싶은 생각이 든다. 사람이 슬픔을 느끼는 상황이 매번 똑같을까? 특히 분노를 같은 상황에서 똑같이 느낄 수 있는 것일까? 분노를 같은 상황에서 느낄 수 있다면, 부모의 분노를 일으키는 자식은 어떤 마음일까? 유권자의 분노를 일으키는 정치가는 설마 유권자의 분노를 알면서도 그런 짓을 하는 것일까?

그런데 정말 문제는 맹자가 감각의 기호와 마찬가지로 선에 대해서도 사람들 모두 같은 기호를 가졌다고 주장한다는 점이다. 그가 말하는 선이란 "측은지심"이라고 표현한, 타인에 대한 공감능력이다. 타인에게 공감하는 능력이 점점 커지면, 나는 나의 이기심을 떨쳐 버리고 세상 사람 모두의 적절한 이익을 고려하고 배려하는 사람이 된다. 이렇게 되지 못하는 경우는 자신의 이기심에 굴복해서 공감의 마음을 키우지 못했을 때이다. 그러므로 맹자의 설명대로라면, 개성의 차이는 이 공감능력의 개발 정도에 달려 있다. 세상 사람들의 마음이 움직이는 기제가 같다면, 문제는 자신에게 공감의 마음이 부족한 경우에만 일어난다.

맹자가 말하는 공감능력이 작동하는 배경을 시쳇말로 표현하자면 상대의 마음도 내 마음 같겠거니 생각하는 것이다. 그런데 실제로 그러한가? 상대의 마음도 내 마음 같으리라고 넘겨짚은 탓에 상대와 갈등을 겪은 적이 없는가? 점심시간에 혼자 도시락을 먹고 남은 시간에 조용히 쉬고 싶어 하는 사람을, 밥은 함께 먹어야 한다고 밖으로 끌고 나가서 사먹게 하는 상사는 어떠한가? 자주 봐야 정이 든다며 결혼해서 분가한 아들집에 수시로 방문하는 시어머니는 어떠한가? 이 상사와 시어머니는 자신의 마음을 미루어 상대를 배려한 것이기 때문에 자신들로서는 떳떳하다. 오히려 냉담하게 반응하는 부하직원이나 며느리가 쌀쌀맞고 매정하다고 생각할 것이다.

아마도 이러한 배려는 수평적인 관계에서는 별로 문제가 되지 않는다. 수평적인 관계라면 서로가 좋고 싫은 것에 대해 어렵지 않게 의견교환이 이루어질 것이다. 배려하는 마음만 확인된다면, 그 방식이나 정도에 관해서는 말로 조정할 수 있을 것이다. 그 마음만 확인된다면, 말로 조정하는 것이 서로에게 훨씬 반가운 일이 될 것이다. 말이 마음이 전달되는 길을 닦아 주기 때문이다.

그러나 수평적이지 않은 관계에서 배려는 일방적으로 베풀어지는 경우가 많다. 그 마음의 표현 방법이나 정도가 오히려 내게 부담이 되고 상처가 돼도, 조정할 방법을 찾기가 어렵다. 맹자의 배려는 같은 문화를 이루고 있는 사람들 사이에서는 통용될 수 있을지도 모른다. 그런데 맹자가 살았던 그 문화는 수평적인 인간관계보다는 수직적 인간관계가 주류였다. 맹자가 분류한 다섯 가지의 인간관계는 아버지와 아들, 군주와 신하, 연장자와 연소자, 부부, 그리고 친구이다. 맹자가 살던 시대에 부부관계는 수직적이었으며 오늘날도 수평적이지만은 않다. 친구 사이만이 유일하게 수평적인 관계이다.

수평적이지 않은 관계에서는 윗사람의 배려는 아랫사람에게는 배려가 아닐 경우가 많다. 우리가 경험하듯이 세대가 다르면 원하는 것이 다르고 느낌도 다르다. 그러나 그 관계와 그 문화에서 달리 벗어날 방법도 없었던 시대에는 많은 사람들이 일방적 배려에 순응하고 살았을 것이다. 실제로 누구는 늘 아랫사람이고 누구는 늘 윗사람인 것도 아니다. 집안의 가장은 일터에 가면 누군가의 부하직원일 것이고, 시어머니는 며느리이기도 하고 딸이기도 하다. 그런데 그 역할관계는 계속된다. 시어머니가 되면 며느리였을 때 싫어하면서 당했던 일을 이제 며느리에게 되풀이한다.

아랫사람으로서 윗사람에 대한 공감과 배려는 어떠한가? 이것은 문제가 없을 것이다. 윗사람의 마음을 잘못 짚었을 때는 지체 없이 언어적 표현으로 그 불만이 날아올 것이기 때문이다. 그렇다! 말을 해야 남의 마음을 알지 않겠는가? 서로 말을 잘 알아듣는 것도 쉬운 일이 아니라는 이야기를 앞에서 했는데, 말을 하지도 않았는데 남의 마음을 미루어 안다는 것이 어디까지 가능하겠는가?

단일한 문화가 통용되는 사회에서는 속사정이야 어떠하든, 비교적 이심전심이라는 방법이 통용될 것이다. 그렇다 해도 불협화음이 생기는 것은 피할 수 없다. 특히 참을성이 적은 사람이나 사회의 기존 가치에 회의를 느끼는 사람과의 관계에서라면 불협화음은 더욱 피할 수 없을 것이다. 맹자가 불협화음에 대처하는 방식에 대해 언급한 적이 있는 것을 보면 맹자도 피할 수 없었던 것이다.

네 마음이 내 마음 같겠거니 여기는 사회에서 인간관계의 불협화음에는 어떻게 대처해야 할까? 마음이 다를 수 있다는 사실을 깨닫는 계기가 될까? 우선 맹자의 대답은 다음과 같다.

> 사람을 사랑하는데 그가 나를 친하게 여기지 않으면 자신의 인(仁)을 반성하고, 사람을 다스리는데 다스려지지 않으면 자신의 지(智)를 반성해야 한다. 예(禮)로 다른 사람을 대하는데 상응하는 답례가 없으면 공경의 마음을 반성해야 한다. 어떤 일을 했는데 바라는 결과를 얻지 못했을 때는 자기 자신을 돌아보고 그 원인을 찾아야 한다. 자신의 몸이 바르면 천하 사람이 다 내게로 돌아온다.(『맹자』)

먼저 자신의 마음을 되돌아보라고 한다. 맹자의 생각처럼 세상 사람들의 마음이 움직이는 기제가 같다면 문제는 자신의 마음이 부족한 경우에만 일어난다. 자신의 마음이 바르면 세상의 모든 존재가 그에 대해 같은 마음으로 응답할 것이라고 기대한다. 그렇게 생각하기 때문에 타인과의 관계가 원만하지 않을 때 먼저 자신을 반성한다. 그에게 자신의 마음은 모든 관계를 올바르게 하는 근원이기 때문이다.

그런데 계속 자신의 진심을 반성하고 또 반성해서 더 할 수 없는 진심으로 상대를 대했는데도 상대가 기대하던 대로 반응하지 않는 경우가 왜 없겠는가? 맹자는 끝까지 자신을 되돌아보며 자신만을 고쳐 갈까? 직접 맹자의 말을 들어보자.

> 어떤 사람이 자신을 도리에 어긋나게 대할 경우 군자는 반드시 자신을 돌아보아 '내가 분명 인(仁)하지 못하기 때문일 것이다. 내가 분명 예를 지키지 못했을 것이다. 아니라면 왜 이 사람이 이러겠는가'라고 반성한다. 스스로 반성해 보아도 인하고 또 예가 있는데, 그 사람이 나를 도리에 어긋나게 대하면 군자는 반드시 스스로를 돌아보아 '내가 분명 성실하지 못했기 때문일 것이다'라고 반성한다. 스스로 돌아보아 성실한데도 그 사람이 도리에 어긋나게 나를 대한다면 군자는 '이 사람은 몹쓸 사람일 뿐이구나. 이렇다면 금수와 다를 바가 없지 않은가. 금수에게 무엇을 비난하고 기대하겠는가!'라고 생각한다.(『맹자』)

맹자의 이야기를 상식적으로 받아들이면 그런가 보다 할 수도 있다. 상대가 정말 배려하는 마음으로 예의 있게 대하면 거기에 침 뱉고 돌아서기란 쉽지 않을 텐데, 그러고 돌아서는 사람이란 얼마나 모진 사람일까 싶은 생각이 들기도 한다.

그러나 정말 모질어서 그럴까? 상대가 정말 예의 바르게 내세 호의를 보여도 싫을 때가 왜 없겠는가? 그의 배려와 예의 바름이 위선적으로 느껴져 싫을 수도 있다. 또는 그의 호의 뒤에 숨겨진 의도가 있다고 의심되어 피하고 싶을 수도 있다. 또는 인간적인 매력을 느끼지 못해 업무상 문제가 없을 정도로 최소한의 사무적인 관계만 갖고 싶다고 생각할 수도 있다. 또한 양보할 수 없는 다른 가치관 때문에 그를 경멸하고 있을지도 모른다.

그런데 맹자는 이러저러한 이유로 내가 그의 호의에 반응하지 않았다고 나를 사람이 아니라고 비난하며 짐승 취급한다. 맹자는 자신이 생각하는 좋음이 이 세상에 유일한 것이라고 생각했기 때문이다.

내 마음만 반성한다고 될 일인가?

세상 모든 사람의 마음이 한가지라면 맹자의 해결 방식밖에 없을 것이다. 인간의 본성이 그러한데, 옆에서 아무리 애를 써도 그 본성을 발현시키지 못한다면, 인간이라고 할 만한 것이 남지 않은 것이다. 인간을 인간이게 하는 본성을 이미 잃었으니, 인간 아닌 생물이라고 할 수밖에 없을 것이다.

그러나 맹자 당시에도 맹자가 주장하는 인간관에 찬동하는 사람은 그렇게 많지 않았다. 당시 가장 인기 있는 것으로 통용되던 인간본성론은 법가의 인성론이었다. 법가는 부국강병을 창출할 수 있는 방법을 제시함으로써 제후들 사이에서 가장 높은 인기를 누렸다. 법가가 제시한 인간본성론 역시 부국강병을 뒷받침하는 것이었다. 법가는 인간이란 자신에게 이로운 것은 좇고 해가 되는 것은 피하는, 이기적인 원칙에 의해 움직이는 존재라고 파악했다. 이처럼 인간본성을 파악한 뒤, 백성들을 부국강병에 봉사하도록 만들 수 있는 인간관리론을 제시해 주었다. 즉 나라가 원하는 일을 하면 상을 주고, 나라가 금지하고 싶은 일에 대해서는 가차 없이 벌을 내림으로써, 통치자가 원하는 대로 백성들을 움직일 수 있게 했던 것이다. 이익을 좇고 해로움을 피한다는 인간본성론은 현실에서 직접 확인할 수 있었고, 이들의 인간관리론에 기반을 둔 부국강병론은 실제로 효과를 거두었다. 강력한 군대를 키워서, 몇 백 년 계속된 전쟁을 끝내고 천하를 통일한 것은 법가이론을 채택한 진나라였다.

반면에 맹자가 주장하는 인간본성론은 믿기도 어렵고 증명하기도 어려운 것이었다. 맹자의 주장과는 달리 현실에서는 이기적인 사람들이 훨씬 많다. 게다가 맹자는 군주가 선한 마음을 발휘하면 그 소문을 듣고 세상 사람들이 그 나라로 찾아 들어와 결국에는 천하를 통일할 수 있다고 했는데, 이 천하통일 방안은 당시와 같은 통상적인 전쟁 상태에서 너무나 비현실적인 몽상이었다. 당시 대다수의 사람들은 맹자의 말을 심각하게 받아들이지 않았고, 맹자의 주장은 공허하게 떠돌았다.

그러나 한대(漢代)에 유학이 중국의 국가이념으로 작동하기 시작하면서 맹자의 이러한 생각은 중화의식이라는 형태로 정착되었다. 인간이라면 마땅히 가져야 하는 성격이 있고, 이것을 갖추지 않으면 인간이 아니라는 맹자의 생각은 중국이 주변 나라들을 상대로 패권을 잡았을 때, 자신들의 문화를 공유하지 않은 외부 사람을 배타적으로 취급하는 논리로 작동했다. 이들은 자신들의 문화를 '중화'라고 부르고, 중화의 문화를 갖지 않은 이방인들을 '오랑캐'로 부르면서 인간 이하로 취급했다.

그런데 그 배타의 논리는 국경이나 민족을 경계로만 작동하는 것이 아니다. 같은 사회 안에서도 맹자처럼 도덕적 엘리트를 자임하는 집단은 평범하고 이기적인 보통 사람들을 중요한 영역에서 배제하기 십상이다. 맹자는 자신이 알고 있는 세상, 존중하는 가치가 유일하다고 생각하므로 자신과 다른 문화, 다른 가치를 가진 사람들을 자신의 문화에 동화시키려고 노력한다. 그리고 그 노력이 끝내 실패한다면 그들과는 단절해야 한다고 주장한다. 동화 아니면 배제인 것이다.

맹자 자신은 전쟁의 필요가 없어진 통일된 천하에서, 군주의 마음이 갖는 힘으로 하늘 아래 모든 사람을 포용하는 정치를 구상했다. 마음의 힘이 천하를 한 가족처럼 만들 수 있다고 생각했다. 이러한 유학의 이념이 현실에서 정치이념으로 작동한 시간이 길었고, 긍정적인 역할도 했겠지만, 그렇다고 해도 그 이념 안으로 포섭되지 않는 '다른 사람'들을 배제하는 이론임은 달라지지 않는다.

맹자의 이론 안에서 정치적인 성취는 가치 평가의 대상이 되지 않는다. 그는 마음의 성장, 마음의 발휘만을 가치로 여겼고 그것만으로 가치를 따졌다. 스스로의 마음을 다하는 과정에서 가치는 이미 성취되기 때문에, 정치적 결과 때문에 달라지는 것은 이론상으로는 없다. 맹자를 비롯한 그 이념의 신봉자들은 그런 식으로 마음의 성장, 즉 자신들의 도덕성에 근거해 구축되는 세상을 꿈꿨다. 마음의 공감 능력을 확대했다고 자신할 수 있으면 그것으로 가치평가는 끝난 것이었다.

맹자는 자신이 노력해야 할 일과 그렇지 않은 일을 다음과 같이 단호하게 구분했다.

구하면 얻게 되고 내버려 두면 잃어버리게 되는 경우에는 구하는 것이 얻는 데 유익한데, 그것은 구하려는 대상이 나 자신에 있기[在我者] 때문이다. 구하는 데 정해진 방법이 있고 얻는 것이 명(命)에 달려 있는 경우는 구한다 해도 얻는 데에 아무런 유익함이 없는데, 그것은 구하려는 대상이 내 밖에 있기[在外者] 때문이다.(『맹자』)

이 말이 노력해서 되는 일이 있고 노력해도 안 되는 일이 있다는 의미라면, 일단 수긍할 수 있다. 자신 안에 있는 좋은 마음을 캐어 내는 일이라면 자신의 책임일 것이고, 모든 것을 자신의 힘으로 통제할 수는 없겠지만 자신의 노력 여하에 따라 많은 것이 달라질 것이다.

문제는 맹자가 '명'(命)이라고 표현한, 내 노력과 무관한 영역이다. 맹자가 이 말을 한 이유 가운데 큰 것은 자신이 제후에게 등용되는 일과 관련해서였다. 등용되어 얻게 되는 것이 신분의 귀함이라면, 귀함에 따르는 부유함을 비롯해 사회적으로 자신이 쌓은 공적을 인정받는 일을 염두에 두고 한 말이다. 그런 일들을 노력의 대상으로 하지 않겠다는 언명이었다.

자신이 노력의 대상으로 할 일은 자신의 마음을 키우는 일, 그리하여 도덕성을 고양시키는 일에 한정하겠다는 것이었다. 자신의 도덕성만으로 자신의 가치를 실현하고 정치적 성취에는 연연하지 않겠다는 맹자의 구상, 그리고 유학의 이상은, 맹자를 비롯한 유학자들에게 정치적으로 불우한 처지에 놓여 있더라도 흔들림 없이 당당할 수 있는 힘을 주었다.

그들은 자신의 도덕성에 자부심을 느끼면서 그 도덕성이 실제로 자신들이 주장하듯이 사람들을 교화시키는 일에서 얼마나 영향력을 발휘했는지, 그래서 얼마나 좋은 세상을 만들었는지 등 도덕성이 실제로 거둔 결과는 자신들의 가치를 계산하는 데 넣지 않았다. 즉 그들은 남과 상관없이, 세상과 상관없이, 마음만 잘 먹으면 성공한 사람이었고 더할 나위 없이 고귀한 사람이었다. 남이 인정해 줄 필요도 없었다. 스스로 자신의 도덕성이 극대화되었다고 자부하게 되면 성공한 사람이었고 고귀한 사람이었다.

맹자는 그 도덕성의 정치적 효용을 자신했다. 전쟁을 일으키지 않고 경제적으로 착취하지 않고 나아가 교육까지 시키는 인의 정치, 덕의 정치를 한다는 소문이 나면, 세상의 선비, 농부, 상인, 나그네 할 것 없이 모두 그 나라로 몰려들 것이라고 주장하며, 그러한 정치를 하라고 제후를 설득하고 다녔다. 그러나 그런 일은 맹자 당시에도 현실에서 일어나지 않았고, 그 뒤에도 그렇게 유능한 덕의 정치를 실현했다는 이야기는 좀처럼 들을 수 없었다.

그런데 정치적 효과를 문제 삼지 않는다는 태도가 초래할 수 있는 함정은 다른 곳에 있다. 앞에서 자신이 생각하는 문화만이 유일한 것이라고 생각했던 맹자의 주장은 뒷날 중화 독존을 주장하며 중화 이외의 문화는 인정하지 않고 그 외부 사람들을 오랑캐로 취급하는 논리로 작동했다는 이야기를 했다. 유일한 가치에 대한 맹자의 생각과, 자신의 도덕성만을 가치 평가의 대상으로 삼겠다는 태도가 합쳐지면, 나와 다른 가치관을 가진 상대와 좀처럼 소통할 수 없을 때 마땅히 기울여야 하는 개선의 노력을 가치 있는 것으로 주목하지 않는다.

이를 개선할 방법은 사실 없다. 가치는 내가 알고 있는 그 하나뿐이라고 믿기 때문이다. 그러므로 내가 알고 있는 그 가치를 도저히 인정하지 못하는 상대는, 내게는 그저 그 가치를 인지할 능력이 없는 존재일 뿐이다. 상대가 무슨 생각을 하고 있는지, 어떤 사정이 있는지 알아야겠다는 생각은 당연히 들지 않는다. 상대는 인간의 본성과 담쌓은 존재이며 인간이라면 마땅히 따르고 키워야 할 가치에 무지한 짐승 같은 존재일 뿐이기 때문이다.

이러한 세상에서 문제가 생긴다면 그것은 오로지 자신의 도덕성 때문이다. 그러므로 자신을 반성하는 일 외에는 다른 방식으로 소통을 시도해야겠다는 의지조차도 품지 않을 것이다. 이러한 생각을 가진 집단이 국제 사회에서 패권을 잡으면 중화와 오랑캐를 차별하듯이 자신을 기준으로 이질적인 존재를 차별하는 나라가 될 것이라는 말은 앞에서 했다. 만약 이런 생각을 가진 사람이 한 사회에서 요직에 등용돼 권력을 갖게 된다면 괴로워지는 사람들이 적지 않을 것이다. 그 사회의 문화와 조금 다른 감각을 갖고 사는 사람들은 비난받고 배척당할 것이다.

이러한 독불장군의 위험성 외에, 자신의 마음, 자신의 도덕성이 가치 자체이고 가치의 척도라는 주장은 또 다른 위험성을 안고 있다. 자신의 마음을 알고 평가할 수 있는 사람은 자신뿐이다. 공감의 마음을 갖고 있다는 것과 이기심을 갖고 있다는 것은 양립할 수 있는 일이다. 역사와 현실이 증명하고 웅변하는 바, 우리의 이기심은 강력하다. 이기심을 깊이 감춰 둔 채 나의 공감능력은 더할 나위 없이 확충되었다는 자기기만이 도처에 있을 수 있다. 실제로 공자나 맹자는 '사이비' 군자를 경계하고 공격했는데, 자신의 이기적인 마음을 감추고 도덕군자인 척하는 이 '사이비'는 유학자들이 너무나 쉽게 빠질 수 있는 함정이기 때문에 더 경계했을 것이다. 덕 있는 사람, 도덕적인 사람이라는 사실이 동네에서 칭찬받는 것에 그치지 않고 중앙

정부에 진출해 출세할 수 있는 자격이 되는 사회라면, 정도의 차이는 있겠지만, 누구나 덕 있는 척할 것이다. 진짜 마음이 아니라 거짓으로 꾸며 낸 마음이기에 공자와 맹자가 보기에는 사이비일지라도, 마음을 알 수 있는 사람은 그 자신뿐이기에 계속 덕 있는 척 행세하며 살 수 있다. 남의 마음이 사이비라고 느낄 수는 있지만 가짜라고 증명할 방법은 없기 때문이다.

그리하여 가장 비관적으로 전망한다면, 맹자가 꿈꾸던 사회는 현실적으로는 위선자가 득세해서 실제로는 자신도 갖지 않은 도덕성을 이유로 많은 사람들을 비난하고 배척하고 배제하는 사회일 수 있다.

맹자 다시 읽기

맹자는 이상주의자이다. 그는 이상적인 인격을 그렸고, 이상적인 인격자가 운영하는 이상적인 정치공동체를 구상했다. 아마도 맹자 자신은 그러한 인격에 가깝게 간 사람이었을 것이다. 맹자 자신에게는 너무나 분명한 공감의 마음과 의로운 마음이었기에 다른 사람도 누구나 그러한 마음을 가졌다고 주장할 수 있었을 것이다. 『맹자』에서 엿볼 수 있는 맹자는 그의 표현대로 "스스로를 돌아보아 부끄러움이 없다면" 수만 대군 앞에서도 두려워하지 않는 기개를 가진 사람이다. 자기 마음의 위대함을 자각하고 그리하여 더할 나위 없이 높은 자존감을 가진 맹자는, 그의 용어 그대로 '호연지기'가 하늘을 찌르는 사람이었을 것이다. 제후에게 발탁되기를 바라면서 제후들을 찾아다녔지만, 제후의 권력 앞에서도 그의 기개는 위축된 적이 없다.

맹자는 자신처럼, 하늘 아래 모든 백성의 어려움과 슬픔에 공감하는 사람, 어떤 일을 하든지 하늘을 우러러 부끄러움이 없는 사람이 정치를 담당하는 사회를 구상했다. 도덕적으로 뛰어난 사람이 하는 정치가 가장 좋은 정치라고 생각했기 때문이다. 자신이 직접 그러한 정치에 참여할 수 있기를 염원하며, 그에게 기회를 줄 제후를 만나기 위해 세상을 편력했다. 그러나 끝내 기회를 가질 수는 없었다.

맹자는 자신이 구상한 정치를 실행할 기회를 얻지 못했지만, 맹자가 구상한 정치는 몇 백 년 뒤에 실제로 중국의 정치 이념이 되었다. 도덕성에 근거한 정치, 즉 덕치는 기원전 1세기경 한무제 때 정치의 중심 이념이 된 이후, 20세기 초 유럽의 근대문명이 유입되고 과거제도가 폐지되는 때까지, 약 2천 년 동안 중국에서 변함없이 정치의 근본이념이었다.

그런데 이 도덕성, 선한 마음이라는 것은 남들에게는 보이지 않는 나의 마음이다. 그래서 어느 정도 지능이 있는 사람이 작정한다면 도덕적인 척하는 것은 어렵지 않다. 누군가의 도덕성을 검증하겠다고 한다면 어떤 방식이든지 마음이 드러난 것이라고 짐작되는, 밖으로 드러난 행동이나 그들이 말로 밝히는 그들의 생각을 심사하는 수밖에 없다. 일상의 언행과 사고방식을 판단하는 면접시험이든 가치관과 판단능력을 묻는 필기시험이든, 자신의 부도덕한 마음을 감추고 도덕적인 척하는 일은 얼마든지 가능하다. 우리가 실제 생활에서 어떤 윤리적인 행동을 하는지 상관없이 윤리과목의 시험 공부를 해서 정답을 고르는 것과 마찬가지이다. 우리 마음이 꼭 그렇지는 않더라도 어떤 행동이 윤리적으로 보일지 어떤 것이 정답일지 알 수 있다. 실제로 유교사회에서 관리를 뽑는 방법이었던 과거시험은 유교경전에 관한 지식을 물었는데, 그 명분은 도덕성을 평가한다는 것이었다.

과거시험을 잘 봤다고 그 마음이 도덕적이 아니라는 것은 유교사회의 역사가 증명한다. 특히 황종희가 겪은 비극이 대표적으로 증명한다. 대신들을 허수아비로 만들고 독재자가 된 군주에게 아부함으로써 자신의 자리를 보전하고 사적인 이익을 채우는 신하들을 향해, 당신들은 독재자의 노비일 뿐이라고 황종희는 비판했다. 그들이 바로 도덕성을 묻는 시험에 합격하여 관리가 된 자들이었다. 자신의 마음이 실제로 어떠하든, 과거에 급제하여 출세하고자 하는 사람은 일단 선한 마음을 가진 척해야 한다. 선한 마음이 진짜가 아니었기 때문에, 일단 관리가 되면 그다음에는 자신의 자리를 보전하게 해 줄 사람들의 마음을 살피는 노예가 되는 것이다.

맹자는 시험으로 관리를 등용하던 시대에 살지 않았기 때문에 전적으로 제후의 결정에 의해 관리로 등용되어야 했다. 자신이 쉽게 등용되지 못하는 현실을 두고, 맹자는 "어진 정치가 행해지도록 하는가 여부는 사람이 할 수 있는 것이 아니고" "하늘의 뜻"(『맹자』)일 뿐이라고 받아들이며, 자신의 포부를 실현하는 꿈은 접어야 했다. 그 꿈은 자신의 입신양명을 위한 것이 아니었다. 선한 마음이 연쇄작용을 일으켜 세상을 관통하여 세상 사람 모두 윤리적으로 성장할 수 있는 평화로운 사회를 실현하는 것이 그의 꿈이었다. 어쨌든 맹자는 제후에게 발탁되지 못하였기에 평화로운 세상을 만들겠다는 꿈을 실현할 수 없었다.

맹자에게는 그것이 어떤 목적이든, 목적을 위한 행위는 도덕적이지 않았다. 그에게 도덕이란 내면에서 우러나오는 자신의 마음을 실현하는 그 한 가지뿐이었다. 벼슬을 얻기 위해 제후에게 환심을 산다든지, 자신을 추천해 주도록 누군가에게 부탁한다든지 하는 일들은 모두 다른 목적을 가진 행동이었다. 맹자는 그처럼 다른 목적을 위한 행동은 하지 않겠다는 의사를 분명히 했고, 실제로 어떤 타협도 하지 않은 듯하다. 자신은 자기 방식대로 도덕성을 키우고 발현하기 위해서만 노력할 뿐이고, 그 결과가 어떻게 되는지는 "하늘의 뜻", 즉 '명'에 맡기는, 그런 삶을 살겠다고 공언했다. 맹자의 입장에서 자신이 할 수 있는 것은 자신의 마음을 키우고 단련하는 것뿐이었다. 그 마음의 덕을 실질적으로 백성이 입을 수 있도록 하는 일에 대해서는 노력을 더하지 않은 것이다.

만약 맹자가 개인적으로 충실한 삶을 살고 싶어 하는 사람으로서, 자신은 세속적인 성공과 실패를 목표로 하여 애쓰며 살지 않겠다고 선언을 한 것이라면, 그것은 남이 왈가왈부할 수 없는 개인의 문제일 뿐이다. 그러나 그의 포부는 세상을 평화롭게 하겠다는 것이었다. 그러한 포부를 갖는 사람의 방법이라면 문제가 있는 것이 아닐까?

객관세계라고 부르는 것은 무엇일까? 밤낮이 바뀌고 사계절이 바뀌고 눈비가 오는 등의 자연운행을 제외하고는, 우리에게 객관세계라는 것은 이 세상에 사는 사람들의 의지와 행동의 총체가 아닐까? 내가 대면해야 할 객관세계란 나를 둘러싸고 있으면서 나에게 직접 간접으로 영향을 줄 수 있고, 나아가 영향력을 행사할 수 있는 타인들이 아닐까? 우리를 힘들게 하고 고민하게 하는 객관세계란 나와 함께 이 땅 위에서 살고 있는 타인들이 아닐까?

"세상의 모든 것이 내게 다 갖춰져 있다"고 한 맹자가 하나의 우주라면, 이 세상에는 사람 수만큼의 우주가 있을지도 모른다. 맹자의 생각과 달리 수많은 우주들이 저마다의 운행법칙을 갖고 있는데 맹자가 자신의 방식만을 고집해서 온 세상에 관철시키려고 한다면, 맹자는 결국 자기 우주 안에 고립될 수밖에 없지 않을까? 나의 도덕성을 반성하며 다지는 일로 온 세상을 평안하게 하겠다는 것은 자신의 방식대로 되지 않는 세계와는 담을 쌓아 버리겠다는 것과 다름없다.

나와 다른 세상을 인정하고, 나와 다른 것을 알려는 노력이 필요하지 않겠는가? 그의 포부가 선한 내 마음을 지키는 것으로 만족하는 것이 아니라, 나의 바른 마음으로 온 세상을 바르게 하는 것이라면 말이다.

맹자가 살았던 시대처럼 군주제의 사회에서라면, 실제로 덕치를 실현할 수 있는 열쇠는 군주에게 있다. 고난마저 자신을 단련하는 기회로 삼을 마음의 준비가 되어 있는 맹자 같은 사람에게, 덕을 갖추는 일은 오히려 쉬운 일이다. 오히려 어려운 일은 맹자를 인정하고 맹자와 협력하겠다는 군주를 만나는 일이었다. 군주가 맹자를 발탁할 마음을 먹지 않는다면 맹자의 마음, 맹자의 도덕성이 정치적으로 확대될 길은 좁아진다. 이미 도덕적인 면에서는 자신을 돌아보아 부끄러움이 없을 정도인 맹자에게, 더욱 어려운 일, 그래서 더 힘써야 할 일은 그 마음을 정치적으로 확대할 수 있는 길을 찾는 일이 아니었을까?

황종희는 군주 역시 도덕적으로 보통 수준의 사람이며, 군주를 도우면서 견제해야 할 대신들 역시 보통 사람일 뿐이라는 것을 직시했다. 황종희는 사람은 기본적으로 이기적일 수밖에 없다고 생각했지만, 맹자가 주장한 선한 마음에도 동의했다. 다만 작은 양만의 선한 마음을 타고난다고 생각했다. 타고난 선한 마음은 금방이라도 사라질 만큼 위태로운 것이어서 '전광석화' 같은 것이라고 표현하기도 했다. 그러나 전광석화 같을지라도 그 마음을 놓치지 않고, 그 마음을 불붙여 일으켜, 많은 사람들의 마음들로 연결되는 사회이어야 한다고 생각했다. 어떻게 그 마음을 지켜 나갈 것인가?

황종희는 사람의 마음이 이기심으로 치달리기 쉽다는 것을 인정하고, 그 이기심을 충족시켜 주는 것이 정치라고 생각했다. 사회 안 모든 사람들의 그 마음을 평화롭게 충족시켜 주는 것이다. 그러므로 한편에서 정치란 그 마음이 폭주하는 것을 막기 위해 필요한 것이었다. 따라서 이기적인 마음을 긍정적인 방향으로 살리면서 동시에 그 마음이 초래할 치명적인 폐해를 방지할 방법을 찾는 것이었다.

여전히 선한 마음에 의한 정치를 꿈꾼다면 정말로 해야 할 일은 그 선한 마음을 위협하는 것들을 통제하는 일이 아닐까? 선한 마음을 위협하는 것은 이기심의 폭주이다. 황종희는 그 폭주를 통제하지 못하는 정치는 무능력하고 무의미하다고 생각했다. 맹자는 목적을 가지고 타인을 대하는 일은 하지 않고자 했으며, 자기 행위의 결과는 '명'(命)의 영역으로 돌렸다. 그러나 황종희는 타인의 마음과 행동을 노력의 부분으로 끌어들여 통제할 수 있어야 하고 통제해야 한다고 생각했다.

특히 권력을 가지면 누구나 걸(桀)이나 주(紂)와 같은 폭군처럼 되기 쉽다는 공포를 해결해야 했다. 그는 군주제를 유지하는 가운데, 군주가 허약한 도덕성 때문에 저지를 수 있는 패악을 경계하고 막는 방법을 찾아야 했다. 그러면서도 황종희는 인간의 선한 마음이 주도적으로 빛을 밝히고 길을 여는 세상을 꿈꿨다. 그는 피비린내 나는 현실을 직시하면서도, 맹자가 꿈꾼, 공감에 의해 연결된 사회를 현실화시키려는 포부를 내려놓지 않은 것이다.

황종희는 그래서 『맹자』를 다시 읽었다. 사람이 마음속에 품고 있는 보석을 지키고 사라게 함으로써 나뿐만 아니라 모든 사람들이 인간다움을 지키고 살 수 있다는 맹자의 이상을 황종희도 꿈꾸었다. 그러나 정말로 그 꿈을 이루기 위해서는 인간의 어두운 면을 알아야 한다고 생각했다. 공감의 마음이라는 보석과 함께 마음 한구석에 자리 잡고 있는 이기심이 어떻게 인류를 어둠으로 끌고 가는지, 그 일이 얼마나 쉽게 반복되는지 보았기 때문에, 그는 필사적으로 어둠을 몰아내는 방법을 찾아야 했다.

이상주의자인 맹자의 역할은 시대를 뛰어넘어 사람들에게 좋은 세상에 대한 비전을 제시해 주는 데 있을 것이다. 맹자만큼 인간을 고귀한 존재로 평가한 사람도 없을 듯하다. 인간의 현실은 비루할지라도 인간의 가능성은 우주를 가슴에 품을 수 있을 만큼 대단하므로, 그러한 위대한 인간이 되자고 맹자는 우리 보통 사람들에게 제안한다. 그런데 현실의 인간은 왜 그렇게 하지 못하는가? 황종희는 인간이 존엄한 존재로 사는 것을 방해하는 것이 무엇인지 고민했다. 그는 인간의 열악한 현실을 직시하고, 그 현실을 맹자가 제시한 이상으로 어떻게 이끌어 가야 하는지 고민했다.

황종희는 명말청초라는 시대를 배경으로 해서, 맹자의 꿈을 현실화시킬 수 있는 가장 가까운 길, 가장 현실적인 길을 우리에게 보여줬는지도 모른다. 청말의 애국청년들이 민주의 선구자로 황종희를 평가하며 다시 불러낸 것에는 그럴 만한 이유가 있었을 것이다. 군주제가 아닌 사회에 대해 상상할 수 없었던 당시, 황종희는 명목상의 군주제를 인정한다. 그러나 그 정신으로 판단하건대, 황종희보다 더 민주의 정신이 투철한 민주주의 인사도 없을 것이다. 더구나 황종희가 구상하는 사회가 개인들이 고립되지 않으면서 자신의 인격과 이웃의 인격의 동반성장을 꿈꾸며, 윤리적 성장이든 정치적 안정이든 남의 일로 생각하지 않고, 자신이 사는 동네를 가꾸고 지키는 일이 윤리이고 정치라고 생각하는 곳이라면, 그 사회는 현대의 세계 어디에서 보는 민주주의보다 바람직한 미래를 보여 주는 것이 아닐까? 지금부터는 황종희가 꿈꾼 세상이 어떤 것이었는지, 그 실현을 위해 어떤 고심을 했는지 알아보기로 하자.

제3장

황종희의 숙제

마음 밖으로!

일상적인 난세를 어떻게 할 것인가?

강희제(재위 1661~1722년)의 치세에 들어서면서 황종희는 전에는 오랑캐라고 부르던 청 조정에 대한 태도를 바꿨다. 청을 당대의 조정으로 인정하면서 강희 연호를 사용하기 시작했다. 제자들과 아들이 과거보는 것도 막지 않았으며 역사편찬관이 되는 것에도 동의했다. 그러나 자신은 끝내 청조의 부름에 응하지 않았으며, 명조의 유민으로 남은 생을 보냈다.

명나라의 운명과 자신의 운명을 분리시키지 않은 채 평생을 살았기에 그는 평생 분노와 긴장에서 자유롭지 못했을 것이다. 서민의 생명과 일상을 지키지 못한 정부, 바닥을 모르고 타락해 간 군주와 신하들, 그 속에서 황제의 권력을 훔쳐 세상을 농락한 환관들, 정부가 그렇게 되도록 수수방관했던 모든 사람들, 분노는 자신을 포함한 모든 사람을 향한 것이었다. 망한 왕조의 유민으로서, 그 땅에서 사라지지 못하고 연명하고 있는 사람으로서, 그 긴장감에서 놓여나는 것은 죽음 뒤에서야 가능했을 것이다.

그가 분노와 긴장 속에서도 삶을 놓지 않고 이어 간 이유가 있었다. 그는 자신 앞에 버티고 선 비극과 정면으로 마주했다. 그는 여전히 맹자를 존경했지만 자신의 마음에만 집중함으로써 세상의 평화를 이룩하겠다는 맹자의 방법을 그대로 따를 수는 없었다. 그것을 그대로 받아들이기에는 난세가 너무나 일상적이었다. 윤리적 인격을 가진 성인 군주가 세상을 다스린다는 태평세는 소문으로도 들을 수 없는 전설일 뿐이었다. 맹자는 그러한 태평성대가 대략 오백 년마다 한 번씩 찾아온다고 계산했다. 그러나 그렇게 오랜 시간을 보내고 난 뒤에야 한 번씩 찾아오는 태평세라니, 나머지 난세의 시간을 그대로 기다리란 말인가? 그러기에는 너무나 긴 시간이 아닌가? 오백 년에 한 번 오는 좋은 시간을 기대하며, 그 긴 괴로움의 시간을 그대로 기다리라고 한다면 너무 무책임하고 불성실한 것이 아닌가?

대략 오백 년마다 한 번씩 태평세가 온다는 그 역사관은 '일치일란'(一治一亂)으로 표현되었다. '한 번 다스려지고 한 번 혼란해진다'는 의미이다. 황종희는 "나는 '한 번 다스려지고 한 번 혼란해진다'(一治一亂)는 맹자의 말이 늘 의문스러웠다"고 말한다. "왜 삼대 이후에는 혼란만 있었고 다스려지는 일은 없었을까?"(『명이대방록』)라는 것이 그 의문의 근거였다. 한 번 다스려지고 한 번 혼란하다고 하지만, 한 번의 혼란이 오백 년 정도 되고 한 번의 태평세가 한두 세대 정도 되는 것이라면, 이것을 한 번씩 교대된다고 하는 것도 어폐가 아닐까? 더구나 황종희에 의하면 삼대 즉 하(夏), 은(殷), 주(周)의 삼대 이래 태평세를 보지 못했다고 하니, 주나라의 태평세라고 하는 대략 기원전 10세기 이래로는 난세만 계속된 것이다.

무엇이 이처럼 일상적인 난세를 만드는 것인지 묻지 않고 그저 역사의 흐름으로 내버려 둔다면 인간의 노력은 무엇을 위한 것인가? 역사는 무엇으로 엮이는가? 맹자의 일치일란설에 그대로 순응한다면, 그리하여 일상처럼 되어 버린 난세에서 홀로 자기 도덕성을 닦는 일을 하며 태평세를 위해 준비한다고 위안한다면, 그래도 나는 떳떳했다는 자기만족 외의 무엇이 남을 것인가?

황종희는 명대의 철학사를 책으로 엮으면서 역사를 이끌어 가는 긍정적 정신에 대해 찾았다. 그 한편에서 역사를 피로 얼룩지게 하는 것이 무엇인가에 대해 절실하게 물어야 했다. 맹자의 말대로라면 경(經)에 실린 진리가 전개된 것이 역사이어야 하지만, 실제로 역사는 경과는 거리가 너무나 멀었다. 역사를 움직이는 것, 역사를 잘못된 길로 들어서게 하는 것이 무엇인지 찾아내고, 막을 수 있다면 되풀이되는 비극을 막는 것이 살아남은 자에게 주어진 과제라고 생각했다.

무엇이 이러한 현실을 만들어 내는가? 내가 이 현실을 제대로 파악하기 위해 해야 할 것은 무엇인가? 역사를 공부함과 동시에 황종희는 인간의 본성에 대한 맹자의 주장을 다시 검토했다. 인간의 마음, 인간의 욕망, 허약한 도덕성 등이 어떻게 전개되고 어떻게 부딪히면서 세상을 엮어 나가는지 알아야 했다. 인간의 힘이 미치지 못하는 것이 분명 있지만, 인간 사이에 일어나는 일을 '명'으로 돌리고 내버려 둘 수는 없다고 생각했다. 객관세계의 많은 부분은 사람들의 욕망과 의지가 만들어 낸 것이 아니겠는가? 그것을 이해하기 위해서는 맹자와 같은 도덕군자들이 잘 모르는, 혹은 외면해 왔던 적나라한 인간의 모습을 이해해야 하지 않겠는가?

11세기에 송나라에서 성립한 성리학은 인간의 본성과 우주적 진리에 대한 성찰을 골격으로 하는 학문체계로서, 각각 '본성'과 '진리'

를 의미하는 '성'과 '리'의 학문, 즉 성리학이라는 이름으로 불린다. 또한 집대성자 주희의 이름을 따서 '주자학'이라고도 불린다. 성리학은 맹자가 말한 선한 본성 이론을 훨씬 대단한 것으로 만들어 놓았다. 성리학의 대표명제인 '성즉리'(性卽理)란 나의 본성 안에 우주의 질서가 모두 입력되어 있다고 주장한 것이다. 이 세계관에 의하면, 이론적으로 내 본성 안에 깃들어 있는 진리를 내가 현실에서 온전히 드러내기만 하면, 사회에서 진리를 완벽하게 실현하는 것이 가능해진다. 즉 모든 인간관계의 적절한 교류에 대해 저절로 알게 되고 합당한 덕으로 저절로 대응하게 되는 성인의 경지에 이르게 된다. 그런데 대부분의 성리학자들이 현실에서 내 본성을 온전히 되살려 내는 방법으로 택한 것은 독서나 명상이다. 어느 쪽의 방법도 대부분 서재에서 시간을 보낸다. 이 말대로라면 독서나 명상의 방식으로 세상 사람들의 마음을 다 알 수 있다. 그리고 그 방법으로 세상 안에서 각각 어떤 자리에서 어떤 마음으로 살아야 하는지도 다 파악할 수 있다. 나아가 세상 사람들과 인간관계를 맺을 때 내가 그들과 어떤 마음가짐으로 어떤 예절을 보여야 할지도 저절로 알게 된다. 그렇다고 주장한다.

그러나 사실이 그러한가? 물론 성리학도 현실의 모든 사람이 완벽한 마음을 갖고 있다고 주장하지는 않는다. 그 이론에 의하면 흠결 없는 완벽한 본성이 마음속에 있는데, 현실에서는 그것을 가리는 진흙 같은 것을 덧입고 있는 것이다. 그 진흙 옷이 마음의 작은 부분만을 가릴 수도 있고 많은 부분을 가릴 수도 있다. 얼마나 가려져 있느냐에 따라 현실의 인격이 결정될 것이고, 사람들은 완벽하게 선한 자신의 본성을 되찾기 위해 그 진흙을 닦아 내는 노력을 계속해야 한다.

그런데 이 주장을 받아들인다고 하더라도 진흙 안에 숨겨진 본성을 탐구하는 만큼 진흙에 대한 탐구도 중요하지 않을까? 어쩌면 본성보다 더 중요할지도 모른다. 본성은 완전한 것이므로 가려지는 일은 있어도 훼손되는 일은 없이 늘 그대로일 것이다. 게다가 진리에 관한 것은 경전에서 전해 주고 있지 않은가? 반면 인간은 끝끝내 진흙을 완전하게 걷어 낸 상태에 도달하기 어렵다. 그러한 사람이 '성인'으로 불리는 사람일 텐데, 실제로 중국역사에서 성인으로 일컬어지는 사람은 공자 한 사람이다. 맹자조차도 성인 다음가는 사람이라는 의미의 '아성'이라고 불린다. 또한 공자도 스스로의 술회를 보면, 마음의 어떤 갈등도 없이 순순히 도(道)와 자신을 하나로 만든 것은 "마음 가는 대로 해도 법도를 넘지 않았다"고 하는 일흔에 이르러서가 아닌가? 그러므로 실제로 나의 마음, 그리고 내가 부딪히는 마음들, 현실의 힘과 갈등들을 만들어 내는 마음들은 모두 흙에 덮인 그 마음이다.

그런데 우리 주변을 보면 모두 완벽하지는 않지만 그렇다고 엄청난 악인이 있는 것 같지는 않다. 누군가는 보다 선량해 보이기도 하고 누군가는 더 팍팍해 보이기도 하지만, 악인이라고 할 만한 사람을 찾는 것은 쉽지 않다. TV 드라마의 악인 캐릭터는 늘 비현실적으로 느껴진다. 주인공의 주위를 맴돌며 온갖 음모와 계략으로 주인공을 괴롭히는 악인 캐릭터를 보면, "저렇게까지 자기 시간 들여 가면서 남을 괴롭히는 사람이 어디 있나?"라고 생각한다. 뉴스에서나 들을 수 있는 정말 나쁜 사람들, 자기 자식도 학대하고 살해하는 사람이 없는 것은 아니다. 그러나 우리가 그런 소식에 가슴 떨리게 경악하는 이유도, 그 일이 상식적으로 생각하기 어렵고 일상에서 보기 어려운 일이기 때문이다. 그런 일에 대부분 기가 막힌다는 반응을 보이는 이유는 대부분의 사람들에게 그 정도로 악한 일은 비현실적이기 때문이다.

그런데 그렇게 비슷비슷하게 평범하게 이기적이고 때로는 눈에 띄게 착한 일도 하고 사는 사람들이어서 서로 이해하기 쉽다고 생각할 법도 한데, 사람들을 이해하는 것은 또 다른 문제이다. 사람이 나쁜 건 아닌데, "무슨 생각하고 저러는지 도저히 이해가 안 돼."라고 말하는 상황은 꽤 자주 일어난다. 짐작은 해 보지만 이해하기 쉽지 않은 마음들이 너무 많다. 매일 같은 지붕 아래서 살고 있는 부자 사이에도 아이가 사춘기 정도 되면 대화는 실종이기 십상이다. 아이의 격렬한 반항에 자신을 무시하는 것이라 받아들인 아버지는 마음이 상하고, 아들을 이해해 보려는 아버지 쪽에서의 노력이 끊기면, 그 관계는 다시 회복하기 어려워진다.

아들이 어른이 되고 철이 든다고 사정이 달라지는 것은 아니다. 우리나라처럼 정치의식이 세대에 따라 차이를 보이는 사회에서, 아버지와 아들이 같은 정당을 지지하기는 쉽지 않다. 가정의 평화를 위한다면 아버지와 아들은 선거철에는 아예 말을 섞지 않는 것이 좋다. 각자 자신이 지지하는 정당에 상대방을 투표하게 하고 싶지만, 몇 번의 언성을 높인 논쟁 속에서 한 마디 말도 상대에게 들어가지 않는다는 것을 경험한다. 몇 번 그러고 나면 마지막은 서로 입을 다무는 것으로 끝난다. 그것이 관계를 아주 끊어 버리지 않는 방법임을 터득한다. 사람을 이해하는 것도, 내 생각을 이해시키는 것도, 정말 어려움을 절감했다는 것이 보람이라면 보람으로 남을 뿐이다.

누군가를 이해하는 것도, 설득하는 것도 쉽지 않지만, 피차 나쁜 마음을 가져서는 아닌 것 같다. 그저 각자의 생각을 갖고 있고, 자신의 생각을 표현하고 이해받는 일도 어렵고, 남의 생각을 열린 마음으로 이해하는 일도 어려운 그런 사람들이 모여 살기 때문일 것이다.

그런데 고만고만하게 선량하고 고만고만하게 이기적인 사람들이 모여 사는 세상에, 테러와 전쟁이 그치질 않는다. 한편에서는 넘치는 재화와 넘치는 물질 때문에 타락하는 인간이 생기는데, 한쪽에서는 굶주리는 아이들을 데려다 배를 채워 주는 대가로 노동을 시키는 인간이 있다. 한편에서는 너무나 많은 돈을 갖게 되어 사람을 노예처럼 부리는가 하면, 한편에서는 끝이 보이지 않는 가난에 절망해서 일가족을 데리고 죽는 가장이 있다.

황종희는 이런 일들이 일어나지 않도록, 사회 구성원 모두 각자 자신의 삶을 영위하고 살 수 있도록 하기 위해 정치가 필요하다고 생각했다. 삶이 일그러지지 않도록 기본적인 것이 보장되어야 한다는 사실은 시간과 공간을 구별하지 않는다. 그런데 그 기본조차 충족되기가 쉽지 않은 것이다.

이해하기 쉽지 않은 마음들은 많지만 아주 나쁜 마음들이 많은 것 같지는 않은 이 세상은 어떤 이유로 이렇게 살기 각박한 곳이 되는가? 서로 다른 마음들이 가득 차 있는 것이 보통이라면, 그 마음들이 얽히고 부딪혀서 세상일들을 만들어 낸다면, 우선은 그 다른 마음들이 어떤 것인지, 그 다른 마음을 이해하기 위해서는 어떻게 해야 하는지 알아야 할 것이다. 나아가 우리가 악하다고 부를 수밖에 없는 일들, 사람의 생명을 상처 입히고 생의 의지를 꺾고 삶을 절망적으로 만드는 일은 어떤 연유로 일어나는지, 그 일을 막기 위해 해야 할 일은 무엇인지, 그런 것들을 알아야 할 것이다. 그래서 황종희는 현실의 인간에게 눈을 돌렸다.

맹자가 외면한 인간의 다른 본성

성리학은 사람들 누구나 우주적 질서와 등가치의 본성을 부여받고 태어난다고 주장했다. 우주적 질서란 우주 안의 모든 존재들이 조화를 이루는 원리이다. '우주'는 존재 전체를 의미하기 위해 쓴 용어이므로, 그 원리는 세상의 모든 존재를 포괄하는 보편원리이다.

태양계의 행성들이 충돌하는 일없이 자기 궤도를 돌고 있다든지, 사계절이 순서가 어지러워지는 일 없이 순환한다든지 하는 자연계의 질서 역시 이 원리에 의한다. 당연하게 받아들여졌겠지만, 콩을 심으면 콩이 나고 소가 새끼를 나면 송아지가 되는 것도 모두 이 원리에 의한다. 인간사회도 마찬가지이다. 인간사회의 일이란 남자가 있고 여자가 있어서 번식하는 일에 그치지 않는다. 군주가 있고 신하가 있고 들에서 일하는 백성이 있어서, 각자 자기 자리에서 맡은 일을 함으로써 사회 전체가 움직이는 조화가 이루어지는 것도 보편원리에 따르기 때문이라고 성리학은 말한다.

'성즉리'라는 명제가 담고 있는 의미는 개인의 본성이 이 보편원리를 자신의 존재원리로 갖고 있다는 것이다. 개인의 본성에 우주의 질서가 다 들어 있다는 말이기도 하고, 하나뿐인 원리이므로 모든 사람이 동일한 본성을 갖고 있다는 말이기도 하다.

우주의 질서가 내 본성 안에 들어 있다는 것은 어떤 의미인가? 이 세계관에 의하면, 우주 안의 존재들은 어떤 것도 서로 무관하지 않다. 모든 존재는 서로 연결되어 있고, 그 연결의 법칙이 우리가 질서라고 부르는 것이다. 가령 아버지와 아들 사이에는 서로를 생각하는 마음으로 연결되어 있고, 그 마음은 자애라 불리고 효도라 불린다. 아버지와 아들뿐 아니라 모든 존재 사이에 서로 오가는 마음의 길이 있다. 한 사람 한 사람 자신을 둘러싼 주위의 사람들과 맺어야 할 적절한 관계가 있다. 그 사람과 그 주위의 마음이 오고가는 그 길은 마치 중앙에서 바퀴살처럼 뻗는 방사형의 모습을 하고 있다. 물론 서로의 마음이 놓은 바퀴살이므로 눈에 보이는 것은 아니다. 각 사람은 방사형으로 자신의 주위와 관계를 맺고 있다. 모든 사람이 자신의 둘레에 그러한 관계망을 갖고 있으므로, 인간 사회 전체를 놓고 보면 그 관계맺음의 길은 마치 3차원 공간의 거미줄처럼 전체가 촘촘히 연결되어 있다.

거미줄 같은 길의 총체가 바로 '리'라고 불리는 우주적 진리이다. '성즉리'란 그 전체의 길이 우리의 본성으로 있다는 의미이다. 인간 사이를 비롯해 모든 존재 사이를 연결하는 전체의 길이 우리 마음속에 그대로 입력되어 있으므로, 우리가 마음의 작용을 제대로 발휘하기만 한다면 나를 둘러싼 모든 관계가 순리대로 이루어진다. 태양과의 관계라면 태양과 관련된 자연의 변화를 알고 대처하는 것이 올바른 관계의 실천일 것이고, 사계절과의 관계라면 계절마다 힘쓸 일과 조심할 일들을 알고 대처하는 것이다.

인간이 자연을 이해하고 적응하면 인간과 자연은 적절한 관계를 이룰 수 있지만, 사람과 사람 사이의 관계는 쉽지도 않고 또 쉬워지지도 않는다. 그러나 이 이론에 의하면, 자신의 본성만 제대로 발휘한다면, 모든 인간관계가 어떻게 맺어져야 하는지, 어떤 마음을 어느 정도로 써야 하는지, 언제 어떻게 행동해야 하는지, 우리는 날 때부터 알고 있다. 선천적으로 우리 각자의 본성에 사람 사이의 올바른 길에 대한 정보가 입력되어 있기 때문에, 저절로 알 수 있는 데다 또 저절로 행동이 따른다. 즉 부모뿐 아니라 나를 둘러싼 모든 관계에서 적절한 선을 찾아 순조롭게 운신할 수 있게 된다.

위와 같은 성리학의 주장은 수긍하기 어렵다. 정말 모든 바람직한 인간관계의 길을 알고 실천하는 능력이 내 본성에 미리부터 주어져 있다고 한다면, 현실에서 경험하는 인간관계에서의 어려움과 고통은 어떻게 설명할 것인가?

성리학은 기(氣) 때문에 그렇다고 설명한다. 현실은 보편원리 즉 '리'(理)로만 구성되지 않는다. 그들에 의하면, 현실은 리와 기에 의해 이루어진다. 성리학의 세계관에 의하면, 리가 보편원리로서 모든 존재를 포괄하는 일자(一者)라면 현실의 다양한 존재들은 기 때문에 생겨난다. 기란 현실의 기반을 이루는 기체이며 동시에 운동성을 갖는다. 즉 기가 있기 때문에 우리가 경험할 수 있는 물체나 사건이 구성되며, 모든 존재들은 기의 성격으로 인해 운동한다. 운동하는 성격 때문에 기는 리를 싣고 다니는 말에 비유되기도 한다. 사람이 말에 타서 움직인다는 비유는, 기가 있는 곳에는 반드시 리가 깃들어 있으며, 사물이 운동하는 것은 기 때문임을 설명하기 위한 것이다. 그런데 리의 주도에 의해서만 기가 움직이는 것이 아니다. 기는 리가 제시하는 질서에서 이탈하기도 한다. 성리학은 리와 기를 각각 태양과 그릇에 비유해서 설명하기도 한다. 태양은 하나이므로 언제 어디서나 한결같지만, 그릇의 질과 형태에 따라 그릇 안의 빛이 밖으로 드러날 때는 달라진다. 어떤 그릇은 균질하게 투명하여 빛을 곧게 밖으로 내

보내지만, 어떤 그릇은 불투명하거나 균질적이지 않다. 이 세상에서 리의 조화와 질서가 그대로 실현되지 않은 것은 이러한 기 때문이다.

위와 같이 리와 기에 의해 세상의 다양함과 변화를 설명하는 세계관에서, 인간사회의 바람직한 모습은 다음과 같이 그려진다. 자연에서 해와 달, 풀과 나무가 각각 자기의 자리에서 조화로운 우주를 구성하듯이, 사회에서는 개개인이 각자의 역할을 다함으로써 우주의 조화에 참여한다. 인간세상을 포함해 조화로운 세상의 모습은 리가 제시해 준다. 현실에서는 각각 자신에게 주어진 기의 상황에 의해 각자의 그릇이 달라진다. 각자 다른 기의 현실이 결국 각자에게 주어진 분수가 된다. 그리고 각자가 자신의 분수에 맞는 자리에 있음으로써 세상 전체의 조화가 이루어진다. 즉 기에 의해 결정되는 개인의 특성은 사회 안에서 분담된 역할로 이어진다. 그러나 각기 다른 자리에 있으면서도 같은 본성을 갖고 있기에 그 본성의 전체 모습인 우주 전체의 질서에 참여할 수 있다. 개인은 전체의 질서에 참여하는 데서 그 존재 의미가 인정될 뿐이다. 정해진 질서 밖으로 달아난다면 인간의 조건조차도 잃게 된다. 그 질서를 인간의 본성으로 설정해 놓았기 때문이다.

맹자 역시 사람의 마음속에 공감의 마음 말고도 여러 가지 욕구가 함께 있다는 것을 모르지 않았다. 맹자는 그 욕구들이 커지기 전에 욕구를 통제할 공감의 능력을 키워야 한다고 주장했다. 공감의 능력이 나만의 욕구를 충족시키는 데로 치달을 수 있는 상태를 막아 주는 역할을 할 것이기 때문이다. 그러나 맹자는 공감의 마음을 키우는 데는 욕심을 적게 하는 것이 가장 좋다는 말 외엔, 욕구 자체에는 별다른 관심을 보이지 않았다. 흉년이 들면 젊은이들의 마음이 사나워진다고 지적하며, 덕에 의한 정치가 첫 번째로 할 일은 백성들의 생업을 안정시키는 것이라는 주장도 했다. 그러나 흉년 때문에, 혹은 다른 나쁜 상황 때문에 사나워진 백성의 마음이 어떻게 움직이는지, 그것을 쉽게 되돌릴 수 있는지 등, 사나워진 백성들 마음에 대해서도 남겨 놓은 말이 없다.

성리학은 맹자에서 한발 더 나아가 공감의 마음을 보편원리로까지 승격시켰다. 그러므로 성리학자들은 내 마음 안의 보편원리를 현실화시키기만 한다면, 자신의 도덕성을 비롯해 온 세상을 평화로운 것으로 만들 수 있다는 이론을 갖게 되었다. 그들의 수양론 가운데는 보편원리를 단번에 현실에서 되살리겠다는 방법도 있었다. 마음이 움직이면 이미 기(氣)가 끼어들어 순수한 본성이 흐려진 것이 되므로, 단번에 본성을 되살리는 수양은 마음이 움직이기 이전 상태에서 하는 수양이 된다. 마음이 활동하기 이전의 상태에서 뭔가를 꺼내려고 하는 것이니, 사정을 모르는 타인이 보면 스님이 하는 선정(禪定)과 다를 것이 없다. 세상의 진리와 나의 의식이 하나가 되는 경지에 이르려고 하는 것일 텐데, 겉으로 보이는 모습은 일단 조용히 앉아 있는 것이다. 깨닫는 나와 깨달아지는 내가 갈라지기 이전의 나를 찾는 것은 그런 방법이 아니면 어찌할 수가 없다. 의식하면 이미 갈라지기 때문이다. 이렇게 하여 성리학에 이르면, 문밖을 한 번도 나가 보지 않고서도, 창문을 한 번도 열어 보지 않고서도, 홀로 방 안에 앉아서도 온 세상을 평화롭게 하는 것이 가능하다는 생각을 할 수 있게 되었다. 이러한 학문이 사회의 주류가 되고 이러한 생각이 사회에서 상식이 되면, 현실의 인간들이 빚어내는 욕망의 충돌을 이해하지 못하는 것은 물론 이해할 노력도 하지 않게 될 것이다.

그러나 맹자의 기대처럼 사람의 욕망은 공감의 마음에 쉽게 통제될 만큼 약하지 않다. 또한 성리학이 원했던 것처럼, 현실의 처지에 안주하는 것이 우주적인 질서에 참여하는 것이라고 생각하는 사람은 많지 않다. 현실 속의 인간들은 성리학자들이 주장하는 보편원리에 온순히 수용되려 하지 않는다. 그들이 현실 속의 인간을 이해하는 방식에 의해서는 자신들이 의도했던 조화로운 세상을 제대로 실현하기 어렵다. 자신들이 이해하기 어려운 존재는 그저 리에서의 일탈이라는 한 가지로 일축될 것이다.

성리학이 현실의 인간에게 눈 돌리지 않는 것은 맹자보다도 훨씬 심각해진다. 현실 속의 인간에게 관심을 갖고 그들의 욕망이 부딪히면서 빚어내는 불협화음을 이해해야, 욕망의 충돌이 극으로 치닫지 않도록 대비할 수 있을 것이다. 황종희에 의하면 성리학적인 인간이해는 참으로 무책임한 것이다.

황종희는 '리'를 보편원리라고 하는 성리학의 주장을 비판한다. 모든 존재를 관통하는 보편원리란 이 세상에 없다고 주장하며 보편원리의 존재를 부정한다. 황종희에 의하면, 이 세상에 있는 것은 기(氣)뿐으로, 기는 다른 원인에 의해서가 아니라 "스스로 흐르며 변화한다"[流行變化](『맹자사설』) 즉 기 이전에 '리'라는 원리가 있는 것이 아니라, 세상에는 기만 있을 뿐이고, 리는 기가 운동하고 변화하는 성격에 붙인 이름이다. 즉 리는 어떤 존재가 갖는 성질을 가리키는 것이므로, 기가 없다면 리도 없다.

기는 운동하면서 다양한 개체들을 만들어 낸다. 개체들이 가진 기의 구성이 다르기 때문에, 개체들은 각자의 특성을 갖게 되고 각자의 운동을 하게 된다. 즉 각각의 개체는 보편원리가 아니라 각각의 원리를 갖게 된다.

각각의 원리를 갖게 되지만, 모두 기라는 점에서 공통된 특징도 갖는다. 황종희는 특히 생명체의 특징을 "생의"(生意)(『맹자사설』)라고 부른다. '생의'는 삶을 향한 지향, 삶의 의지를 의미한다. 모든 생명체는 삶을 지향하여 움직인다. 그래서 생명체의 기는 "생기"(生氣)라고도 불린다. '생의'란 생명체의 기가 갖는 특징이다.

황종희에 의하면, 사람을 포함하여 동물의 경우, 생의를 실현하는 데 가장 중요한 역할을 하는 것은 '지각'이다. 종에 따라 생명체의 지각은 달라지고, 지각에 따라 생의를 실현하는 방법이 달라질 것이다. 지각의 다채로움이 우주의 다채로움으로 이어진다. 야생에 사는 동물들의 지각은 위험을 감지하고 먹이를 찾는 능력이 뛰어날 것이다. 동물들 안에서도 종에 따라 자신들이 예민하게 감지해야 할 대상이 달라지고, 그에 따라 그 지각의 특성과 능력이 달라질 것이다. 어떤 동물은 밤에 사물을 알아보는 시각이 뛰어나고 어떤 동물은 후각이 발달했다. 어떤 동물은 평형감각이 발달했고 어떤 동물은 기후변화 감지능력이 발달했다.

지각은 각 동물들이 자신들의 생의를 추구하는 방식과 밀접하게 연관되는, 그 종이 갖는 종적 특징이라 할 만한 것이다. 인류의 종적 특징이 될 사람의 지각은 어떤 특성을 갖는가? 인간은 개처럼 냄새를 잘 맡는 후각이 있다거나 소리를 잘 듣는 청각이 있는 것은 아니다. 그러나 황종희는 생명체 가운데 인간의 지각이 가장 뛰어나다고 말한다. 어떤 점이 뛰어나다는 것일까?

인간 사회는 각자의 생의를 가진 사람이 모여 있는 곳이다. 각자의 생의를 추구하다 보면 같이 사는 일이 늘 원만하게 이루어지지는 않을 것이다. 동물세계에서는 서로 협동하는 일도 있지만 투쟁은 일상이다. 그런데 사람도 다르지 않다. 특히 근대 이후 '생존경쟁'은 너무나 당연한 캐치프레이즈가 됐다. 사람에게 갑자기 그런 특성이 생긴 것은 아닐 것이다. 이전에는 눌려 있던 인간의 특성이 양지로 나왔을 뿐일 것이다. 황종희는 "생기가 모이면, 자연히 복과 화, 선함과 음란함이 있다."(『맹자사설』)라고 설명한다. 각자의 생의를 추구하면서 생기는 자연스러운 광경을 묘사한 것이다.

타고난 선한 본성을 인정하는 맹자의 후예로서, 황종희가 생각하는 인간 지각의 가장 중요한 특징은 타인의 감정을 공감하는 능력이다. 즉 맹자가 말한 측은지심이다. 그런데 그 공감능력은 오히려 약하고, 가장 강한 것은 자신의 생명을 보존하고 번영시키려는 본능에서 나오는 이기심이다. 다음은 황종희가 사람을 어떻게 생각하는지 보여 주는 말이다.

> '차마 견디지 못하고'[不忍] '차마 하지 않는'[不爲] 마음은 사람 누구나 갖고 있다. 그러나 전광석화 같고 끊어진 물줄기 같아서, 여기에서는 못 견디고 저기에서는 견디고 여기에서는 하지 않고 저기에서는 하는 식으로 막혀서 흐르지 않을 수 있다.(『맹자사설』)

황종희가 생각하는 선한 마음의 정도는 전광석화나 끊어진 물줄기에 비유될 정도로, 아주 작고 쉽게 사라질 수 있는 위태로운 것이다. 선한 마음은 우리가 공감의 마음으로 부르고 있는 '측은지심'을 대표로 한다. 맹자는 측은지심을 '불인지심'(不忍之心)이라고도 불렀다. 참지 못하는 마음이라는 뜻으로, 남의 불행을 보고 못 본 척 지나칠 수 없다는 의미이다. 이 마음은 자라서 '인'(仁)의 마음이 된다. "차마 하지 않는" 마음은 옳지 않은 일을 하지 않는 마음이라는 의미이다. 이러한 마음이 자라면 의(義)로운 마음이 된다. 그러므로 위에서 말하는 '차마 견디지 못하는 마음'과 '차마 하지 않는 마음'은 '인'의 마음과 '의'의 마음을 가리킨다.

위 인용문에 따르면 사람은 누구나 인과 의의 마음을 가지고 있는데 보통은 그 마음이 언제나 어디서다 한결같이 발휘되지는 않는다. 타인의 불행을 보고 울컥 치밀어 오르는 마음은 누구에게나 있다. 눈앞에 사람이 길에 쓰러져 있는 광경을 보면 마음이 움직인다. 생판 모르는 사람이지만 마음이 움직인다. 그러나 이내 여러 가지 생각이 끼어든다. '알지도 못하는 사람인데, 귀찮아…', '괜히 남 일에 참견했다가 귀찮은 일 생기면 어떻게 해…', '옷차림 보니까 가난한 사람인데, 물에 빠진 사람 건져 놓았더니 보따리 내놓으라고 하는 것 아냐?' 등의 마음이 순식간에 할퀴고 지나간다. 황종희의 표현대로 측은하게 느꼈던 마음은 그저 "전광석화" 같고 "끊어진 물줄기" 같은 것이다.

공감의 마음이 막혀서 흐르지 않으면, 내 마음에는 이기심만 남고 사고력은 증폭되는 이기심을 충족시키기 위해 돌아간다. 황종희는 보통 사람들의 실상을 다음과 같은 말로도 묘사했다.

> "백성은 떳떳한 양심을 잡고 있어 아름다운 덕을 좋아한다"고 했으니, 사람은 선을 좋아하지 않은 적이 없다. 다만 사심(私心)이 스스로 이기게 되면, 선을 좋아하지 않을 뿐 아니라 또 선을 미워한다. 지금 어떤 사람이 "모씨는 선하다"고 말해 주면 분명 "거짓이야"라고 하

> 거나, 그렇지 않으면 "그 사람은 본래 선하지 않았어."라고 말한다. 또 어떤 사람이 "모씨는 선하지 않다."라고 하면 기쁘게 말하며 즐겨 얘기한다.(『맹자사설』)

'사심'이란 자신만을 위한 마음이란 뜻이므로 이기심으로 바꿔도 될 말이다. 맹자는 자신이 선으로 나아가면 세상 사람들이 그 길을 도와줄 것이라고 했다. 즉 선이 전염성이 크다는 얘기를 했는데, 위의 황종희의 이야기를 듣고 보면, 악의 전염성이 더 큰 것 같다. 같이 나쁜 일 하기가 훨씬 쉽고, 또 훨씬 일상적인 것 같아 보인다.

뒷담화는 왜 사람들에게 즐거운 시간 때우기가 될까? 사람은 자신이 불선(不善)에 발을 담글 때 함께하지 않은 사람들을 싫어하고 미워한다. 뒷담화는 악이라고 하기에는 좀 가혹한 그저 작은 잘못일지도 모른다. 악이라고 하기에는 사람들이 너무 쉽게 하고 있는 일이다. 그러나 큰 악이 아닌 듯하지만 같이 악에 발 담그도록 끌고 들어가는 물귀신의 대표라고 생각하면 심상치 않은 불길함이다. 우리가 너무나 쉽게 일상에서 슬쩍 한 발씩 담고 있는 것이라는 것을 생각하면 악의 전염력이 더욱 섬뜩하게 와 닿는다. '전광석화' 정도밖에 안 되는 우리의 선한 마음을 위협하는 것은 너무나 일상적인 마음인 것이다. 악은 뉴스에서나 나오는 범죄자들의 것이 아니다.

악의 전염력은 이렇게 작아 보이는 것에서만 끝나는 것이 아니라는 점에서 가공할 만하다. 일단 같이 나쁜 일을 하게 되면 악의 연대는 그 어떤 것보다 공고해진다. 공범의 연대가 깨지면 전체가 위험해지므로 연대를 관리하는 차원에서 상호배려하며 나쁜 일의 결과를 나눠 갖는다. 그렇게 되면 바른 말 하는 사람, 바른 일 하는 사람보다 연대를 위협할 더 큰 적은 없고 더 나쁜 사람은 없다. 악의 전염력은 모든 사람이 악에 가담할 때까지 퍼져 나갈 것이다. 작은 악은 작은 악에 머물러 있지 않는다.

성인의 상대어는 악인이 아니라 보통 사람

성리학처럼 인간이 완전한 선을 성취할 수 있다고 전제하고, 현실의 인간이 그 선의 주체임을 자임하게 된다면, 그런 사회 안의 사람들은 실제로 어떤 마음으로 살게 될까? 남 앞에서는 그런 양 연출할 수도 있겠지만, 스스로도 그렇게 믿고 살까? 버릴 수 없는 욕구는 어떻게 처리할까? 적극적으로 성리학을 일선에서 받아들이는 사람들과 그렇지 않은 사람들로 나눠서 생각해 볼 수 있을 것이다. 이들의 용어대로 하면 전자와 후자는 각각 군자와 소인이다.

먼저 군자로 불리고 싶은 사람들의 집단이 있다. 이들은 '본성이 진리'라는 말을 가장 일선에서 받아들이는 사람들이다. 태어나서 말을 하게 되고 얼마 지나지 않아 이들은 유교경전을 읽기 시작해서, 성인 닮기를 목표로 세우고 평생을 책을 읽으며 보낸다. 우리가 익히 알듯이 책을 읽는다고 다 마음이 선해지고 성인이 되는 것은 아니다. 그러나 사정이 어떠하든, 남 앞에서는 완벽하게 선한 사람으로 보이도록 노력한다. 즉 성인을 닮으려고 노력 중이라는 것을 보여 준다. 이들에게 성인되기의 공부는 단순히 인격 닦기의 문제가 아니고, 유학적 사회에서 정계에 진출하여 출세하기 위한 발판이므로, 거의 모든 유학자들은 군자인 척하며 살 것이다.

공자 이후로 유학자들은 끊임없이 사이비 군자에 대해 경계해 왔다. 사이비 군자를 그들은 '시골의 성실한 사람' 혹은 '시골의 공손한 사람' 정도의 의미를 갖는 '향원'(鄕愿)이라고 불렀다. 겉으로 보이는 그들의 행태는 정말 성실하고 공손하기 때문이다. 공자나 맹자의 비판에 의하면, 그들은 이기적인 마음, 계산적인 마음을 감춰 두고, 겉으로는 성인이 가졌을 법한 측은지심 가득한 마음을 연출하고 산다.

유학자들의 이론에 의하면, 군자임을 결정하는 것은 그들의 행태가 아니라 마음이다. 그런데 마음은 남이 엿볼 수 없기 때문에 군자인 척하는 것이 가능하다. 만약 그들이 수시로 솟구치는 자신들의 이기심을 어렵게 억누르고, 사람들의 칭찬을 받고 사회적으로도 군자라는 평가를 받기 위해 도덕적인 행위를 한다면, 그것은 그런대로 문제될 것은 없다고 생각한다. 진짜 군자가 할 만한 행동을 하는데, 그것이 진짜가 아니라 흉내이고 사이비라고 하는 이유는 그에게 딴마음이 있기 때문이다. 그런데 그 딴마음을 끝내 밖으로 꺼내지 않고 산다면 개인의 도덕적 갈등으로 끝날 뿐이고 그러한 갈등을 이겨 내고 도덕적인 행동을 하는 사람이라는 것 때문에 오히려 더 훌륭하다고 칭찬할 수도 있다. 타고난 선한 마음이 상대적으로 더 많은 사람보다 더 많은 노력을 해야 했던 사람이기 때문이다.

정말로 문제가 되는 것은 사람들 앞에서는 도덕군자인 척하면서, 보는 사람이 없을 때는 욕망의 존재로서 자신의 본색을 드러내고 사욕을 추구하는 사람일 경우이다. 그런 사람들은 자신의 겉과 속이 다르다는 현실을 너무나 잘 알기에 다른 사람들을 경계하는 데에도 뛰어난 감각을 발휘한다. 이 사람은 사람들이 자기처럼 위선적이라고 생각하기 때문에 사람을 믿지 않는다. 겉으로는 사람 좋은 척하면서 다른 사람들을 이용하기 위해 인간관계를 맺을 것이다. 이 부류가 사회에서 가장 성공해서 유력한 입지에 있기 쉽기 때문에, 사회적으로 가장 위해한 사람들이다. 공자나 맹자 그리고 그들의 후예가 끊임없이 향원들을 비판했넌 이유는 그들이 일상적이고, 일상적인 만큼 파괴적이기 때문이다. 유학의 마음과 그 도덕의 구조상 위선의 행위방식을 피하기 어렵기 때문에, 경계하는 마음에서 '향원'에 대한 비판도 가열되었을 것이다.

자신에게 고상한 도덕성을 요구하지 않는 보통 사람, 즉 소인의 경우는 어떨까? 그들 역시 보통 사람이므로 내면에서 늘 욕망과 이기심이 요동친다. 그러나 자신에게 높은 도덕적 수준은 요구하지 않기 때문에, 이기심을 제어하려고 굳이 애쓰지 않는다. 그렇다고 그런 자신을 당당하게 여기는 것은 아니다. 사회적으로는 이기적이지 않은 마음이 도덕적이라고 평가받는다는 것을 알기 때문에, 자신의 이기심을 드러낼 생각은 하지 않는다. 그렇다고 자신의 이기심이 어찌할 수 없는 본성이므로 당연한 것이라고 당당하게 생각하는 데까지는 미치지 못한다. 그러므로 본성대로 살고는 있지만 자신이 자랑스럽지 않다. 적나라한 자신을 드러내기에는 외부에서 오는 비난과 불이익이 너무 크므로, 정도 차이는 있지만 그들 역시 위선이라는 행태로 살지 않을 수 없다. 그리하여 끊임없는 자기부정과 자기비하로 스스로의 삶뿐 아니라 주위 사람들도 어둠으로 이끌어 가기 십상이다.

현실과 동떨어진 인간본성론은 이런 식으로 현실의 인간을 학대한다. 자기 스스로를 당당하게 생각하지 못하게 하므로, 스스로를 내놓으려고 하지 않고 감춘다. 그러나 감춘다고 해도 모든 사람의 행태가 같지는 않다. 이른바 군자는 스스로를 속이면서 위선이라는 방식으로 호위호식 하는 방법을 찾고, 이른바 소인은 그 군자가 내거는 본성이라는 굴레에 걸려 그들이 호위호식 하는 데 밥이 되어 준다.

성리학이 말하는 완전한 본성은 현실에서 존재했던 적이 없다. 있을 수도 없는 것이다. 앞에서 언급했듯이 황종희에 의하면, 인간은 기의 존재이다. 기의 존재는 쉬지 않고 운동하는 성격을 갖고 있다. 인간에게 기의 운동은 생을 향한 의지로 나타나는데, 기의 성격상 운동은 통상적으로 지나치거나 모자란다. 기의 흐름이 넘친다면 그것은 과다한 욕구로 나타날 것이고 과격한 욕구충족의 방법으로 나타날 것이다. 때로는 그 흐름이 지나치게 약할 수도 있다. 약하다면 스스로에 대한 무기력함과 주위에 대한 무관심으로 드러날 것이다. 기의 과다함과 모자람은 특정한 누군가의 문제가 아니라 누구나 겪는 문제이다. 우리 모두의 기본을 이루고 있는 기의 성격상 생기는 문제이기 때문이다.

성인이라고 칭송받았던 사람도 이러한 불안함에서 자유롭지 않았다. 맹자나 황종희나 악은 이기심에서 나온다고 생각한다. 자신만의 욕구, 자신만의 안위를 추구하다 보면, 욕구는 본성상 점점 자라게 되므로, 필연적으로 타인의 욕구, 타인의 안위는 안중에 두지 않게 되고 결국은 침해하는 일까지 일어날 것이다. 기의 흐름이 강해지면 순간적으로 그러한 지경을 넘나들 수 있다. 우리들이 자신의 마음에 주의를 기울인다면 우리 마음의 요동을 알아챌 수 있다. 그래서 요동치는 마음을 잡아채서 주저앉힐 수도 있다. 그러나 알아채면서도 무시하고 계속 욕망이 퍼져 나가는 것을 내버려 둘 수도 있다.

사람은 그러한 존재라고 황종희는 거듭 이야기한다. 성인도 악한 마음과 전혀 무관한 사람이 아니다. 다만 내 기, 내 마음에 깃드는 과도함과 부족함을 깨닫고 방치하지 않고 올바른 궤도로 다시 잡아넣

으려고 끊임없이 노력하며 나아지는 사람일 뿐이다. 그렇기 때문에 황종희에게 성인의 상대어는 악인이 아니라 '보통 사람'[凡夫]이다.

우리 보통 사람은 성인이 아니어서 악인인 것이 아니라, 성인이 아니어서 흔들리고 불완전하다는 것이다. 한 번 선한 일을 했다고 늘 선할 수 있는 것이 아니다. 한 번 선한 일을 했다고 선한 사람이라고 하지 않는 것처럼, 한 번 악한 일을 했다고 악한 사람이 되지도 않는다. 그저 실수하는 사람이다. 자주 실수할 수 있는 사람이 있고, 좀 더 자주 실수할 수 있는 사람이 있을 뿐이다.

그렇기 때문에 정해 놓고 선하거나 나쁜 사람은 없으며, 인간 이하라는 욕을 할 만큼 나쁜 사람도 없다. 『맹자』에는 광장(匡章)이라는 불효자에 관한 이야기가 나온다. 광장은 부모와 옳고 그름을 다투다 서로 등을 돌리게 되었다. 광장은 부모와 등지게 되었다는 불효를 저지른 것을 참담하게 자책하여, 아내도 떠나보내고 자식도 가까이 두지 않고 홀로 외롭게 지냈다. 불효에 대한 스스로의 책임을 그런 식으로 감당한 것이다. 황종희는 이에 대해 다음과 같이 논평한다.

> 광장(匡章)이 불효한 죄는 본래 도망할 곳이 없다. 그러나 처를 내보내고 아들의 봉양도 물리친 것은 후회하는 마음에서 나온 것이므로 또한 관대하게 봐줄 만하다. 맹자가 그 죄를 가볍게 여긴 것은 아니지만 그가 허물을 고쳤기 때문에 버리지 않은 것이다.(『맹자사설』)

불효라는 잘못을 분명히 지적하면서도, "허물을 고쳤다"는 점에서 사람을 평가한다. 허물은 너무나 인간적인 일이고, 그것을 고친다는 것은 성인을 희구하는 사람의 일이기 때문이다. 성인은 처음부터 완벽했던 사람이 아니라 허물을 고쳐 나가다 어느 경지에 이른 사람일 뿐이다.

맹자가 살았던 전국시대, 어느 나라든 전쟁을 피할 수 없었다. 여느 왕처럼 전쟁을 위해 백성들의 복지를 돌보지 않는 양혜왕이 마음을 다해 정치를 하겠다고 말하자, 맹자는 그에게 "오십 보나 백 보나 잘못된 것은 매한가지"(『맹자』)라고 말한다. 맹자의 의도는 덕에 의한 정치를 하지 않을 바에야, 그래서 전쟁을 멈추지 않을 바에야, 백성을 조금 덜 착취한다는 것이 무슨 의미가 있겠느냐는 것이었다.

그러나 황종희는 맹자와 다른 입장이었다. 그는 맹자가 이렇게 평가한 것을 보고서도, "그러나 혜왕은 오히려 백성을 위할 줄 알았다. 후세의 군주들 가운데 혜왕보다 못한 사람들이 많다."(『맹자사설』)라고 논평했다. 황종희에게 인간사는 '선이 아니면 악', '모 아니면 도'가 아니었다. 어느 정도 넓이를 가진, 긴 스펙트럼을 생각해 보자. 그 스펙트럼의 넓이를 선의 광선과 악의 광선이 나눠 갖고 있다. 왼쪽 끝은 선의 광선이 거의 없고 악의 광선이 거의 모든 부분을 차지하고, 그 중간은 서서히 선이 늘어나다, 오른쪽 한쪽 끝은 선이 거의 다 채우는 그런 스펙트럼이다. 누구나 그 스펙트럼의 어디쯤에 서 있으며, 누군가는 점차 오른쪽으로 움직여 갈 것이고, 누군가는 왼쪽으로 움직이기도 할 것이다. 이러한 스펙트럼에 비유한다면, 선을 향해 오십 보 간 사람과 백 보 간 사람은 분명 다르다. 자신의 노력에 의해서 오른쪽으로 진보해 있는 것이다. 그 노력이 다르고, 노력에 의해 몸과 마음에 붙은 힘이 다르다.

황종희는 이기심에 휘둘리면서도 선을 향해 가는 사람을 다음과 같이 묘사했다.

세상 사람들은 한 부분을 가지고 다른 사람의 평생을 개관하는 일이 많고, 그 사람 또한 스스로의 한 부분만을 가지고 자신을 믿는 일이 많다. 인의가 어찌 늘 있는 장소가 있겠는가? [인의의 길을] 밟으면 군자가 되고 거스르면 소인이 된다. 그러므로 선을 행하는 자도 자신할 수 없으며, 악을 행하는 자라고 스스로를 버려서는 안 되니, [선과 악이] 다투는 곳은 일념(一念) 사이에 있기 때문이다. 집어 올리면 이것이 천리이고 놓아 버리면 이것이 인욕이다.(『맹자사설』)

인의는 있는 곳이 일정한 알맹이가 아니다. 사람들이 가는 길, 하는 행동에 서려 있다. 행동에 일관성을 주는 것은 반복되는 행동뿐이다. 아무도 내일의 행동을 자신하지 못한다. 그 일념이라는 것은 너무나 가깝기 때문이다.

이것이 우리 모든 사람의 상황이라면, 서로를 어떻게 대해야 되는지 다시 생각해 봐야 한다. 기를 키우기 시작한 지 얼마 되지 않은 어린아이에게는 보다 관대한 마음이 필요할 것이다. 성장기의 실수는 당연한 것이기 때문이다. 그러나 사회 전체의 운명이 달려 있는 중대한 일에서는, 단 한 사람의 실수도 큰 파장을 일으키기 때문에, 만일에 있을 수도 있는 실수를 막기 위해 거듭거듭 궁리하고 대책을 마련해야 한다. 특히나 앞에서 언급했듯이 악의 전염력과 파급력이 가공할 만하다는 것을 생각하면, 우리 보통 사람들이 가공할 악의 무리로 변하는 것은 그리 어려운 일이 아니다. 그러니 사회 전체의 일을 담당하는 중대한 일에서 악이 그 영역을 넓힐 수 없도록 하는 일에 대해서는 아무리 경계해도 지나치지 않을 것이다.

역사가 가르쳐 주는 것

역사는 불안정한 마음들이 그 기운을 그대로 분출한 곳이다. 역사에 대한 관심은 불안정한 현실에 대한 관심이고, 현실에 대한 관심의 끝에는 불안정함을 파악하고자 하는 의욕이 있다. 무엇이 불안정함을 증폭시키며, 그 불안정함은 어떤 성격을 가지고 움직이는가? 불안정함의 원리가 있다면 알아야 할 것이다. 그래야 불안정함을 통제할 방법을 찾을 수 있을 것이다.

황종희에 의하면, 인간의 이기적 성격 때문에 군주와 정치를 필요로 했으며, 군주는 세상 사람의 이익을 위해 헌신해야 하는 사람이다. 백성이 주인이고 군주는 객이라고 그는 말한다. 백성을 위해 경영을 맡을 책임을 지고 필요해진 존재가 군주이다. 또한 그에 의하면 신하가 "벼슬하는 것은 천하 백성을 위한 것이지 군주를 위해서가 아니며, 만민을 위한 것이지 군주 일가를 위한 것이 아니다." "벼슬하면서 천하를 위해 일하지 않는다면 군주의 노비일 뿐이고, [내가] 천하를 위해 일한다면 나는 군주의 사우(師友)이다."(『명이대방록』) 법 역시 "천하의 재부를 천하 사람의 수중에 두기 위한 것이었다."(『명이대방록』)

군주의 권력은 나라 안 모든 백성의 욕망을 순조롭게 충족해 주리라는 기대에서 주어진 것이다. 그러한 책임을 맡은 군주는 특별히 자신의 이기심을 제어하는 사람이어야 한다. 맹자는 도덕적으로 뛰어난 사람이 신하가 되어, 끊임없이 군주를 단련하고 교육하고 제어함으로써 도덕정치가 가능하다고 기대했다. 직위로 따지면 신하지만, 군주를 올바른 길로 이끌고 잘못되면 바로잡아 주는 존재이므로 '사우' 즉 스승 같은 친구가 되어야 한다.

그런데 중국은 줄곧 덕치, 즉 도덕정치를 표방하는 유학이 정치이념으로 작동했지만, 실제로 역사에는 자기만을 위하는 군주로 가득했다. 맹자가 예상한 교육과 제어 기능이 제대로 발휘되지 않은 것이다. 현실의 역사는 군주, 신하, 법 등이 본분에서 점점 이탈해 가는 과정이었다. 군주는 천하의 사업을 개인의 사업으로 사유화해 갔다. 군주를 제자리로 돌려놓아야 할 신하는 군주의 사유화 작태를 돕는 대가로 자신의 자리를 보존하며 사욕을 채우고 군주의 노예로 전락했다. 사람이 없으면 법도 제 역할을 할 수 없다. 법은 군주가 사유화한 천하의 재부를 군주의 것으로 지키는 데 오용되었다. 『명이대방록』에서 황종희는 군주와 신하와 법이 어떻게 사유화되어 가는지 이야기한다. 그것을 막지 못하고 내버려 둔 결과는 상상을 초월할 정도로 참혹했다.

> 사람의 마음은 인하지 않음이 없으나 한번 잘못 먹은 마음 때문에[一念之差] 오로지 혼자서만 즐기려고[獨樂]한다. 그래서 백기(白起)가 한 번 의심을 발하여 사십만 인을 벌레처럼 묻어 버렸고, 석숭(石崇)은 한 번 쾌심을 일으켜 미인들의 목을 풀인형처럼 잘라 버렸다. 이사(李斯)는 한 번 과욕의 마음을 발하여 사해를 시체로 덮었고 양국충(楊國忠)은 한 번 미워하는 마음을 발하여 백 년 동안 그 화가 미쳤다. 전국시대의 군주들이 사람을 죽여 그 시체가 성을 채우고 들을 채우게 된 것은 단지 혼자 즐기려고 했기 때문이다.(『맹자사설』)

백기, 석숭, 양국충 등은 권력이든 돈이든 넘쳤던 사람들이다. 백기는 진(秦)나라 장수였는데, 전투에서 이긴 뒤 수십만의 포로가 처치곤란이라 그대로 죽여 버렸다고 한다. 석숭은 서진(西晉) 사람으로 장사로 큰돈을 벌어 호화로운 생활을 한 것으로 유명하다. 손님을 초대하여 미녀들에게 시중들게 했는데 손님이 술잔을 비우지 않으면 시중들던 여인을 그 자리에서 죽였다고 한다. 양국충은 당대 양귀비의 6촌 오빠로, 양귀비와의 인연으로 말단직에서 재상으로 짧은 시간에 벼락출세를 했다. 그 과정에서 온갖 음모와 술수와 전횡을 저질렀다. 역사에 어이없을 정도의 잔인함으로 이름을 남긴 이들의 타락은 특히 돈과 권력이 제공하는 타락의 유혹을 적나라하게 보여 준다. 그리고 그 타락의 끝이 상상을 넘어선다는 것도 보여 준다.

군주 역시 보통 사람이다. 보통 사람이란 이기심을 기본으로 갖는 사람이란 뜻이다. 그러한 그에게 자기 손에 든 권력을 어떤 통제도 없이 사용하게 내버려 둘 때 벌어지는 일은 이처럼 참혹하다.

덕치에 대한 맹자의 전망이 대책 없이 낙관적이기만 했다는 것은 도처에서 드러난다. 맹자는 사람 죽이는 것을 좋아하지 않는 사람, 즉 전쟁하지 않는 사람이 천하를 통일할 것이라고 예측했다. 그러나 실제 역사는 달랐다. 일상적으로 전쟁을 벌이는 나라들을 통일하고 전국시대에 종지부를 찍은 것은 백성의 목숨을 전쟁의 도구로 쓴 진나라 왕 즉 진시황이었다. "원과 명의 개창자들을 돌아보면 살인을 좋아하지 않았다고 할 수 없으니, 천하가 위세에 위협되어 역시 하나로 통일된 것이며, 진나라, 수나라도 다르지 않았다. 그런데도 이들 나라 역시 오랜 시간 존속했다."(『맹자사설』)라고 황종희는 말한다. 그래도 현실을 받아들이고 살 수밖에 없었던 사람들은 '역취순수'(逆取順守)라는 이론을 만들어 현실을 인정했다. 도에 거스르는 방법으로 나라를 차지했지만 그 나라를 운영하는 일은 도에 따르며 했다는 의미이다. 바른 방법에 의거해서 천하를 차지한 것은 아니지만, 그 뒤에라도 바른 방법에 의해 천명을 지키기를 바라면서 만들어 낸 말이다.

그러나 유학자들이 군주의 이기심을 제어하는 데에는 실패했다고 봐야 한다. 세상 사람들 각각의 이익추구를 순조롭게 하기 위해 요청된 군주가 하는 일이 자기 한 사람의 이익추구를 용이하게 하는 것이 되어 버렸다. 황종희는 "천하의 큰 해가 되는 것은 군주일 뿐"이라고 절망적으로 한탄한다.

> 군주의 직분에 밝기는 매우 어렵지만, 잠깐의 음란함과 쾌락 때문에 [그 직분을] 끝없는 슬픔과 바꿔서는 안 된다는 것은 어리석은 자라도 알 것이다.(『명이대방록』)

"군주의 직분에 밝기"가 "매우 어렵다"는 황종희의 말에서 군주에게 많은 것을 기대하지 않겠다는 체념이 느껴진다. 직분에 밝은 좋은 군주가 되지 않더라도 "잠깐의 음란함과 쾌락"에만 지지 않기를 바라는 것이다. 좋은 군주가 아니더라도 최소한의 양식만 있어도 저지르지 않을 일들을 많은 군주들이 자행해 왔다. 그들은 자신의 짧은 쾌락을 위해 얼마나 많은 것들을 희생하는지에 대한 자각도 없었던 것으로 보인다.

왜 이러한 일들이 제어되지 않고 계속되었는가? 이러한 대가를 치루면서도 계속 군주와 소수의 신하들이 선량하고 현명하기를 바라는 것은 너무 무기력하고 무책임한 일이 아닌가? 한비자는 유학의 덕치 이상을 비웃으면서, 우연히 나무둥치에 부딪힌 토끼를 잡은 농부가 본업은 집어치우고 나무둥치에 앉아 토끼가 또 제 발로 먹이가 되기를 기다리는 어리석은 농부에 비유했다.

그러한 어리석음을 어떻게 계속 되풀이하겠는가! 군주는 보통 사람이다. 옛날 현명한 왕이 있었던 적이 있다고 해서, 그들 모두가 현명하기를 기대하는 것은 토끼가 저절로 먹이가 되기를 기다리는 것과 다를 바 없다. 신하도 믿을 수 없다. 썩은 사과 옆의 사과가 같이 썩듯이, 군주가 썩으면 신하들도 같이 썩어 들어간다.

정치적 지도자든 백성이든 이기적인 개인이라는 데는 차이가 없다. 성인이 되기를 기대할 수 없다. 권력은 필요하다. 그 권력이 남용되지 않고, 본래 기대되는 역할을 하게 하려면 어떻게 해야 하는가?

어떤 책임이어야 하는가?

성리학을 비판하기는 하지만, 황종희 역시 공자와 맹자의 후예임을 자처하는 유학자였다. 인의예지가 인간사회의 귀중한 가치라고 생각했으며, 그 역시 성리학자들처럼 우주와 개인의 마음이 통일성을 갖고 있다고 생각했다. 그런데 성리학에서 통일성은 보편원리인 리에 의해 보장되지만, 황종희는 통일성을 기에서 찾았다. 즉 하늘 아래 모든 존재는 기로 이루어졌다는 점에서, 기의 성격에서 오는 통일성을 갖는다.

통일성을 부여하는 것이 리가 아니라 기가 됨으로써, 세상에 대한 설명은 어떻게 달라질까? 기는 운동한다. 멈추지 않고 움직인다. 기의 움직임은 늘 어긋날 가능성이 있다. 마음으로 표현하면, 선과 악이 한순간의 생각에서 갈릴 수 있다. 선한 사람, 나쁜 사람이 정해진 것도 아니다. 한 번 착한 사람이라고 계속 착한 사람인 것도 아니다.

세상은 기의 흐름이다. 흐름은 앞을 이어 뒤로 이어진다. 쉬지 않고 이어진다. 그러므로 모든 존재는 연동 속에 있다. 여기에서 강하게 튀면 바로 옆의 흐름에 영향을 준다. 여기에서 흐름을 끊어 버리면 옆의 흐름도 막혀 버린다. 기의 특징은 움직인다는 것, 흐른다는 것이고, 그 때문에 기로 이루어진 세상은 연동 속에 있게 된다.

맹자는 "풍년에는 청년들이 대부분 선량한데, 흉년에는 대부분 포악하다"(『맹자』)는 말을 했다. 황종희는 이것이 "본성은 서로 비슷하지만 습(習)에 의해 멀어진다"는 『논어』 구절을 해석한 것이라고 설명한다. 황종희는 토질, 기후, 인간의 노력 등이 모두 '습'이라고 설명한다. 나아가 태중에 있을 때부터 이미 '습'이 생긴다고 한다. 부모의 신체 일부분을 받으면서 부모가 쌓아 온 습이 개입하고, 그때부터 이미 나의 특정한 조건들이 만들어지는 것이다. 통상 '익히다'라고 풀이되는 '습'은 오랜 세월 반복되며 쌓여서 익숙해진 것을 의미한다. 그 맥락에서 황종희는 '습'에 나를 둘러싼 환경이라는 의미를 담아 사용했다. 세상에 나오기 전에 어머니의 자궁부터 나의 환경이다. 이 환경들이 나의 현실적인 성격을 규정한다는 말이다.

쌀알이 여무는 데 땅, 햇빛, 물, 그리고 농부의 노력이 빠짐없이 필요하듯이, 내가 어머니의 배에 잉태되자마자 세상에 쌓여서 이루어진 모든 것들이 나를 형성하는 데 영향을 미친다. 가령 곡식이 익기 위해서는 땅이 적당히 기름져야 하고 하늘이 적당히 빛과 비와 바람을 주어야 한다. 그리고 사람이 잡초를 제거하고 북돋아 줘야 한다. 때로는 자연이 때에 맞춰 줘야 할 물이나 양분을 사람이 대신 공급해 주는 일도 해야 한다.

기의 존재라는 점에서 곡식 종자와 사람은 본질적으로 다르지 않다. 곡식 종자처럼 토질, 기후, 인간의 노력이 사람에게 영향을 준다. 어떤 토질, 어떤 기후에서 자라는가에 따라 먹는 것이 달라질 것이고 몸을 얼마나 움직이는가도 달라질 것이다. 즉 신체가 달라질 것이다. 부모가 얼마나 거두어 먹이는가에 따라 발육상태가 달라질 것이다. 마음도 기라는 점에서 곡식이나 사람의 몸과 다르지 않다. 마음도 자라는 것이다.

> 마음의 인(仁)은 곡식종자에 유동하는 생의와 같아서, 그 가운데 충만하지만 반드시 심고 물을 주는 노력[功]을 더한 이후에야 비로소 성숙한다. … 이루지 못하면 하늘이 내려준 온전한 것을 볼 수 없으며, 이루게 되면 바야흐로 '숙'(熟)이라고 한다. 그렇지 않고 싹은 텄지만 여물지 않거나 여물었지만 익지 않는다면, 끝내 무용해진다.(『맹자사설』)

환경이란 정확하게 말하면 자신 역시 참여하고 있는 기의 전체적인 흐름이다. 그렇기 때문에 환경이라는 말로 표현해도, 환경이라는 것은 나와 독립적으로 있는 것이 아니라 나와 연동되어 있다. 기의 인간은 태생적으로 주위의 기에 반응한다고 표현할 수 있는데, 엄밀하게 말하면 반응이라기보다는 연동이다. 자신을 둘러싼 모든 것의 움직임을 함께한다. 직접적으로 둘러싸고 있거나 조금 떨어져 둘러싸고 있다는 차이는 있지만, 그 사람과 관계없이 떨어져 있는 것은 아무것도 없다. 즉 사람은 독자적으로 살아갈 수 없으며, 독자적으로 성장할 수 없다.

내게 영향을 주며 나를 키우는 이 전체 안에는 어머니의 자궁도 포함된다는 말을 앞에서 했다. 어머니는 내게 어떤 습을 전해 주는가? 어머니 자신이 살면서 쌓아 온 모든 것이다. 어머니가 어떤 부모에게서 태어나 어떤 음식을 먹고 어떤 대우를 받으며 무엇을 배우고 어떤 생각을 하며 사는지가 모두 영향을 미칠 것이다. 어머니에게 몸이 자랄 곳을 준 할머니 역시 역사의 축적 위에서 자신을 만들어 왔을 것이다. 자식이 부모를 닮는다는 것은 두려워할 일이다. 부모의 건강상태뿐 아니라 지각의 능력도 나눠 가질 수밖에 없다. 그런데다 부모의 습관, 생각, 행동 등을 보고 자라면 더욱 닮게 된다.

현재의 환경은 과거의 축적이고, 환경이라는 것은 기 전체, 존재 전체이다. 그러므로 좋은 인간으로 성장하기를 바란다면 좋은 세상을 만드는 일을 해야 하며, 좋은 세상을 만들기 위해서는 좋은 사람 만드는 일을 고민해야 한다. 성리학이 골몰하는 마음의 수양이 문제가 아닌 것이다. 한 사람을 키우는 데는 사회가 협력해야 하며, 세대를 이어서 협력해야 한다.

가깝게는 좋은 부모가 되어 좋은 가정을 만들어야 하고, 아이들이 함께 다닐 좋은 학교를 만들어야 한다. 내 아이만 선량하게 키운다고 잘 살 수 있는 것이 아니다. 내 아이를 함께 키워 줄 사람들로 같은 공간에서 서로의 마음을 자극하며 함께 자랄 동급생, 선후배들이 있어야 하고, 동학들을 선량하게 양육해 줄 그들의 가족들이 있어야 한다. 설사 흉년과 같은 사회적 재난이 있어 당장 먹고사는 일이 어려워져도 그 때문에 난폭해지지 않도록 사회적 보호망을 만들어야 한다.

사람에게는 곡식 종자와 달리 지각이라는 것이 있다. 지각은 동물의 종적 차이를 이루는 중요한 속성이다. 인간의 지각은 어떤 동물의 지각과도 다른, 인간만이 갖는 능력을 갖고 있다. 황종희가 '전광석화'와 같다고 표현했던 공감의 마음이 바로 인간의 특징을 드러내는 인간의 지각이다. 지각 역시 기이다. 이 세상의 모든 존재를 기로 이루어졌으므로 당연한 말이다. 황종희는 사람의 지각은 기 가운데 '영험한 기'라고 말한다.

이 지각이 형성되고 늘어나거나 줄어드는 데에도 당연히 '습'이 지대한 영향을 끼친다. 이 영험한 공감의 마음이 그대로 사라져 버릴지, 아니면 늘 환한 빛으로 자랄 것인지 역시 '습' 즉 환경에 달려 있다. 그런데 영험한 기라는 점에서 지각이 자라는 데는 몸이 자라는 것과는 다른 환경을 필요로 한다.

가령 황종희는 가정에서의 성장에 대해 다음과 같이 말한다.

> 아들이나 동생이 어질지 못하고 재능이 없는 것은 아버지와 형이 어질지 못하고 재능이 없는 것과 마찬가지이다. 요와 순은 아들의 불초함을 스스로의 유감으로 생각하지 않은 적이 없다. [요의 아들인] 단주(丹朱)와 [순의 아들인] 상균(商均)을 마침내 요와 순이 변화시켰기 때문에 나라를 세울 때 대략 내치는 데까지 이르지는 않았다. 만약 버렸다면 길거리의 남과 마찬가지이다. 이렇다면 어떻게 본성[性]을 다한 것이겠는가. 일찍이 어떤 유명한 아버지를 둔 아들을 본 일이 있다. [아버지가 아들의] 기거동작과 식사예절 [단속하기를] 조금의 가차도 없이 하니, 아들이 아버지 보기를 정말로 엄한 임금 보듯이 했다. 그러나 일단 아버지 옆을 떠나게 되자 안 하는 짓 없이 다하게 되니, 오히려 시정과 동네의 배우지 못한 이이

보다도 못했다. 부자의 정이 서로 통하지 못하면 잠시 눌러 놓더라도 감춰진 흠은 더욱 심해진다. 그래서 맹자는 '기른다'[養]는 글자로 말했으니, 온화한 기로 서서히 변화시키면[蒸] 융화하지 않음이 없다.(『맹자사설』)

인간이 기의 존재라는 것은 누구도 개별적으로 독립해 있지 않다는 의미이기도 하다. 이 글은 서로 연결된 사람들 사이에서 교육과 성장이란 어떤 것인가를 보여 준다. 황종희는 "온화한 기로 서서히 변화시키"는 방법에 대해 이야기한다. 나의 자식이 나와 별개의 존재가 아니므로, 즉 연동 속에 있으므로 자식을 변화시키는 방법은 내가 우선 좋은 기를 기른 부모가 되는 것이다. 좋은 부모가 가깝게 있다는 것만으로도 아들에게는 더없이 좋은 환경이 주어진 것이다. 부모와 서로 응대하는 가운데 아들은 달라지는 것이 있을 것이다. 그러므로 자식이 제대로 자라지 못한 것은 자식의 탓이 아니다. 그렇게 되도록 환경을 만든 부모의 탓이다.

서로 영향을 주고받는 기의 존재로서 부모와 자식의 관계가 어긋난다면, 그것은 일방의 잘못일 수 없다. 누군가의 치명적인 잘못으로 관계가 차단된다고 해도, 그것 역시 일방의 잘못일 수 없다. "내치는 데까지" 이른다는 것은 자신의 책임에 대해서는 돌아보지 않은 결과일 것이다. 아직 마음을 키우지 못한 어린이, 나아가 흔들리기 쉬운 사람을 성장하도록 변화시키지 못한 것은 모두의 책임이고, 특히 주위의 책임, 어른의 책임이기 때문이다. 책임을 따진다면 어른의 책임이 훨씬 더 크다. 그러므로 불안정하고 불완전함에 대해 인정하고, 함께 성장해 가야 한다는 연대의식 속에서 책임감과 함께 관대함을 가져야 한다. 자신 역시 그렇게 자신을 지켜봐 주며 키워 준 부모 세대의 배려가 있었기 때문에 이만큼 성장한 것임을 계속 상기해야 한다.

자신이 좋은 사람이면 옆에 있는 사람에게도 좋은 사람이 될 환경이 되어 주는 관계는 부모 자식 사이에 그치는 것이 아니다. 다른 유학자들과 달리 황종희에게는 '수양론'이 없다. 인격의 성장이 필요 없어서가 아니라, 인격의 성장은 방에 혼자 앉아서 할 수 있는 일이 아니기 때문이다. 나의 좋은 인격은 좋은 것을 물려주고 좋은 것을 보여 주고 좋은 것을 배우게 해 주고 좋은 마음을 유지하고 살도록 해 주는 이웃이 만드는 것이고 사회가 만드는 것이기 때문이다. 황종희에게 인격의 성장은 개인의 일이 아니라 공동의 사업이다.

인격의 성장이 끝이 없다는 점에서, 과거 인격의 성장을 어느 정도 달성한 사람이 담당했던 정치 역시 특정한 소수가 담당할 명분이 없어졌다. 그 소수의 사람이 아무리 뛰어난 사람이더라도 연동 속에서 지속적으로 성장해야 할 사람일 뿐이다. 정치는 그 사회적 사업을 지원하는 것을 가장 중요한 업무로 삼아야 한다. 구성원 각자가 사람답게 살 수 있도록 환경을 만드는 일, 환경을 저해하는 요인들을 제거하는 일이 정치가 해야 할 일이라면, 그러한 정치를 해내는 것 역시 사회 구성원 전체의 책임이다. 성인의 반대는 악인이 아니라 보통 사람이라고 했듯이 특별하게 악하게 태어나는 사람은 없다. 그런데 보통 사람의 작은 악이 죄 없는 사람을 수백, 수천씩 태연히 학살하는 가공할 잔인함으로 이어지고, 또 그것을 속수무책으로 보고 있게 하는 무책임의 죄를 같이 짓게 한다. 그러한 비극은 나 한 사람이 책임을 내려놓는 작은 일에서 시작해서 연쇄적으로 일어난다는 것을 기억해야 한다.

제4장

마음 밖을 움직이는 일

운명[命]이란 다른 마음들의 합이 아닐까?

공자나 맹자는 얻기 위해 노력하지 않고 주어지는 대로 수용한다는 의미로, 사회적인 부귀와 명성을 '명'(命)의 영역으로 돌렸다. '명'이라는 한자는 '명령하다'는 의미로, 운명이라는 의미도 있고 사명이라는 의미도 있다. 운명은 내가 아닌 다른 힘에 의해 결정되어 내게 주어진 것이고, 사명은 내게 주어진 과제라는 의미이다. 이들은 자신에게 주어진 착한 마음을 키우는 것을 사명이라고 받아들이고, 부귀와 명성을 얻는 일은 운명으로 받아들였다. 이러한 표현으로 말하고자 했던 것은 부귀와 명성은 주어지는 대로 순응하여 운명처럼 받아들일 뿐 그것을 얻기 위한 노력은 하지 않겠으며, 자신들의 의지와 노력은 착한 마음을 성장시키는 데에만 집중시키겠다는 것이다.

맹자는 부귀와 같은 것들은 "구하는 데 정해진 방법이 있고 얻는 것은 명에 달려 있는" 일이라고 말한다. 이것들은 "구한다 해도 얻는 데에 아무런 유익함이 없다"는 말로 달리 표현하기도 했다. 즉 그는 부귀를 얻는 일은 애써서 하지 않겠다고 표현하지 않고, 노력해도 소용없는 일이라고 표현했다. 그 이유로 맹자가 들은 이유는 "대상이 내 밖에 있기[在外者] 때문"(이상 『맹자』)이라는 것이다. '내 밖에 있는 것'의 상대어로 맹자는 '내게 있는 것'을 들었고, 그가 생각하는 '내게 있는 것'은 태어날 때부터 갖게 되었다는 선한 마음이다. 내게 있는 것은 나의 노력으로 어떻게 해 볼 수 있으나, 나의 밖에 있는 것은 나의 노력으로 어찌해 볼 수 없는 것이라고 정리하고 있었던 것이다.

맹자는 자신의 주장을 채용하고 자신을 중용할 것을 바라면서 제후들에게 유세하고 다녔다. 그의 주장이란 군주의 타고난 선한 마음을 나라 안의 모든 백성에게 미치도록 하여, 전쟁을 그치고 백성들을 자식처럼 가슴에 품는 정치를 하라는 것이었다. 그러나 몇 백 년 동안 전쟁이 일상처럼 되어 버린 시대, 부국강병을 이룩하여 이기는 전쟁을 하고 이윽고는 중국을 통일하여 통일중국의 군주가 되고 싶은 제후들에게, 맹자의 주장이 먹힐 리 없었다.

그런데 그 와중에 맹자의 생각에 관심을 보이던 제후가 있었다. 노(魯)라는 작은 나라의 제후였다. 맹자가 생각하는 정치에 대해 이야기를 들은 노나라 제후는 며칠 생각한 뒤에, 맹자가 자신에게 도움을 줄 수 있을 거라 기대하고 맹자를 다시 만나야겠다고 생각했다. 맹자를 방문하기 위해 외출 준비를 하고 있던 중, 제후의 총애를 받던 신하 장창(臧倉)이라는 사람과 마주치게 되었다. 장창은 제후의 행선지를 듣자 맹자의 험담을 하며 만나는 것을 만류했고, 험담에 효력이 있어서 노제후는 맹자를 만날 생각을 접었다. 제후가 맹자를 만나려고 하려다 장창이라는 자의 수작 때문에 무산됐다는, 노나라 궁정에서 있었던 이야기를 제자에게 전해 들은 맹자는 다음과 같이 말한다.

> 가는 것도 무엇이 가게 하는 것이고 그만두는 것도 무엇이 그만두게 하는 것이다. 가는 것도 그만두는 것도 사람이 어떻게 할 수 있는 일이 아니다. 내가 노나라 제후를 만나지 못한 것은 하늘의 뜻이다. 장씨 따위가 어떻게 나를 못 만나게 할 수 있겠는가.(『맹자』)

맹자가 덕의 정치를 실천하려는 것은 천하의 평화를 위해서인데, 그 실현을 위한 첫걸음은 자신의 이론을 평가하는 군주를 만나는 것이었다. 그런데 군주의 신임을 얻는 일은 "구하는 데 정해진 방법이 있고 얻는 것은 명에 달"린 일이라고 생각했다. "정해진 방법"이란 측은지심 넘치는 마음을 전달하고 군주도 같은 마음으로 응답한다는 그 방법이다. 그러한 마음이라야 맹자가 구상하는 정치를 할 수 있을 것이기 때문이다. 그 방법 이외에는 군주의 환심을 사기 위해 어떤 다른 노력도 하지 않는다는 것이 맹자의 생각이었다.

맹자로서는 자기 방식대로, 자신의 일로 정해 놓은 것만 하겠다는 것이다. 그것은 자신의 선한 마음을 키우고 그 마음으로만 사람들에게 영향을 미치겠다는 그것이다. 가령 노나라 제후를 다시 만나 설득하거나, 장창이라는 사람을 만나 오해를 풀거나 하는 일을 할 수도 있을 텐데 말이다. 맹자는 장창이 어그러뜨려 놓은 일에 대해 어떤 일도 덧보태지 않고, 일이 그렇게 흘러가는 것은 장창의 힘이 아니라 하늘의 뜻이라고 말할 뿐이었다.

정말 하늘의 뜻인가? 하늘의 뜻이라고 내버려 둘 일인가? 제후나 장창은 맹자와 다른 사람이다. 각자의 지위가 다르고 목표로 하는 일이 다를 것이다. 무엇보다 선 혹은 좋음에 대한 생각이 다를 수 있다. 노제후의 입장에서는 나날이 기울어 가는 국세를 다시 살리는 일이 최대의 관심사일 것이다. 장창이 다른 음모를 갖고 있지 않다면 노나라의 영광이 자신의 영광과 무관하지 않을 것이므로 노제후와 다른 마음이 아닐 것이고, 그렇다면 노나라의 국익에 맹자의 방식은 도움이 되지 않는다고 생각했을 가능성이 크다.

맹자의 입장에서 자신의 노력이 천하의 평화를 위한 것이라고 생각한다면, 노제후를 다시 만난다든지 장창을 만난다든지 하는 노력을 한 번쯤은 해 봐야 하는 것이 아닐까? 지금은 장창 때문에 만나지 못해서 노제후가 자신에 대해 어떤 생각을 갖고 있는지 알 수 없으나, 노제후가 자신에게 호의를 품었다는 것은 이미 들었다. 그렇다면 한 번쯤은 다시 제후를 만나 설득해 봐야 하지 않을까? 천하의 평화라는 큰일을 위해서라면, 좀 구차해 보일지라도 그 정도의 노력은 해야 하는 것이 아닐까? 그러나 맹자는 자신이 제후를 다시 만나지 못한 것은 어떤 인간의 탓도 아니라 운명 탓이라고 정리하고, 아무런 후속 조치 없이 노나라를 떠났다.

사정은 짐작만 할 뿐이지만, 어쨌든 분명한 건 장창은 맹자와 입장과 생각이 다른 사람이라는 것이다. 그처럼 다른 사람과 교제할 때는 어떻게 해야 하는가? 그런 사람들을 설득해야 할 때는 어떻게 해야 하는가? 맹자는 입장이 다르고 생각이 다른 사람과 교제하는 법에 대해 무엇을 가르쳐 주는가?

밤낮이 바뀌고 사계절이 바뀌는 것은 하늘의 명령이라 불러도 무방할 것이다. 유덕한 왕이 단명해서 좋은 시절이 길게 지속되지 못하는 일, 그 왕위를 세습한 아들이 아버지를 닮아 좋은 사람일 수도 있을 텐데 공교롭게도 아버지보다 한참 못난 아들인 것과 같은 일들은 사람이 어떻게 할 수 없는 부분이니, 하늘의 뜻이라고 해도 무방할 것이다. 그러나 남이 어떤 마음을 갖는지, 나를 좋아하는지 좋아하지 않는지, 내 의견에 동의해 주는지 아닌지도 하늘의 뜻이라고 할 수 있을까? 운명이라고 부르면서 노력해도 소용없는 일로 간주하고 옆으로 치워 두어야 하는 것일까?

하물며 자연적인 현상에 대해서도 사람은 할 수 있는 모든 노력을 한다. 계절에 맞게 옷을 갈아입고, 난방과 냉방을 생각해 내고, 홍수를 막기 위해 둑을 쌓고 가뭄에 대비하기 위해 저수지를 만든다. 실제로 좀 더 복잡한 궁리를 요구하는 사회의 객관적인 상황이란 사람들의 마음들이 부딪히면서 만들어지는 것이다. 타인의 마음은 '나의 밖'[在外者]에 있는 것이지만, 사계절의 변화라든지 천재지변과 같은 종류와는 다르다. 같은 인간이라는 점에서 자연현상보다 훨씬 내게 가까이 있다. 그중에는 내가 움직이기 아주 쉬운 사람도 있다. 누구나 그러한 쉬운 상대가 있다. 보통 자신과 물리적으로나 심정적으로 가까운 사람이 그런 사람일 것이다. 내가 편안하게 다가갈 수 있는 그 사람에게도 쉬운 사람과 어려운 사람이 있을 텐데, 그 사람에게 쉬운 사람이 나는 어려워하는 사람이었을 경우도 있다. 그런 식으로 쉽게 움직일 수 있는 사람과 어려운 사람이 연결되며, 전체적으로는 모든 마음이 연동한다. 내가 직접적으로 모든 마음을 움직일 수는 없다. 그러나 맹자가 말하듯이 운명적으로 불가능한 일은 아니다. 인간사회는 하나의 전체로서 연동하므로 한 부분을 움직여도 전체를 움직일 수 있는 길이 열린다.

마음이 다르고 생각이 다른 사람들과는 서로 대화하는 것조차도 어려운 일이다. 하물며 그들의 마음을 움직이는 일이야 말할 것도 없다. 그러나 생각해 보면, 생각이 같은 사람과는 대화할 필요도 없다. 생각이 같은 사람이라면, 그때그때 구체적인 사안에 대해서만 실행 차원의 문제에 대해 의견을 교환하는 것으로 필요한 대화는 끝날 뿐, 내 생각을 설득시키거나 상대의 생각을 이해하기 위한 대화는 필요 없다. 정말 대화가 필요한 경우는 나와 생각이 다른 사람과 뭔가를 해야 할 때일 것이다.

맹자가 사람을 설득하면서 기대했던 것은 맹자 자신이 옳은 것을 알려 주면 상대가 맹자를 위해서가 아니라 그것이 옳은 것이기 때문에 선택한다는 것이었다. 옳은 것을 알려 주겠다는 마음이 아니라 그의 환심을 사서 뭔가를 얻겠다는 그러한 마음이라면, 자신을 비루하게 느끼게 할 것이다. 그런 마음으로 남에게서 마음을 얻는 일은 자신을 아주 낮은 곳에 내려놓아야 되는 일이다. 이런 일은 자신이 옳고, 나아가 도덕적으로 숭고한 사람이라고 확신하는 사람에게는 어려운 일이다.

맹자의 방식은 지금도 여전히 어떤 분야에서는 유용하다. 가령 물건을 팔 때 대단히 효과적인 방법일 수 있다. 판매자가 팔기 위해서가 아니라 구매자를 위해서 좋은 물건 혹은 필요한 물건을 권하는 것이라고 느끼도록 한다면, 그보다 뛰어난 마케팅은 없을 것이다.

그런데 옳거나 좋다고 하는 말에 동의하고 선택할 수 있으려면, 좋은 것을 알아보는 식견이 있어야 가능한 일이고, 그 이전에 확고하게 믿고 있는 다른 좋은 것이 없어야 가능성이 높아지는 일이다. 맹자 이야기로 다시 돌아간다면, 맹자가 하려는 일은 자신보다 어리석다고 생각하는 사람들을 어떤 의미로든 향상시키려는 것이었다. 그런데 그들은 맹자보다 선에 대해 예민하지도 않고, 상황을 파악하는 능력도 떨어지는 사람들일 것이다.

맹자처럼 먼저 깨달은 사람을 자처하면서 자신보다 뒤떨어진 사람을 이끌어 세상을 평화롭게 하는 일을 자임한 사람이 나와 다른 사람들의 마음을 얻거나 얻지 못하는 것을 운명이라고 한다면, 이는 너무나 명백한 불성실이 아닐까? 맹자처럼 높은 도덕성을 자임하는 사람이 타인의 마음에 닿을 길이 막혔는데 뚫을 생각을 하지 않는다면, 그 높은 도덕성은 무엇을 위한 것일까? 스스로는 고결하다는 자기만족 외에 무엇이 남을까?

맹자와 같은 윤리적인 엘리트가 윤리적으로 자신보다 열등하다고 생각하는 사람들과 소통하기 어려워하는 데에는 두 가지 심각한 이유를 짐작해 볼 수 있다. 첫째는 옳음 혹은 선은 유일하다는 생각이고, 둘째는 자신의 오류가능성에 대해서는 상상도 하지 않는다는 것이다.

내가 내 마음을 반성하고 또 반성해서 선한 마음을 갖고 있고, 상대에 대해 좋은 의도로 충고하는데도 상대가 받아들이지 않는다면, 맹자는 그 사람의 인간성을 의심한다. 즉 인간으로서 가져야 할 본성을 잃었다고 간주하고, 짐승과 다를 바 없다고 처리한다. 그렇게 해서 그 사람을 자신의 마음에서 내쫓아 버린다. 자신이 생각하는 선이 유일한 것이고, 인간이라면 마땅히 그런 선을 가져야 한다고 생각하며, 그렇게 믿는 자신의 오류가능성은 없다고 생각하기 때문이다.

그런데 현실에서는 선에 대해 예민하게 자각하고 굳은 의지로 그 선을 실천해 가는 맹자 같은 사람은 극히 소수이고, 대부분의 사람들에게는 맹자의 말이 잘 먹히지 않는다. 대부분의 사람들이 짐승에 가까운 망나니이기 때문인가? 설사 망나니라고 해도 그런 사람들이 대다수라면 이야기는 달라져야 하는 것이 아닌가? 그렇지 않다면 맹자가 인간 영역에 남겨 두는 사람은 극히 일부분에 지나지 않을 것이다. 나머지는 인간이 아닌, 인간 이하의 존재들일 것이다. 그렇다면 맹자의 방식은 세계를 아주 협소한 곳으로 만들면서, 극단으로 가면 자기만의 세계로 남지 않겠는가?

맹자의 의도가 자신의 순수한 도덕성을 지키는 것이 아니라 그 순수한 도덕성을 널리 퍼트리는 것이라고 한다면, 대다수가 사는 현실을 인간의 본모습으로 받아들이고 그들과 어떻게 대화하면서 그들을 향상시킬 수 있는지를 고민해야 한다.

맹자가 갖고 있던 문제를 극복하는 방법은 그 두 가지 전제를 모두 해체하는 것이다. 옳음은 하나가 아님을 인정하는 것이 그 첫 번째이고, 나의 오류가능성을 인정하는 것이 두 번째이다. 결국은 내가 옳다는 생각을 내려놓아야만 대화가 가능할 것이다. 이 세계가 나의 생각, 나의 행동에 의해서만 의미가 부여되고 나에 의해서만 그 의미가 실현되는 것이 아니라는 것을 인정해야 비로소 다른 마음에 다가갈 수 있을 것이다. 반드시 어느 쪽으로 가야만 한다는 나의 생각 나의 고집은 그렇게 생각하지 않는 사람의 마음을 바꾸기는커녕, 나의 생각을 이해시키는 일도 하지 못할 것이다.

다른 마음들은 어디에서 오는가?

황종희는 맹자의 인간이해, 나아가 성리학의 인간이해가 최고 수준의 도덕적 엘리트에게 맞춰져 있다고 진단하고, 현실의 인간으로 눈을 돌렸다. 현실의 인간을 이해하면서 황종희가 내린 결론은 인간을 포함한 모든 존재는 기의 존재라는 것이다. 기의 존재는 필연적으로 기의 두 가지 성격을 갖는다. 하나는 운동하기 때문에 늘 변화 속에 있다는 것이고, 또 하나는 그 운동이 쉽게 모자라거나 넘친다는 것이다.

통상적으로 넘치거나 모자라는 운동이라고 해도 기의 운동이 마냥 무질서하게 일어나는 것은 아니다. 기의 운동은 기본적으로는 궤도를 따른다. 궤도 밖으로 튀어 나가는 경우를 넘친다고 하고, 힘이 떨어져 움직이지 못하고 정체되어 있는 경우를 모자란다고 한다. '넘치거나 모자람'은 고대부터 기의 운동 상태를 표현하는 용어였다. 황종희를 포함해 '기'로 세계를 설명하려고 한 대부분의 사람들이 '기'와 '궤도'를 떨어뜨려 생각하지 않았다.

'궤도'라는 말을 황종희가 사용한 것은 아니다. 황종희의 용어는 '도'(道)이다. '도'는 길이란 의미의 한자어로, 유학뿐 아니라 노자(老子)와 장자(莊子)로 대표되는 도가(道家) 역시 '올바른 운행의 궤도'라는 의미로 '도'라는 용어를 사용했다. 성리학이 '리'에 '도'와 같은 의미를 부여해 사용하기 시작하면서 도와 리는 같은 의미를 갖는 말로 호환되며 사용되었다. 성리학은 보편원리인 리와 질료적 요소인 기로 세상을 설명했다. 말하자면 기와 궤도로 세상을 설명한 것이다. 기와 궤도로 세상을 설명한 것은 황종희도 마찬가지이다. 이때 궤도의 의미를 갖는 용어인 도나 리 역시 성리학이나 황종희 모두 사용했다. 그런데 기와 궤도, 기와 도라는 같은 범주를 가지고 세상을 설명해도 성리학과 황종희가 그리는 세상은 많이 다르다.

단적으로 도와 기, 즉 길과 기 가운데 어느 것을 근원으로 설정하는가에 따라 그 세계관이 달라진다. 성리학은 세상이 시작될 때부터, 나아가 시작되기 전부터 도가 존재했고, 기는 도에 부차적인 존재로서 도에 따라 움직여야 한다고 주장한다. 이와 달리 황종희는 기는 자기 방식대로 운동하고 있고 그 운동의 궤도를 결과적으로 도라고 부른다고 주장한다. 그러므로 황종희에 의하면 도는 존재가 아니라 성질일 뿐이다. 사람들이 다니는 구체적인 길에 비유해 이야기하자면, 성리학에 의하면 사람이 태어날 때부터 가야 할 길은 정해져 있으므로, 사람에게는 길이 어떤 것인지 잘 알아야 하는 숙제가 일단 있고, 길을 안 뒤에 실제로 그 길로 가야 하며 길 아닌 길로는 가면 안 된다는 윤리적 숙제가 또 있다. 반면 황종희에 의하면, 길이란 처음부터 정해져 있는 것이 아니다. 사람들의 성향이든 사정이든 어떤 연유에서든 사람들이 하나둘씩 지나다니는 곳이 있다. 하나가 지나가고 둘이 지나가고 여러 사람이 지나다 보면 생기게 된다. 어느 때부터인가 어떤 이유로든 사람들이 다니지 않아 풀이 우거져 더 이상 길이 아니게 될 수도 있고, 가시덤불이었던 곳이 사람들이 하나둘씩 다니면서 길이 되는 일도 있다. 황종희가 말하는 길은 이러한 성격을 갖는다. 즉 성리학과 황종희의 주장 사이에는 원리가 먼저인가 현실이 먼저인가, 길이 먼저인가 사람이 먼저인가의 차이가 있다. 사람이 정해진 궤도를 따라야 하는가, 사람이 다니다 보면 궤도가 되는가의 차이이다.

황종희의 세계관에서는 사람의 마음 역시 운동하는 기이다. 그러므로 마음 역시 과불급의 운동을 한다. 그리하여 마음 역시 궤도에서 이탈할 수 있다. 사람이 선한 마음을 타고나기는 했는데, 그 양 자체가 작은 데다 지나치거나 모자라게 되는 운동을 한다. 게다가 사람이 어떻게 달라져도 마음이 기라는 사실은 달라지지 않으므로, 군자라고 칭송되는 사람일지라도 여전히 마음이 과하거나 불급의 상태를 왔다갔다 할 가능성은 늘 남아 있다.

이러한 설명에 의해 황종희는 인간의 선한 본성과 함께 불완전성을 강조하고자 했다. 인간의 마음이 어느 정도는 궤도를 돌고 있다고 말할 수 있지만, 성리학에서 말하는 것처럼 인간의 본성은 우주적 진리가 아니다. 인간과 같은 생명체에서 운동하는 기의 성격이 가장 두드러지게 드러내는 특징은 황종희가 '생의'(生意)라는 말로 표현한 삶을 향한 의지이다. 쉽게 말하면, 다른 살아 있는 동물과 마찬가지로 사람은 자신의 생명을 유지하고 나아가 더 좋은 조건에서 생명을 영위하기 위해 끊임없이 움직이는 존재이다. 생명을 영위하기 위해 끝없이 움직이는 "인간은 각각 자신을 위하고 자신의 이익을 추구하는 존재"이며, "편안함을 좋아하고 수고로움을 싫어한다."(『명이대방록』) 이처럼 황종희는 생명체로서 갖는 특징, 즉 동물적 특징을 인간의 본성으로 인정한다.

그런데 앞에서 언급한 적이 있듯이, 동물도 종에 따라 어떤 방법으로 먹고 사는지 달라지고 먹고 사는 방법에 따라 그 성격이 달라진다. 살아 있는 다른 동물을 사냥해서 먹고 사는 동물과, 들에 피어 있는 식물을 먹고 사는 동물은 기질이 다를 것이다. 다른 동물을 먹더라도 살아 있는 동물을 잡아먹는 경우와 버려진 죽은 고기를 먹고 사는 동물은 또 기질이 다를 것이다. 사람은 생명체로서의 특징을 동물과 공유한다. 그러나 생의를 추구하는 방법에서 분명 달라질 것이다. 사람이 생의를 추구하면서 여타 동물과 달라지는 가장 큰 특징은 무엇일까?

황종희는 동물들 사이의 차이는 지각의 차이라고 말한다. 그리고 사람의 지각이 하는 일로 가장 중요하게 꼽은 것은 타인의 상황을 같이 느끼는 능력, 즉 공감능력이다. 사람의 지각은 다른 동물들과 달리 타인의 마음에 공감할 수 있는 능력을 갖는다. 그런데 사람의 공감능력은 위태롭다고 할 수 있을 정도로 작은 데다 또 흔들린다. 그 작은 것이 어떻게 되느냐에 따라 사람의 특성이 결정될 것이다. 즉 그 마음을 잘 키워서 공감능력이 풍부한 사람으로 성장하는지, 아니면 제대로 못 키워서 자신의 이익을 위하는 마음만을 가진 사람으로 성장하는지 달라질 것이다.

그런데 공감능력의 차이는 단지 윤리적 관점에서의 차이이다. 황종희는 다른 차이에 대해서 더 설명하지는 않았지만, 윤리적 공감능력의 차이만으로 이 세상 사람의 다양성을 다 설명할 수는 없다. 황종희가 '습'이라는 개념을 부각시켰듯이, 시간적인 환경과 공간적인 환경의 다름이 모든 차이를 만들어 낸다. 그리고 지금은 황종희가 살았던 때보다 우리의 환경이 되는 공간이 훨씬 확장되었다. 우리는 정말 다양한 사람들이 이 지구 위에 살고 있다는 것을 눈으로 볼 수 있는 시대에 살고 있다.

앞에서 언급했듯이 맹자는 사람들의 마음이 성숙해져야 한다는 것을 설명하기 위해 곡식 종자가 익는 예를 들었다. 토양과 기후와 사람이 기울이는 노력에 따라 곡식종자가 여무는 정도가 달라진다는 말을 했었다. 한 가지 종류의 곡식만 갖고 이야기한다면 가령 튼실하게 여물었는지 그렇지 못한지로 달라질 것이다.

곡식의 비유를 그대로 들어서 이야기를 진행하자면, 차이는 곡식이 여문 정도에만 있는 것이 아니다. 곡식은 한 가지만 있는 것이 아니기 때문이다. 세계가 가까워져서 이웃나라를 넘어 다른 대륙에 있는 나라들까지도 어떻게 살고 있는지 알게 된 요즈음, 우리는 토양과 기후에 따라 자라나는 곡식의 종류, 과일의 종류가 다르다는 것을 안다. 다른 토양에 사는 사람들은 기본적으로 다른 음식을 먹고 산다. 그런데 이제는 음식들은 서로의 땅을 넘나들 수 있게 되어서, 우리는 우리 땅에서 세계에서 생산되는 음식을 먹게 되었고, 우리 땅에서 나는 음식은 바다를 선너가 다른 대륙에 사는 사람이 먹을 수 있게 되었다.

자연환경의 영향만은 아니겠지만, 서로 다른 지역에 사는 사람들은 각자의 문화를 만들어 왔고, 각 문화권마다 서로 다른 세계관, 다른 윤리관을 갖고 있다는 것을 지금은 어렵지 않게 알 수 있다. 안방에 앉아 세계 여러 나라의 드라마를 보고, 인터넷을 통해 세계 여러 나라의 사정을 쉽게 엿볼 수 있다. 그뿐만이 아니다. TV를 틀면 한국어를 잘하는 다양한 나라에서 온 외국인들이 제법 많다. TV 프로그램에 등장하는 외국인만 있는 것이 아니다. 서울거리 어디를 걷든 다양한 인종의 외국인들과 마주친다. 여러 가지 의미로 나와 다른 사람들이 많고, 나는 다양한 문화 가운데 한 문화, 다양한 사람 가운데 한 사람이라는 것을 받아들이지 않는다면 편히 살기 어려운 세상이 되었다. 우리가 외국에 나가지 않는다고 피할 수 있는 다름이 아니게 되었다.

같이 살다 보면 가까워지는 부분도 있겠지만 어쨌든 다름을 인정하는 데서 시작해야 하는 것은 변하지 않는다. 이렇게 많은 외국인들이 우리나라에 들어와 살고, 우리 역시 수시로 외국을 드나들면서 다른 사람들과 부딪히는 경험을 해도 쉽게 달라지지 않는 것들은 많다.

가령 우리나라처럼 유교의 영향이 여전히 지대한 사회에서는 개인보다는 공동체의 가치가 아직도 중요하게 여겨진다. 서구화가 되었다고 흔히 이야기하고 실제생활에서도 그렇다고 느끼지만, 유럽이나 미국 사회가 개인의 사적 영역과 자율성을 중시하는 문화를 갖고 있는 것과 비교하면 우리는 분명 다르다.

공동체의 가치를 상대적으로 중시하는 문화 때문에 우리나라 사람들은 아직도 부모가 능력이 되든 안 되든 자식을 경제적으로 후원해 주는 것을 당연하게 생각한다. 늙어서 자식에게 부양받기를 기대하는 것도 여전하다. 다만 젊은 사람들이 경제적으로 안정된 상황에 놓이는 것이 예전보다 훨씬 어려워졌기 때문에, 부모가 예전처럼 드러내 놓고 부양을 기대할 수는 없는 형편이다. 그래도 여전히 양로원이나 요양원 같은 데서 늙는 것에는 심리적으로 거부감을 갖고 있다. 우리와 대조적으로 미국에서는 고등학교를 졸업하면 경제적으로도 독립하는 것이 보통이다. 자식에게 노후 부양을 기대하지 않는 것도 당연하다. 우리 눈으로 보면 저 사람들이 너무 냉정하고 타산적일 수도 있는데, 저 사람들 눈에서 보면 우리의 자식 사랑이 노후부양이라는 반대급부를 기대하는 계산적인 투자로 보일 수도 있다.

우리는 근대 이후 서구의 생활방식과 가치체계를 수용했다. 그래서 겉보기에는 그들과 다를 바 없는 생활방식과 가치관을 갖고 있는 것처럼 보일 때도 있다. 예전과는 비교되지 않을 만큼 늘어난 이혼율도 달라진 생활풍경을 보여 주는 일례이다. 그런데 북아메리카나 유럽 사람들에게 이혼은 비윤리적인 것이 아니다. 자본주의 사회에서 결혼을 윤리적인 것으로 만드는 것이 '사랑'뿐이라면, 애정이 식었다면 결혼관계를 해지하는 것이 유지하는 것보다 더 윤리적이다. 그러나 우리는 이혼만 늘었을 뿐, 이혼에 대한 시각은 별로 달라지지 않은 것 같다. 사랑하는 사람과 함께하기 위해 전부인과 헤어졌다는 연예인이 두고두고 온라인상에서 질타의 대상이 되는 것은 북아메리카나 유럽인들과는 다른 윤리의식을 갖고 있기 때문이다. '전부인과 헤어졌다'고 받아들이는 것이 아니라 '조강치처를 버렸다'고 받아들이는 정서가 훨씬 강하기 때문이다. 결혼 관계에서 여자를 수동적으로 생각하는 사고와 너불어, 개인의 의사나 행복추구권보다 가족을 비롯한 공동체를 더 중요한 것으로 생각하기 때문일 것이다.

"나의 옳음과 그들의 옳음은 왜 다른가"라는 문제를 천착했던 미국의 도덕심리학자 조너선 하이트는 "도덕 매트릭스"라는 말로 다양한 윤리체계를 표현했다.(『바른 마음』) 영화 '매트릭스' 덕분에 '매트릭스'라는 용어가 우리에게 친숙한 것이 되었는데, 영화에서 '매트릭스'는 '사이버공간'을 의미했다. 영화의 주인공은 자신이 사는 세계가 진짜라고 믿고 있었는데, 사실은 인공지능에 의해 통제되는 매트릭스였던 것이다. 조너선 하이트는 우리가 살고 있는 현실이 '유일한 진짜'가 아니라는 의미를 전달하기 위해서 '매트릭스'라는 말을 사용한 것으로 보인다. 우리의 윤리체계는 우리가 속해 있는 한정된 사회가 형성한 것이고 거기에서 통용되는 것일 뿐이다. 영화 매트릭스의 주인공처럼 우리가 지금 살고 있는 세상 밖에 또 다른 세상이 있다는 것을 몰랐기 때문에 우리가 사는 사회가 유일한 진짜라고 생각한 시간이 길었지만, 지금은 그렇지 않다는 것을 안다. 유일한 진짜는 없을 것이다. 그저 사람들이 만들어 낸 다수의 매트릭스가 있을 뿐이다. 우리의 가치 체계는 우리의 매트릭스 안에서 통용되는 것일 뿐, 그것이 유일한 진짜일 수는 없다.

지금 우리는 세계가 이웃처럼 된 세상에 살고 있다. 내 의지로 모른 척하고 살 수 없는 세상이 되었다. 개인이든 나라든, 여러 가지 이유로 다른 사회와 소통하지 않을 수 없게 되었다. 조너선 하이트의 조언을 받아들여, 우리와 다른 사회들이 이 지구 위에 공존하고 있다는 것을 받아들여야 하며, 우리의 윤리체계는 우리의 매트릭스 안에서만 통용되는 것임을 인정해야 한다.

그런데 바다를 사이에 두고 멀리 떨어진 사람들만 서로 마음이 다르고 윤리체계가 다른 것이 아니다. 인류학적인 연구들에 의하면 실제로는 지역에 따른 차이보다는 계층에 따른 차이가 사람들을 다르게 만드는 큰 원인이라고 한다. 가령 배경이 다양한 사람들이 모여 사는 미국의 예를 들면, 고학력의 백인 중산층의 남성이 갖는 가치의식과 저학력의 유색인 여성이 갖는 가치의식이 판연히 다르다는 것이다.

우리나라 윤리의식의 특징 중 하나는 유교적 가치의식이 근대적 가치의식과 혼재하고 있다는 점이다. 게다가 한 가지 방식으로 혼재하는 것도 아니다. 지방에 따라 유교적 가치의식이 더 많이 작동하는 곳이 있는가 하면, 성별에 따라서도 차이들 보인다. 한 사람에게서도 어떤 문제가 걸려 있는가에 따라, 어떤 것은 근대의 공리주의적 사고방식이 적용되는가 하면 어떤 문제에서는 유교적 가치의식이 적용되기도 한다. 같은 가정에서 태어난 형제도 자라면서 어떤 친구들에 둘러싸였는지, 어떤 책을 읽게 되었는지에 따라 다른 윤리의식을 가질 수 있다.

이러한 변주들을 일일이 설명할 수는 없으나, 옳음 혹은 선은 한 가지일 수 없는 세상이라는 것은 너무나 명백하다. 무엇이 그 다름을 만드는지는 다 알 수 없다. 한두 가지가 아닐 것이다. 자연환경도 있을 것이고, 사회적인 환경도 있을 것이지만, 그것과 무관하게 타고나는 개인차도 있을 것이다. 우리는 태어나면서부터 갖는 기질과 성격이 있다. 어떤 아이는 고집이 세고 어떤 아이는 유순하다. 감정의 대표를 희로애락이라고 한다면, 사람마다 강한 감정도 따로 있는 듯하다. 어떤 사람은 슬픔의 감정을 자주 강하게 느끼고 어떤 사람은 즐거움의 감정을 쉽게 느낀다. 어떤 사람은 분노에 쉽게 휩싸이고 어떤 사람은 사소한 일에도 깔깔거리며 기뻐한다.

사람을 다르게 하는 요인은 무수히 많을 것이다. 황종희는 운동하는 기에 의해 생성된 개체들이기 때문에 다르다고 설명했지만, 기의 생성이기 때문에 다르다는 설명이 그 기제를 충분히 설명해 주는 것 같지는 않다. 무엇 때문에 달라지는지 그 이유를 다 알 수는 없지만, 다르다는 것은 엄연한 현실이다. 그리고 생긴 것이 다른 데서 성격이 달라지고, 그에 따라 좋아하는 것도 달라지고, 이렇게 달라지다 보면 무엇이 옳은지에 대해서도, 상황에 따라 사람에 따라 달라질 수도 있다는 것을 인정해야 한다.

서로 다른 사람들이 한 사회에 한 지구 위에 모여 살기 때문에 대화하고 소통해야 할 필요가 생기고, 다르기 때문에 어떻게 소통해야 하는지 여러 방향에서의 궁리가 필요하다. 각자 자신의 개성을 가진 사람들이 누구를 방해하거나 해치는 일 없이, 자신의 생의를 잘 발휘하면서 살아야 한다. 어떻게 해야 서로를 방해하지 않고 자신의 생의를 실현시길 수 있을까?

다른 마음에 다가가는 길

남들과 소통해야 하는 이유는 한두 가지가 아니며, 관계마다 그 이유도 다 다를 것이다. 그러나 어떤 관계든 막히는 것은 누구도 반길 일이 아니다. 더구나 인간이 기의 존재임을 받아들인다면 막히는 것은 심각한 문제이다. 기의 존재로서 사람 사이에는 본성적 흐름이 있다. 그러므로 막히는 것은 본성을 거스르는 일이다. 본성을 거슬러서 좋아지는 일은 누구에게도 없을 것이다.

가장 가깝게 사는 가족에 대해 생각해 보자. 가족이 되는 경위는 한 가지가 아니다. 부부처럼 같이 있으면 서로의 삶이 더 좋아질 것 같아서 인위적인 결정에 의한 것일 수도 있고, 그들이 낳은 자식처럼 뼈와 살을 나눠 받아서 그 일원이 될 수도 있다. 그렇게 가족이 확장되다 보면 개인적인 호오나 의지와는 상관없이 가족이 된 사람들도 있다. 남편의 부모와 남편의 형제, 아내의 부모와 아내의 형제 등이 그렇다. 가족 안에서도 나와 어떤 관계인가는 사람마다 각각 다르지만, 어떤 관계든 세상에서 가장 가까운 사람들이다.

특히 매일 같은 공간에서 사는 가족들은 나의 행복에 지대한 영향을 주는 사람들이다. 그런데 대화가 많고 소통이 잘 되는 가족이 오히려 드물 정도로, 가족 사이의 소통이 쉽지 않다. 진작부터 고부 사이는 물론이고 부부 사이, 부모와 자식 사이의 문제를 다루고 해결하는 것을 보여 주는 TV 프로그램이 제법 많다. 가족 사이의 이해부족, 소통단절과 해결과정을 공개적으로 방송하는 것이다. 세상에서 가장 가까운 사람들 사이에 장벽이 생기는 것이 워낙 드문 일이 아니기 때문에 그런 프로그램도 등장하는 것이리라.

가족 사이에 장벽이 생기면 그냥 남처럼 무심하게 사는 게 아니라, 서로의 마음을 부식시키면서 하루하루를 괴롭게 지내야 한다. 그래서 가까운 사람 사이의 장벽은 무엇보다 큰 비극이다. 그러므로 어떤 관계보다 가족 사이의 길을 잘 뚫어야 한다. 잘 살려고 모였는데, 그것이 괴로움으로 작동하도록 내버려 둘 수는 없지 않은가? 그런데 왜 매일 얼굴을 맞대고 사는 가족 사이의 흐름이 막히는 일이 생길까? 내가 가진 많은 것을 아낌없이 줄 정도로 남이 아니라고 느끼는 사이인데 왜 그런 일이 생길까?

오히려 가깝기 때문에 더 쉽게 막힐 수도 있다. 부모와 자식 사이라도 서로 원하는 친밀함의 정도가 다르고 그것을 표현하는 방법이 다르다. 가깝다고 하더라도 기본적으로는 별개의 존재이므로 거리가 필요한데, 각자 필요로 하는 거리가 다르고, 또 거리를 필요로 하는 시기와 정도도 다르다. 그런데 사람들은 이러한 실상을 고려하지 않고, 자기 마음만을 기준으로 상대에게 내가 생각하는 것과 같은 정도의 친밀함과 같은 방식의 표현을 요구하는 것은 아닐까? 가까울수록 '내 마음 같겠거니'라고 생각하는 마음이 커서는 아닐까? 자신이 무엇을 섭섭하게 생각하는지, 왜 화가 나 있는지 말 안 해도 당연히 알 것이라고 기대하며 말을 아껴서는 아닐까? 그전에 자식으로서 부모에게 너무 많은 것을 당연하게 생각하며 기대해서일지도 모른다. 자식에게 해 준 것을 기억하며 자식에게 너무 많은 것을 기대하는 부모이기 때문인지도 모른다.

자라는 아이는 인간관계에서 배울 것이 많다. 그런데 부모라고 해도 인간관계의 모든 것을 배운 것이 아닐뿐더러, 배웠다고 하더라도 마음이 흔들리는 기의 존재라는 것은 변함이 없다. 더구나 자식과

의 인간관계는 처음 경험하는 것이고, 경험했다고 해도 둘째 아이와의 관계는 또 처음 경험해야 한다. 자식을 가르칠 책임이 있다는 것을 잊고 자식에게 서운함을 느낄 수도 있다. 또한 부모 자식 각자 자신에게 화가 난 것인데 부당하게도 상대에게 화를 내는 것일 수도 있고, 스스로에 대한 실망이 때로는 상대에 대한 원망으로 나타날 수도 있다. 나아가 같은 정도로 보이는 상처라고 해도, 타인보다 가족에게 받는 마음의 상처가 훨씬 클 것이다. 가족이기 때문에 갖는 기대와 실망감이 타인과의 관계에서와는 다를 것이기 때문이다.

가족이라 할지라도 내 마음 같지는 않다. 말은 마음이 오고가는 가장 일반적인 길이다. 솔직하면서도 차갑지 않은 말이 필요하다. 게다가 내 마음이라 할지라도 시간이 지나면서 바뀔 수도 있고 상황에 따라 달라질 수도 있기 때문에, 말을 통한 조정은 한 번 하고 말 것도 아니다. 어쨌든 우선적으로 해야 할 일은 서로 마음이 다르다는 것을 인정하는 것이다. 그래야 어떻게 다른지 알려는 노력이 필요함을 인정하게 될 것이고, 서로 다른 마음이 상처 입지 않고 공존할 수 있는 방법을 모색하게 될 것이다.

가족 사이에 흐름이 막히는 일은 절박하기도 하고 아이러니한 면도 있기 때문에 주목되지만, 사회에서의 인간관계가 가족끼리의 인간관계보다 덜 막히지는 않는다. 안 보고 싶은 사람을 안 보고 살 수 있으면 대략 행복한 삶이라고 할 수 있을지 모른다. 안 보고 싶은데 안 볼 수 없는 남과의 관계가 가장 흔하고도 큰 고통일 것이다. 급우가 맘에 안 든다고, 선생님이 맘에 안 든다고, 매번 학교를 옮길 수는 없다. 상사가 맘에 안 든다고 혹은 동료가 맘에 안 든다고 직장을 옮기는 것은 더욱 어렵다. 일주일에 한 번, 한 달에 한 번 보는 사람이면 참아 가면서 무난하게 관계를 유지할 수도 있겠지만, 매일 마주하는 사람과 참고 지내다 보면 마음의 병이든 몸의 병이든, 일상의 고통이 더 큰 고통으로 이어질 것이다.

사교하는 곳에서는 종교와 정치 이야기는 하지 말라는 말이 있다. 그래도 종교 지도자들끼리 서로 만나 대화를 시도하는 일이 점점 늘어나고 있다. 어떤 종교를 갖든 그 믿음이 올바른 방향으로 나아간다면 누구와도 어렵지 않게 마음의 대화를 나눌 수 있으리라 생각된다. 정치나 경제적인 문제들이 끼어 있는 교단의 현실적인 방침과 관련해서는 사정이 다를 수도 있겠지만, 종교의 참 정신을 이해하게 된다면, 다른 종교를 배척하라는 말은 어디에서도 나올 수 없을 것이다. 인간존재의 유한함을 느끼며 어떤 종교에서든 위안을 받는 사람은, 다른 사람을 위로해 줄 수 있는 다른 종교에 대해서도 존경의 마음을 가질 수 있을 것이기 때문이다.

그런데 유독 정치의 영역에서는 대화가 어렵다. 진보와 보수라는 단어를 정확히 정의내리기 어렵지만, 통용되는 의미에서의 진보 정당과 보수 정당의 지지자가 차분하게 정상적인 대화를 하는 것은 정말 보기 어려운 광경이다. TV 토론에서부터 일상에서까지 상대의 말을 이해하고 뭔가 공감을 이끌어 내는 경우를 본 적이 없는 것 같다. 애초에 자신을 이해시키고 공감을 이끌어 내려는 시도를 할 마음조차 없어 보인다. 양쪽 모두 상대가 뭐라 하든, 되풀이해서 자신의 의견만을 발설할 뿐이다.

그러한 사정은 TV 토론 프로그램만의 것이 아니다. 일상에서도 마찬가지이다. 가족 사이에도 지지하는 정당이 다를 경우 대화가 되기는커녕, 마음 상하는 말싸움으로 끝날 뿐이라는 경험을 반복해 본

사람들은 상대가 다른 정당을 지지하는 것을 알면 그나마 소극적으로라도 가족의 평화를 유지하기 위해 처음부터 말 섞을 생각도 안 한다.

이렇게 아예 입을 닫아 버리면 길은 없다. 이렇게 되면 다수당의 존재가 갖는 의미가 무엇인지 헤아릴 길이 없다. 민주주의는 우리 사회 거의 모두가 인정하는 가치일 것이다. 민주주의를 우리 땅에 정착시키고 지키고 개선하기 위해서 많은 사람들이 땀을 흘리고 적지 않은 피를 흘렸다. 여전히 많은 사람들이 민주주의를 바로세우고 지키기 위해 애쓰고 있다. 그러나 민주주의란 무엇인가? 우리 한 사람 한 사람이 정치의 주체임을 주장하고 인정하는 것 아닌가? 각각의 주체는 자신의 생각에 따라 자신의 상황에 따라 다른 의견을 가질 것이고, 자신의 의견을 대변해 줄 수 있는 정당을 선택한다. 정당이 주권자의 신뢰를 얻기 위해서는 주권자의 요구를 정책에 반영할 수 있어야 하고, 그러기 위해서는 여타 정당과 소통하고 협의해야 한다. 이렇게 보면 정치문제에서의 불통은 우리 생활의 총체적인 불통을 반영하는 것이다.

황종희에 따르면 불통은 공감의 마음이 막혀서 일어나는 일이다. 그런데 세상일에 다 공감할 수 있는가? 앞에서 자신의 마음을 받아주지 않는 사람을 결국에는 짐승 취급 한다고 맹자를 비판한 적이 있는데, 맹자가 이해 안 되는 것은 아니다. 앞 절에서 황종희가 열거했듯이 부귀를 가진 사람이 얼마나 쉽게 난폭하고 잔인한 짐승으로 전락하는가. 이들에게 어떻게 공감하겠는가? 어떻게 용서하겠는가?

사람은 각자 불완전한 존재이기 때문에 그대로 두면 자기 욕심을 채우는 데로 흘러가기 십상이다. 공감의 마음이 이기심에 져서 아예 사라져 버리면 인간 사이의 흐름은 막히게 된다. 옆에 있는 사람이 항의 하든가 이기심을 비난하든가 하는 어떤 자극도 없으면, 열에 여덟아홉은 자기 욕심을 채우는 그 길을 계속 갈 것이다.

우리가 가진 공감의 마음은 보통은 이기심보다 약하고, 황종희의 표현처럼 전광석화처럼 스쳐 지나가기 쉽다. 그때 타인의 시선, 타인의 비판은 우리의 이기심에 경고를 줄 것이다. 우리는 혼자서는 존재할 수도 없지만, 혼자서는 선해질 수도 없는 존재인 것이다. 그것이 우리가 불완전하다는 말의 온전한 의미가 될 것이다.

그러므로 다른 사람의 마음에 닿고, 나아가 마음을 뚫고 가야 한다는 것은 좋은 말을 나누며 기쁜 일만 함께 하는 것에 그치는 것이 아니다. 사람에게는 나눠서 좋은 마음만 있지 않다. 기의 흐름을 방해한다는 것은 자기 것만을 지키기 위해서 마음이든 말이든 재화든 막아 두는 것으로 나타난다. 우리 누구나 그러고 싶은 마음을 한 구석에 가지고 있다는 것을 스스로 안다. 그러나 한 사람 두 사람 그렇게 하다 보면 체증이 결국에는 자기 자신에게까지 돌아올 것이고, 그렇게 되기까지 세상 모든 사람 사이가 막히는 일이 연쇄적으로 진행될 것이다. 그러므로 스스로 경계하고 서로 경계해 줘야 한다.

그래서 공감의 마음과 함께 소통을 위해 비판정신이 필요하다. 우리 모두 스스로를 위하는 마음을 본능으로 갖고 있다. 나를 위하는 마음이 인정되어야 하는 것처럼 타인의 그 마음도 인정해 줘야 한다. 황종희가 '생의'라고 부른 그 마음은 숭고한 것이다. 그런데 그것이 어느 선을 넘으면 다른 사람의 생의를 상처 입히고 결국에는 자신이 몸담고 있는 사회를 망가지게 한다. 그러므로 생의를 살리는 차원에서 누구의 과욕과 탐욕이든 경계되고 비판되어야 한다.

비판정신은 기의 세상에서 일상적으로 발휘되고 또 인정되어야 한다. 자신이 어디에서 어떻게 삐끗할 수 있는지 짐작하기 때문에, 상대의 실족에 대해서도 인지하고 경계해 줄 수 있다. 스스로 잘못 가고 있다는 것을 알아차렸을 때 누군가 옆에서 제동을 걸어 주면 제자리로 돌아오기 쉽다. 그러나 아무도 아는 척하지 않고 내버려 둔다면, 그대로 잘못된 길을 쉽게 내질러 갈 것이다.

비판정신 역시 공감의 마음이 있기 때문에 가능한 것이다. 그리고 허약한 자신의 마음을 자각하는 능력이 있기 때문에 가능한 일이다. 사정이 이러하므로 '제 눈의 검불은 안 보이고 남의 눈의 티만 보인다'는 비난은 접어 두어야 한다. 본래 제 눈의 검불은 잘 안 보이므로 우리는 서로의 검불을 보고 이야기해 주어야 한다.

진보 정당과 보수 정당 지지자의 반목과 불통 이야기로 다시 돌아가 보자. 민주주의 사회에서 정치는 담당자가 따로 있는 것이 아니라 우리 모두의 문제이고, 이 세상에 정치와 무관한 영역이 없다는 점에서 우리 일상의 문제이다. 나와 다른 정당을 지지하는 나의 아버지와 나는 정치에 관해 토론해야 하고, 토론의 결론이 어떻게 나든 나의 정치 성향도 존중받고 아버지의 정치 성향을 인정하는 관계가 되어야 한다. 어떻게 그렇게 할 수 있을까? 각자의 마음을 속이는 일 없이, 서로의 마음을 상하게 하는 일도 없이, 서로를 이해하는 방법이 있을까?

황종희가 조언해 주듯이, 다른 사람의 마음에 다가가기 위해서 무엇보다 필요한 것은 공감능력이다. 그런데 공감능력은 두 방향으로 발휘되어야 한다. 두 방향으로 발휘되어야 할 공감능력이란, 타인의 감정을 함께 느끼는 일과, 타인의 타락을 감지하고 견제하는 일이다. 거기에다 공감능력만큼 중요하게 필요한 것이 하나 더 있다. '다름'을 인정하는 태도이다.

어떻게 다름을 전제하면서 공감의 마음이 작동하길 기대할 수 있는가? 맹자는 옳음 혹은 선(善)이 한가지라고 생각했던 것 같다. 공감하는 일이 그대로 선이 된다고 생각한 것은 선이 하나뿐이라고 전제했기 때문이다. 선이 하나라는 전제에서, 마음을 제대로 작동시키기만 하면 누구나 같은 선을 느낄 수 있다고 생각한 것이다. 황종희는 명시적으로 선의 다양성에 대한 이야기를 한 적이 없지만, 그에게 선은 우리의 경험 이전에 정해진 것이 아니었다. 선이 선험적인 것이 아니라는 생각은 양명학전통으로 이어진다. 황종희 자신은 다양한 문화권을 경험하지 못했지만, 아마 다양한 문화를 경험했다면 선의 다양함에 대해 진지하게 고민했을 것이다. 기의 흐름에서 선이 추출되는 것이라면 기를 봐야 하고, 기란 다양한 존재의 모습과 그 움직임이다.

황종희의 조언을 받아들이고 또 우리의 현실을 직시하면, 우리는 완전하지 않고 끝내 완전해지지도 않는다. 흐르는 기일 뿐이다. 이런 사람들에게 선이란 무엇일까? 악이란 무엇일까? 황종희에 의한다면 선이란 잘 흐르는 것이고 악이란 막히는 것이다. 막힌다는 것은 눈에 보이게는 재물이 막히는 것이고, 재물이 막힌다는 것은 마음이 막혔다는 것이다. 마음이 막혔다는 것은 공감의 마음이 작동하지 않는다는 것인데, 거기에는 내가 옳다는 확신도 포함된다. 옳음은 흐름 속에서 건져 내야 한다. 잘 흐르게 하는 것이 옳음이고 선이다.

같은 문화권에서 산다고 해도 옳음에 대한 생각이 다를 수 있고, 같은 집에서 사는 가족이라도 옳음에 대한 생각이 다르다는 것을 우리는 경험한다. 우선 다르다는 것을 인정하고, 나의 다름이 존중받아야 하는 것과 똑같이 상대의 다름도 존중해야 한다. 그렇게 인정만 해도 나의 가족이 내가 생각하는 옳음에 동의하지 않는 것 때문에 가질 수 있는 섭섭한 마음을 예방할 수 있다. 나의 옳음이나 가족의 옳음이나 공평하게 다뤄져야 한다.

그런데 다르다는 것을 인정한다고 해도, 모든 다름을 허용할 수는 없을 것이다. 우리가 다름을 인정하는 것은 그것이 다양한 특성을 가진 개체들이 자기 생의를 충족시키기 위해서 활동하는 것이라고 인정하기 때문이다. 그러나 자신의 생의를 확장하는 것이 타인의 생의를 침해한다면 그것은 우리의 생의를 위해 허용할 수 없는 일이다. 사람들이 모여 살면서 각자 자신의 생의를 추구한다는 것은 단순하지 않은 일이다. 혼자서는 사람답게 살 수 없어 모여 사는데, 모여 살면 또 부딪히지 않을 수 없는 것이다.

함께 살면서 서로의 마음에 다가가 그 부딪힘을 건설적으로 해결하고 흐르게 하기 위해서 우리는 공감의 마음, 그리고 다름을 인정하는 마음, 거기에다 비판의 능력까지 동시에 발휘해야 한다. 실제로는 공감, 다름의 인정, 비판 이런 일들이 모두 경계가 분명하게 일어나는 일들이 아니다.

다름을 인정하면서 발휘하는 공감이란 앞에 있는 사람이 기뻐할 때 같이 기뻐하고 그가 슬퍼할 때 같이 슬퍼하는 것이다. 무엇이 그를 기쁘게 했고 무엇이 그를 슬프게 했는지는 그에게 직접 묻든 상황을 보든 객관적으로 정보를 얻어야 할 일이다. 그와 똑같은 감정을 느끼는 것이 아니라 그의 감정 상태에 대한 공감을 말한다. 가령 나는 지지하는 정당이 선거에 진 후 의기소침해 있는 아버지를 위로할 수 있다. 나와 다른 시대를 산 아버지가 왜 그 정당을 지지하는지는 그의 경험과 그의 마음을 미루어 이해할 수 있으며, 그 정당이 정계에서 주도권을 잃었을 때를 염려하는 그 마음을 짐작하고 그의 불안을 공감할 수 있다.

그의 불안을 공감할 수는 있지만, 지지하지 않는 당에 대해 '쓰레기'라든지 '빨갱이' 등의 근거 없는 라벨 붙이기로 비판을 끝냈다고 생각한다면, 그에 대해서까지 공감해 줄 수는 없다. 자신의 불안함 때문에 다른 사람들의 생의는 묵살하고 소통의 길을 아예 차단해 버리는 일이기 때문이다. 더 많은 공감을 기대하는 가족 안에서는 비판하기가 쉽지 않다. 오히려 권력자를 비판하는 것이 쉬울 것이다. 그러나 나와 가까운 사람과의 길을 뚫는 것이 결국은 권력을 올바르게 인도하는 길이다. 권력자를 권력자로 만드는 것은 내 옆의 이웃이고 나의 가족이기 때문이다. 그들에 대한 비판이 적대감에서 나오는 것이 아니라 연대감에서 나오는 비판임을 우선 자각하고 있어야 한다. 근거 없는 라벨 붙이기의 공격이 왜 위험한 것인지, 그의 정당 지지가 자신의 바람을 실현하는 데 적절한 선택인지에 대해, 서로 이야기를 나누는 데는 많은 시간과 정성과 인내력이 필요할 것이다. 그럼에도 그보다 더 중요한 것은 자신 역시 상처 입지 않고 긍정적으로 비판을 수용할 수 있는 사람이 되는 것이다. 내가 상처받지 않고 비판을 수용하는 방법을 터득하게 되면 상대를 향한 비판도 훨씬 건설적으로 할 수 있게 되리라 기대한다.

공감은 타고난 능력이라고는 하지만, 그것을 잘 발휘하기 위해서는 해야 할 노력이 많다. 그 마음이 여차하면 사라지는 것이므로 놓치지 않으려는 노력은 기본에 불과하다. 나와 다름을 인정해야 하는 것도 노력이 필요한 일이다. 그 마음가짐에도 노력이 필요하지만, 무엇이 다른지 알기 위해서는 알려고 노력해야 한다. 견문이 넓어지면 마음도 자연히 넓어진다. 그리고 우리가 사는 세상을 지옥으로 만들지 않기 위해서는 그때그때 비판해야 한다. 황종희가 위기를 극복하기 위해 찾아낸 방법은 결국 많은 사람들의 선의와 사려를 합하는 것이었다. 나의 목소리와 너의 목소리를 평화롭게 합하는 방식을 찾는 것이 또한 사람들에게 남겨진 숙제이다.

나의 허약함을 인정하기

공감능력은 미국의 철학교수 누스바움이 주목한 것이기도 하다. 누스바움은 이익추구를 지상과제로 삼으며 살아가는 현대인들의 불행을 방관할 수 없다고 판단하고 이 문제 상황을 해결하는 것을 자신의 철학적 목표로 삼았다. 이익추구를 삶의 모토로 하게 되면 이웃은 없고 모든 사람이 경쟁자거나 이용대상일 뿐이다. 그러한 삶은 서로를 고립시키는 것은 물론이고 타인을 나의 이익추구의 수단으로 삼게 된다. 그런데 그렇게 치열하게 살아 봤자 나라는 존재는 내가 추구하는 이익이라는 가치에 종속되는 하찮은 존재가 될 뿐이다. 나보다도 내가 추구하는 이익이 더 중요해지기 때문이다. 윤리적 파탄이라 하지 않을 수 없는 상황이다.

누스바움은 현대의 문제를 해결해 줄 열쇠로 공감능력을 찾아냈다. 그는 "이익 추구에서 인간 계발 모델로"(『공부를 넘어 교육으로』)라는 표어를 내걸고, 공감능력을 계발하는 것이 바로 이익 추구라는 굴레에서 인간을 해방시키는 길이라고 생각했다. 그것이 인간이 고립

되고 도구화되어 가는 데서 벗어나 서로 의지하면서 성장하는 삶을 살 수 있는 길이라고 믿었다.

누스바움에게 공감능력에 관한 영감을 준 사람은 루소이다. 『사회계약론』이라는 책으로 유명한 루소는 『에밀』이라는 교육서를 남기기도 했다. 루소는 『에밀』에서, 인간이 좋은 세상에서 살기 위해서는 다른 사람과 함께 사는 법을 배워야 한다고 주장했다. 인간은 완벽하지도 않고 독립적이지도 않기 때문이다. 만물의 영장이라고는 하지만, 유한한 생명을 가졌으며, 더구나 동물적인 성질도 가지고 있다. 인간은 욕망에 쉽게 사로잡히고 이기적이다. 루소는 그러한 불완전성을 극복하기 위해서 다른 사람과 함께 사는 법을 배워야 한다고 생각했다.

루소는 인간은 이기적이고 허약한데, 그러한 우리를 인간애로 이끌어 주는 것은 우리가 '공유하고 있는 비참함'이라고 말한다. 이기적인 각자가 각자의 비참함을 타인과 함께 공감할 수 있는 방법으로 루소가 제시하는 것은 상상력이다. 그 사람이 처한 상황이 나의 것이라고 상상함으로써 그에게 공감할 수 있다는 것이다. 이기적 존재가 이기적인 존재에 그치지 않는 이유는 비참함이라는 공통 상황을 경험하는 데다 상상력을 갖기 때문이라는 것이다. 각자의 이기심과 비참함을 인정하고 상상력을 발휘하여 타인의 비참함에 공감하자는 것이 루소의 제안이었고 누스바움은 그 공감능력을 다시 살려 내고자 한다.

이에 비해 맹자가 제안하고 황종희가 계승한 공감능력은 훨씬 명랑하고 빌랄하나. 맹자나 황종희에게 공감능력은 상상력이나 계산이 끼어들기 이전의 본능이다. 내 마음이 그렇게 생겼기 때문에 타인의 감정을 같이 느낀다. 특히 황종희에 의하면 이 마음들은 서로 공명하는 기이다. 그러므로 어떤 존재도 독립적일 수 없으며 어떤 존재도 고립되지 않는다. 자신의 본성을 있는 그대로 발휘하는 것이 바로 공감의 행위가 되므로 굳이 상상력을 발휘할 필요도 없다. 이 세계에서 인간은 마음의 성장에 따라 인간 사이의 연대를 공고하게 다져 나간다. 맹자나 황종희는 인간 사이의 공감에 의한 연대를 존재의 근원적인 성격으로 규정했다. 옆 사람의 움직임에 영향을 받고 또 그 옆 사람에게 영향을 주는 식으로, 모든 존재는 끝없는 상호 공명 하는 기의 흐름 속에 있다.

개개인이 비참하다는 것, 이기심에 바탕을 둔 상상력에 의한 공감 등에 대해 맹자나 황종희는 동의하지 않을 것이다. 그러나 사람이 갖는 공감능력이 허약한 것이라고 생각한 누스바움의 견해는 황종희와 일치한다. 특히 누스바움이 공감능력을 방해하는 것들로 꼽은 것에는 황종희 역시 동의할 것이다.

맹자나 황종희, 그리고 누스바움에 의하면, 공감능력의 활동을 가장 크게 방해하는 것은 자라나는 각자의 욕망이다. 처음에는 그저 내 배를 채우고 내 몸을 편하게 하고 싶은 마음이었는데, 욕망 역시 움직이는 것이어서 그 자리에 가만히 있지 않는다. 작았던 욕망은 점점 자라나 탐욕이 되고 탐욕이 되어도 멈출 줄 모르고 커진다. 내 욕망을 충족시켜 줄 재화를 점점 더 원하다 보면 내 주위의 타인은 그 재화를 넘볼 적이 된다. 그래서 탐욕은 적개심과 동거한다. 탐욕과 적개심에 사로잡히면 내 마음은 한순간도 평온을 모르게 된다.

왜 평온을 얻지 못하는가 하면, 탐욕과 적개심은 필연적으로 불안함을 동반하기 때문이다. 자신의 욕망에서 비롯한 불안이기에 누스바움은 그 불안을 '나르시스적 불안'이라고 부른다. 사람은 자신의 마음을 자각할 줄 아는 존재이다. 자신의 탐욕과 적개심 때문에 갖게 된 불안을 자각한 사람은 스스로의 허약함에 대해 수치심을 갖는다고 한다. 그런데 이 수치심은 그대로 수치심으로 발현되는 것이 아니라 은폐되어, 안타깝게도 타인에 대한 혐오감으로 나타난다. 즉 불안은 불안에서 멈추지 않고 타인에 대한 혐오감으로 변질된다.

우리와 다른 사람에 대해 우리가 갖는 혐오감에는 여러 가지가 있나. 지역과 인종이 다른 사람들에 대한 혐오감이 대표적이다. 이러한 혐오감의 기저에는 탐욕과 탐욕스런 자신에 대한 수치감이 숨어 있다는 것이다. 가령 우리나라에 많이 늘어난 외국인 거주자에 대해 우리가 갖는 감정을 들여다보자. 북아메리카나 유럽에서 왔을 백색 인종에 대한 감정과 동남아시아에서 왔을 갈색 인종에 대한 감정이 다르다. 백인에게는 겸손하고 친절하게 손님을 맞듯 대하는데, 갈색의 이국인에게는 내려다보면서 의심하는 눈길로 바라보지 않는가? 백여 년 전 아시아에 상륙한 유럽인의 '문명'이 이 땅에서도 표준이 되면서 생긴 일이다. 특히 자본주의로 대표되는 문명은 국민총생산으로 나라들의 순위를 매긴다. 우리보다 앞에 있는 나라를 부러워하면서 수치감을 느끼고, 그 수치감을 우리보다 뒤에 있는 나라에게는 경멸감으로 바꿔 보내는 것이다. 서구 백인의 눈으로 스스로를 바라보고 부끄러워하고 타인을 바라보며 동경하거나 경멸하는 것이다. 수치감은 또 다른 약자에 대한 경멸감과 동거하고 있다.

수치감과 경멸감은 한 사회 안에서도 거의 똑같이 반복된다. 피해자에 대한 경멸감, 약자에 대한 경멸감은 맹자나 황종희의 주장을 생각하면 공감의 파탄이고 존재의 파탄이라고 할 만한 일이다. 그러나 주위를 둘러보면 이러한 일들이 너무 쉽게 눈에 보인다. 역사적으로 차별을 받았던 특정 지역에 대한 비하, 여성 비하, 외국인 노동자 비하 등을 서로 부추기면서 함께하는 온라인 커뮤니티가 생길 정도다. 이러한 약자 비하는 자신 안에서 감지하는 욕구불만 때문에 생긴 수치심이 투사된 혐오감이다. 우리는 생때같은 자식을 날벼락처럼 갑자기 잃고 절망하는 부모가 자식의 죽은 몸만이라도 되찾고 죽음의 원인만이라도 알고자 하는 것을 사회 불순분자로 매도하는 것도 지켜보았다. 정말 우리가 공감할 줄 아는 존재로 태어났다고 한다면 인간의 파탄이라고 하지 않을 수 없는 비극이다.

이러한 것들 말고도, 우리가 육체를 가진 존재라는 것을 약점으로 느끼게 하는 괴물이 있다. 바로 게으름이다. 보통은 마음이 움직이면 몸도 따라 움직인다. 맛있는 냄새를 맡은 코는 그 냄새나는 것을 입에 넣도록 몸을 움직이게 하는 것처럼, 공감을 느낀 내 마음은 그 느낌을 충족시키려고 몸을 움직인다. TV에 나온 아이가 천재지변으로 부모를 잃고 느끼는 불안과 불행의 감정을 TV 밖에서 함께 느끼게 되면, 전화를 통해 기부를 하든가 다른 도울 수 있는 방법을 찾는 등 몸을 움직여 뭔가 한다. 맹자가 든 예, 즉 우물에 빠지려는 아이를 보고 가슴이 철렁하면서 동시에 아이를 구하기 위해 몸을 날리는 상황도 바로 그것이다.

그런데 몸이 따라가지 못하는 경우가 많다. 몸이 따르지 못하는 이유가 한 가지는 아닐 것이다. 때로는 공감을 느낀 상황이 권력이거나 큰 힘에 대한 도전을 요청하는 상황이어서 두려움 때문에 멈출 수도 있다. 때로는 철렁하는 마음 바로 뒤에 끼어든 이해타산의 마음 때문일 수도 있다. 누군가를 도와줘야 한다고 생각했는데, '나 바쁜데, 한 번 도와주면 계속 도와줘야 할 거야'와 같은 마음이 끼어들어

멈추게 할 수도 있다. 그러나 압도적으로 많은 이유는 게으름 때문이다. 몸을 움직이는 것은 또 다른 에너지를 필요로 하는 일이기 때문이다. 어떤 이유에서 몸이 마음을 따라가지 못했든지, 그 상황은 욕구불만을 일으킨다. 욕구분만이 귀결하는 데는 역시 스스로에 대한 수치심이다. 그리고 수치심은 타인에 대한 혐오감을 불러온다.

탐욕이나 게으름은 자신을 허약하게 만들고, 허약함은 스스로를 괴롭게 한나. 그런데 정말 문제는 스스로 괴로움을 당하지 않으려고 타인을 학대하는 것으로 변질된다는 것이다. 자신보다 약자에게 갖게 되는 혐오와 경멸, 고통 받는 사람을 비난하려는 경향 등의 실상은 자신 안에 있는 허약함을 은폐하려는 자기기만이다.

이러한 상호 불행을 막고, 우리의 공감능력이 발휘될 수 있는 제 방향을 찾기 위해 먼저 해야 할 일은 우리가 아주 약한 존재라는 것을 인정하는 것이라고 누스바움은 제안한다. 이는 황종희가 인간은 기의 존재로서 약한 공감의 마음만을 타고난다는 점을 강조한 태도와 겹쳐진다. 자신의 허약함을 은폐하려는 욕망을 한편에서 더욱 강하게 추동하는 것은 강함에 대한 동경이다. 현실이 아닌, 자신이 동경하는 모습을 자신이라고 주장하고자 하는 욕망 때문에 현실의 자신을 은폐하려는 욕구가 움직인다.

사람은 자신의 약함 때문에 쉽게 욕망에 휩싸이고 게으름 때문에 자주 할 일을 놓친 후에 자책한다. 그리고 자책은 자신보다 약한 사람을 경멸하고 멸시하는 방향으로 터지기 쉽다. 그러니, 자책하는 대신 약한 것이 나의 현 상황임을 받아들이고, 약함을 보완할 방법을 생각해야 한다. 공감의 마음은 허약한 것이지만 성장할 수 있는 것이다. 또한 스스로의 마음을 자각하는 나는 늘 보다 나은 자신에 대한 열망을 갖고 있다. 심기일전하고 있는 그대로를 바라보고, 인정하고, 성장을 향해 한 발 한 발 나아가야 한다.

함께 기(氣) 키우기: 인과 지

나의 허약함을 인정한다면, 그다음 할 일은 허약함을 보완할 길을 모색하는 것이다. 우리의 허약함이 기의 존재라는 것에서 왔다면, 보완할 수 있는 근거 역시 우리가 기의 존재라는 것에 있다. 기는 운동한다. 즉 변화한다. 음식물을 섭취함으로써 육체의 기가 성장하고 강성해지듯이, 사람의 기 가운데 정수라 할 수 있는 지각 역시 성장하는 방향으로 변화할 수 있다.

인간의 기가 갖는 특징이면서 기의 정수를 이루는 것은 인간의 지각이다. 황종희는 '지각'이라고도 불렀고 '지'라고도 불렀다. 그에 의하면 기를 키우는 것이 지를 키우는 것이고, 선한 마음을 키우는 것이다. 지라면 아는 능력이고, 아는 것이 많아지면 똑똑해진다는 것이 일반적인 상식인데, 황종희는 똑똑해진다고 하는 것이 아니라 선해진다고 말한다. 즉 지각 혹은 지는 도덕적인 능력이다. 그는 기와 지에 대해 다음과 같이 설명한다.

> 지(知)는 영험한 기(氣)이다. 기가 영험하지 않으면 혼탁한 기일 뿐이다. 기를 기른 뒤에 기는 변해 지가 되고, 안정되어 고요하면 사려할 수 있게 되므로, '말을 앎'[知言]과 '기를 기름'[養氣]은 한가지 공부이다.(『맹자사설』)

이 세상의 모든 것은 기로 이루어졌다. 기는 서로 흐르며 넘나든다. 외부의 기는 나를 기른다. 내가 먹고 마시는 음식은 내 살이 되고 피가 된다. 내가 직접적, 간접적으로 배우고 경험하는 것, 인간관계를 통해 알게 되는 것들은 나의 마음을 기른다. 위 인용문에서 황종희가 염두에 두고 있는 '기를 기름'은 마음을 기르는 것을 의미한다.

몸과 마음을 비롯해 모든 것은 기이지만, 질적인 차이가 있는 것은 아니다. 그 가운데 지는 '영험한 기'로 표현되듯이 특별한 기이지만, 그것이 맑은 기로서 혼탁한 기와 대비되는 것을 보면 아예 질적으로 다른 것은 아니다. 다만 영험하다고 할 수 있는 수준까지 변해서 맑아진 것이다. 기가 맑게 변하면 남의 말을 이해할 수 있게 되고 나아가 사려하는 능력이 생긴다고 황종희는 말하고 있다.

맹자는 배우지 않아도 저절로 부모를 사랑하고 형제와 우애롭게 지내는 능력이라는 의미에서 사람이 타고난 선한 마음을 '양지'(良知)라고도 불렀다. 측은지심으로 대표되는 공감의 마음을 양지라고 부른 것이다. 양명학의 창시자 왕수인은 "양지란 옳고 그름을 아는 마음일 뿐이다. 옳고 그름을 안다는 것은 좋아하고 싫어하는 것이다."(『전습록』)라고 양지를 풀이했다. 지금 황종희가 '지'라고 부르는 것은 맹자가 측은지심이라 불렀던 것이고 왕수인이 양지라 불렀던 바로 그것이다. 즉 이들에게 "옳고 그름을 아는 마음" 즉 '선'을 아는 능력은 "좋아하고 싫어함"과 같은 감성 차원의 것이다. 물론 감성과 이성은 이들의 용어가 아니다. 이해를 돕기 위해 요즘 사용되는 용어로 바꿔 말한 것이다. 조금 더 설명해 보자면, 선을 아는 능력은 감성의 차원이라고 했는데, 감성의 차원이라고 해서 이성의 차원을 배제한 것이 아니라 감성과 이성이 분리되지 않고 동시에 작동한다고 해야 보다 정확하다. 왕수인에게 옳고 그름을 아는 이성적인 일은 본능적으로 일어난다는 의미에서 선을 아는 능력은 감성의 차원에서 일어난다고 말한 것이다.

지각 즉 지가 하는 일은 위의 인용문에서처럼 말을 이해하고 생각하는 등의 지적인 작업이기도 하지만, 맹자가 양지의 예로 든 것처럼 가르치지 않아도 부모에게 효의 마음을 갖는 것이기도 하다. 유학자들에게 지란 요즘처럼 객관적 대상에 대한 지식을 의미하는 것이 아니라, 선을 아는 능력이었고, 이들에게 선이란 사람들과의 관계에서 적절한 친애의 마음과 의로운 마음을 갖는 일이었다. 기본적으로는 공감의 마음에서 일어나는 작용이었다. 기를 길러 맑아지면, 자신의 욕망만을 충족시키려는 생각이 가라앉고 모두의 욕구를 충족시킬 수 있는 공감의 마음이 맑아지는 것이고, 이것이 바로 사람의 지각이 밝아지는 것이다.

황종희는 "끊어진 물줄기 같다"고 타고난 공감의 마음을 샘물에 비유해서 표현했는데, 이 공감의 마음을 기른다면 "넓고 깊은 샘이 때에 맞춰 나오"(『맹자사설』)듯이 된다고 역시 샘에 비유해서 그 바람직한 상태를 설명했다. 깊은 근원을 가진 샘이라야 마르지 않을 것이고, 언제든지 필요한 물을 내보낼 수 있다. 이런 상태에 이르러야 타고난 전광석화 같은 마음을 면할 수 있다. 선한 마음이 전광석화 같다면 때로는 선하지만 때로는 전혀 딴 사람처럼 무감하고 냉정한, 변덕스러운 사람밖에 안 될 것이다. 근원이 있는 물이 된다는 것은 그 전광석화같이 반짝하던 마음을 한결같이 빛나는 마음이 되도록 키웠다는 것이다. 어쩌다 한 번 선한 행동을 했다고 선한 사람이라고 하지는 않는다. 근원이 있는 물처럼 한결같은 마음이라야 한결같은 행위가 나오고, 그래야 비로소 선한 사람이라는 인격을 말할 수 있다.

황종희 역시 지의 마음을 공감의 마음과 구별하지 않는다. 지를 키우게 되면 선과 악을 저절로 판별하게 되는데, 그 선이란 공감능력을 발휘하는 것이다. 황종희가 '말을 앎'이라고 지의 작용을 말할 때도, 말을 안다는 것은 오늘날처럼 어떤 이론에 대해 이해한다는 의미가 아니라, 어떤 이론이나 주장의 선과 악을 판단한다는 의미이다. 그런데 오늘날 객관적인 지식이라고 해도 선과 악의 판단이 배제된 지식이 과연 있을까?

맹자 이후 유학자들에게 선은 인의예지로서 변함없는 것이었던 듯 보이지만, 꼭 그렇다고 할 수는 없다. 왕수인에 의하면 사회적 관계의 원천은 나의 지각이고, 지각에 의해 사람과의 관계를 넓혀 가면서 선을 알아 간다. 내가 지각함으로써 선이 되므로 선을 형성해 간다고도 말할 수 있다. 나만의 지각으로 이루어지는 것이 아니라 관계에서 이루어지는 것이므로 사람들이 사회에서 형성해 가는 것이다. 즉 모든 사회규범은 관계 속에서 서로의 마음을 발휘하면서 형성되는 것이다. 그 선이 인의예지라는 같은 이름으로 불린다고 해도, 그 내용은 어떤 시대 어느 사회의 사람들이 형성한 것인가에 따라 달라질 것이다. 가령 어느 시점의 어떤 사회에서는 사회의 모든 구성원들이 천재지변에도 굶는 일 없도록 배려하는 것이 인(仁)의 중요한 내용이라면, 어떤 사회에서는 모두가 자신의 존엄함을 알고 지키고 살 수 있도록 기본교육을 반도록 배려하는 것이 인의 중요한 내용이 된다.

이들에게 지식이란 어떤 것이 인의 마음이고 행동인지 판단하는 윤리적인 능력이다. 그것은 객관적 사실에 대한 앎이 아니라, 공감능력과 밀접하게 관계하면서 자신의 도덕적 행위를 가늠하고 세상의 도덕적 상황을 판단하는 능력이다. 실제로 그들에게 나와 관계없이 독립된 객관은 없었다. 그들에게 세상은 나와의 관계로 얽힌 관계의 그물, 의미의 그물이다. 그러므로 세상을 이해한다는 것은 나와 세상과의 관계를 잘 알고, 세상 하나하나의 존재와 어떤 마음으로 연결되어야 하는지 아는 일이다. 그러므로 세상을 이해한다는 것은 도덕적인 활동이다.

그런 점에서 황종희에게도 자신과 별개의 객관세계는 없다. 그런데 그에게 객관은 자신의 기와 연동되어 있는 것이라는 점에서, 완전한 객관은 아니지만 성리학처럼 객관세계의 원리가 내 마음속에 있어서 내게 완전히 장악될 가능성이 있는 그러한 객관은 아니다. 나와 외부는 연동 속에 있기는 하지만, 자신에게 멀어져 있는 존재의 운동은 나의 마음을 미루어 알 수가 없다. 황종희가 마음을 비롯해 세계를 기로 설명한 데에는, 내 마음 밖에서 일어나는 일에 대해 탐구해야 한다는 문제의식이 크게 작동한 면도 있었다. 이 세상에 나와 관계없는 것은 없지만, 내가 그 운동을 다 파악하고 통제할 수는 없다. 내 마음 안에 전체를 통제할 수 있는 기제는 없다.

그러므로 나와 무관한 것은 없다는 의미에서 객관이 없다는 의미이지, 나 아닌 나의 외부는 엄연히 존재한다. 우리의 외부란 나와 함께 사회를 이루며 살고 있는 타인의 전체라고 할 수 있다. 나는 타인의 마음을 알 수 없고 타인을 내 의도대로 움직일 수 없다는 것은 굳이 말할 필요도 없다. 그러므로 타인을 이해하기 위해 끊임없는 노력이 필요하다. 서로 소통해야만 하는 다른 이유들도 있을 것이나, 우선 우리는 같이 살아야 한다. 혼자서는 선이 무엇인지도 알 수 없다. 우리는 서로 소통하면서 서로의 생의를 충족시켜 주는 선이 어떤 것인지 도출해야 하며, 쉽게 전염되는 커다란 악이 웅크리고 있을 때 더 이상 번져 나가지 못하도록 경계하고 막아야 한다. 타인을 이해하고 사회를 이해한다는 것은 결국 바른 관계를 만들어 간다는 것을 의미하며, 인간답게 살 수 있는 곳을 만들어 간다는 것을 의미한다.

그러므로 앞에서도 얘기했듯이 공감능력만 가지고는 타인을 이해할 수 없다. 물론 공감능력은 타인을 이해하도록 타인의 문 앞으로 이끄는 것이므로, 그 무엇보다 중요하다. 내 앞에 있는 사람의 기쁨과 슬픔에 공감할 수 있어야 서로의 마음이 이어질 것이다. 아들이나 딸이 얼굴이 어두운 채 집에 들어오면 부모의 마음도 같이 무거워진다. 무엇 때문에 어두운지 몰라도 같이 무거워진다. 그의 무거운 마음에 공감해도 그가 무엇 때문에 그러한 마음이 되었는지는 그에게 들어야만 알 수 있다. 아무리 부모 자식 사이라도 각자의 마음을 가진 다른 사람이기 때문에 무엇이 그 마음을 아프게 했는지는 저절로 알 수 없는 일이다.

다른 사람들이 무엇을 좋아하는지, 어떤 것을 옳다고 생각하는지는 배워야 알 수 있다. 무엇이 그들을 기쁘게 하고 슬프게 하는지, 분노하고 좌절하게 하는지 물어봐야 한다. "도덕 매트릭스"를 얘기했던 조너선 하이트 역시 같은 내용을 강조한다. 다른 사람을 이해하고 그들과 소통하려면, 다른 사람들도 그들의 도덕 매트릭스를 갖고 있음을 인정하고, 나아가 그들의 도덕 매트릭스에 대해 배워야만 한다는 것이다. 그렇게 이해를 넓혀 가야만 너와 나에게 모두 좋은 선을 알아낼 수 있을 것이다.

실제로 배움은 우리에게 일상이 되어 있다. 가족 속에서 말을 배우며, 말뿐 아니라 타인의 감정을 어떻게 알아채는지도 배운다. 그리하여 일단은 가족 안에서, 도움을 받고 또 도움을 주기 위해서 어떤 태도로 어떤 말을 해야 하는지 알아 간다. 그러다가 더욱 적극적으로 배우기 위해 학교에 간다. 학교에서는 수업 시간에만 배우는 것이 아니다. 자기 또래의 남과 어떻게 공감하고 어떻게 의견 교환을 하는지 배우는 것이 어떻게 보면 더 중요한 일이다. 학교를 졸업한다고 배움이 끝나는 것은 아니다. 맹자의 시대나 황종희의 시대에는 당연히 그랬지만, 요즘은 다른 의미로 배움이 평생의 일이 되었다. 사회는 너무 빨리 변하고 인간의 수명은 점점 길어지기 때문에 한 번 배운 것으로 평생을 쓸 수 없기 때문이다.

직접적인 인간관계를 통해서만 관계 맺기를 배우는 것이 아니다. 수업 역시 남에 대한 지식을 쌓는 것이다. 수업의 내용이란 무엇인가? 다양한 과목의 이름이 다양한 배움의 대상을 쉽게 알려 주는 것 같지만, 결국 배움이란 직접적으로 간접적으로 나와 관련된 밖의 세상을 알기 위한 것이다. 알려고 하는 이유는 내 주위에서 일어나는 일, 세상에서 일어나는 일, 그 일들의 원리, 그 일들의 가치 등을 이해하기 위해서이다. 그것을 아는 것이 어떤 의미로든 나의 삶에 필요하기 때문이다.

인류는 경험을 통해 알아온 것들을 축적해 왔다. 그것들이 학문이라는 이름으로 남아 있다. 우리가 배움을 통해 얻을 수 있는 것은 나의 밖에 있는 것, 즉 객관적인 어떤 것이다. 사람들이 생각하는 것, 중요하게 여기는 것, 새롭게 발견한 것, 새롭게 원하는 것, 그리하여 찾아낸 것, 이뤄 낸 것, 생각해 낸 것들이 배움의 대상이다. 우리가 배움을 통해 얻는 것은 결국 타인에 대한 정보가 아닌가? 타인에 대한 정보가 필요한 것은 그들과 공존하기 위한 것이다. 선악판단과 완전히 무관한 객관적인 지식은 수식과 같은 최소의 영역에 불과하다.

책 속에 있는 남에 대한 정보는 역사적인 것이거나 일반화된 것이다. 우리는 한편으로는 책을 통해 그것들을 배우면서 한편에서는 현실에서 사람들과 부딪히면서 책을 통해 배운 것이 얼마만큼 지금 내가 이웃과 교류하는 데 쓸모가 있는지 확인한다. 그리고 책만으로 부족하다는 것을 깨닫고 직접 사람 속에서 배워 나간다. 책은 내 앞의 사람들이 어떤 구체적인 상황에서 어떤 마음을 갖고 어떤 마음으로 나를 대하는지 알려 줄 수 없기 때문이다. 구체적인 장에서 내 마음을 열고, 그리고 배우고, 그러다 부딪히고, 그리하여 다시 열고 배우는 일을 반복하면서 성장해 가야 할 것이다. 너나없이 그러하다. 정해진 선이 없고 정해진 옳음이 없다면, 그렇게 서로를 알아 가고 두드려 가면서 선을 만들어 내는 수밖에 없다.

제5장

마음의 안과 밖

윤리와 정치

위기에서 배우는 것

황종희의 『명이대방록』은 군주의 존재의미는 무엇인가라는 질문으로 시작한다. 이어 신하란, 법이란, 재상이란, 학교란 어떤 존재이어야 하는가 등의 질문으로 이어진다. 황종희는 그렇게 정치의 근원적인 의미에 대해 질문을 던지며 대답을 찾아갔다. 그 과정에서 현실의 어그러짐은 어디에서 시작된 것인지, 어그러짐을 되풀이하거나 증폭시키지 않기 위해서는 어떻게 해야 하는지, 심혈을 기울여 숙고한 결과를 제시하고자 했다.

제1장에서 이야기한 적이 있듯이, '명이'는 어두운 밤을 의미한다. 그러나 해가 땅속에서 꿈틀하고 있으므로 '아직' 어두운 밤이다. 곧 새벽이 올 것임을 알고 있기 때문에 새벽을 준비한다는 의미까지 포함하고 있다. '대방'(待訪)이란 누군가의 방문을 기다린다는 뜻이나. 황종희는 군주란 백성의 복지를 위해 요청된 존재라고 생각하고, 직분대로 군주의 업무가 제대로 수행되도록 감시하고 견제하는 장치에 대해 고민했다. 그러나 임금 없는 세상까지 생각하지는 않았다.

'대방'이란 뜻있는 군주를 기다린다는 뜻이다. 좋은 세상에 대한 자신의 구상은 어두운 시기가 지나가고 다시 세상에 해가 나왔을 때를 위한 것으로, 뜻있는 군주가 세상을 경영할 방안을 찾을 것을 기대한다는 의미였다.

중국 사람들이 유럽 근대문명의 유입으로 '민주'를 알게 되고 '민주'의 가치를 평가하기 시작한 20세기 초에, 그들의 눈에 황종희의 주장은 "중국의 『민약론』(民約論: 사회계약론의 당시 번역)"으로 보였다. 루소의 『사회계약론』은 이들에게 근대 유럽의 민주주의를 상징하는 것이었다. 청조를 무너뜨리고 백성이 주인 되는 새로운 세상을 열어야 한다고 생각하던 중국 젊은이들의 눈에 "황종희의 학문, 황종희의 성격과 행실은 루소보다 몇 배나 높은"(『사자후』) 것이었다. 청조를 전복하고 공화국의 건설을 꿈꿨던 혁명파의 한 사람인 천티엔화(陳天華, 1875~1905)는 『사자후』를 통해 중국의 역사에 도도한 민주의 정신을 불러내고자 했다. 천티엔화가 특히 『사회계약론』의 이치를 담고 있다고 한 『명이대방록』 가운데 '군주론'과 '신하론'은 소책자로 만들어져 배포되어, 열혈청년들의 혁명정신을 고취하는 역할을 했다. 군주와 신하의 존재의미를 물으면서, 군주와 신하란 백성의 욕구를 제대로 충족시키는 데 필요해서 요청된 존재라는 내용을 담고 있는 부분이었다.

황종희는 군주와 신하에게 직업에 따르는 희생정신을 요구했지만 그들을 비롯해 모든 인간은 도덕적으로 약한 존재라는 것 역시 알고 있었다. 인간은 누구나 자기의 이익을 추구하는 존재이기에 군주가 요청된 것이었다. 그러나 군주와 신하 역시도 똑같은 인간일 뿐이다. 그들이 자신의 이기심을 억누르고 자신이 책임을 맡은 사회의 공익에 기여하기 위해서는 어떻게 보통 사람과 달라져야 하는가? 아니면 어떻게 그들을 달라지게 해야 하는가?

새로운 정치에 대한 황종희의 구상은 여기에서 시작한다. 사람은 공감의 마음이라는 선한 마음의 싹도 갖고 있지만, 자신의 생명을 영위하겠다는 욕구에 충실하다 못해 폭주할 가능성 역시 갖고 있다. 누구의 마음도 그렇다. 그러나 사람은 스스로를 자각하는 능력이 있으며, 자신을 원하는 방향으로 성장시킬 능력도 있다. 혼자서는 성과를 보기 어려울 수도 있다. 한 발자국 전진하다 뒷걸음치고 또 한 번 뒷걸음치다 아주 주저앉아 버릴 가능성도 있다. 그러나 선에 대해 합의하고, 선을 향해 협력해서 전진할 수밖에 없도록, 선한 마음이 합해서 발휘되도록 할 방법은 없을까?

황종희가 생각해 낸 것은 도덕적으로 허약한 사람들의 협업이다. 특히 자신이 약한 것을 자각하면서 노력하고, 타인이 약한 것을 알기 때문에 경계할 줄 아는 그런 사람들의 협업이다. 그를 위해 황종희가 그 시대에 생각할 수 있었던 것은 학교라는 집단의 역할을 바꾸거나 확대하는 것이었다.

유학자들에게 배움은 평생 계속하는 것이었기 때문에 학교란 사회에 진출하기 전의 젊은이만 다니는 곳이 아니라, 성인(聖人) 되기를 희구하며 끊임없이 자기성장을 도모하는 사람들이 모인 곳이었다. 그런 집단이라면 황종희는 자신이 구상한 정치를 할 수 있을 것이라 생각했다. 기의 존재로서 인간이 최선의 상태를 생각한다면, 그것은 늘 각성하면서 자신의 실수 가능성을 경계하는 사람이다. 각성과 경계는 같은 문제의식을 가진 주위의 동료가 있을 때 훨씬 안정적인 것이 될 수 있다.

게다가 변화하는 기, 변화하는 현실로 인해, 사람이 취해야 할 방침이 시시각각 바뀔 수 있고, 과거에는 예측할 수 없었던 새로운 상황에 대처하기도 해야 한다. 한 사람의 지식보다 열 사람의 지식이 낫고 일 년의 고민보다는 백 년의 고민이 더 깊이 파고들 것이다. 수백 년, 수천 년 동안 사람들이 했던 고민과 그들이 제시한 방안을 공부하며, 지금의 문제를 해결하기 위해 고민하고 노력하는 사람들, 서로 알아낸 것을 공유하며 잘못된 방향으로 가는 것을 서로 막아 줄 수 있는 사람들, 황종희에게 학교는 그러한 사람들이 모인 곳이었다. 정치를 비롯해 인간의 삶이란 불완전한 사람들이 모여, 실수를 줄여가며 올바른 방향으로 나아가야 하는 일이다. 같이 살 수밖에 없고, 같이 살아야 비로소 인간으로서의 존엄성을 찾을 수 있다면, 어떻게 같이 살아야 하는가에 대한 대답이었다.

황종희를 연구한 학자들은 황종희의 학교가 오늘날 정치기구 가운데 의회에 가깝다고 생각한다. 맹자와 같은 고전적 유학자들은 정치란 백성들의 마음 즉 민심이 하늘의 마음을 대변하는 것이므로, 민심을 충족시키는 정치를 해야 한다고 말하지만, 정치 행위를 하는 사람들은 소수의 엘리트들이다. 민심을 따르는 정치를 하겠다고 모인 사람들이지만, 초심을 저버리고 제 잇속을 차릴 때 그들을 제재할 장치가 없었다. 오로지 바랄 수 있는 것은 그들이 백성을 위한다는 선한 마음을 정말로 가진 사람이기를 기대하는 것이고, 그 마음을 잃지 않기를 기대하는 것뿐이었다.

황종희는 지속적인 반성과 협의를 통해 올바름을 찾아 나가는 학교 집단을 사회의 중요한 권위체로 생각했다. 군주와 대신들은 학교의 권위를 존중해서 정기적으로 방문하여 의견을 듣고 교육을 받아야 한다. 그런 방식이라면 보통 사람들이 이끄는 정부라도 어이없을 정도로 타락하지는 않을 것이라 기대했다. 성장과 교육이 전 생애, 전 사회에 일어나는 일이라면, 선에 대한 끊임없는 반성과 재고는 성장의 일부분이라고 해야 한다. 황종희의 학교는 재학 중인 선비만을 키우는 곳이 아니라 정치 실무자를 교육시키고 감시함으로써 사회 전체의 성장을 임무로 삼는 곳이다.

> 학교는 선비를 키우는 곳이다. 그러나 옛날 성왕이 다스리던 시절에는 그 뜻이 여기에 그치지 않았다. 반드시 천하를 다스리는 방법이 모두 학교에서 나와야 학교를 세운 의미가 비로소 다 갖춰졌다. … (학교는) 조정의 상급관리들과 민간의 서민들까지 모두 『시』와 『서』의 관대한 기풍을 갖도록 하는 곳이다. 천자가 옳다고 하는 것이 반드시 옳은 것이 아니며 천자가 그르다고 하는 것이 반드시 그른 것이 아니다. 천자 또한 감히 자의적으로 시와 비를 주장하지 않고, 학교에서 시비를 공론하였다.(『명이대방록』)

아무리 큰 나라의 막대한 권력을 가진 사람일지라도, 그가 "옳다고 하는 것이 반드시 옳은 것이 아"닌 것은 너무나 당연하다. 특히 중국의 천자자리는 세습된 것일 뿐, 천자 역시 보통 사람이다. 사람이라면 누구나 한 점의 선한 마음을 타고났을 뿐, 여차하면 잘못된 길로 빠질 위험성을 평생 안고 산다. 군주의 존재와 세습군주제를 부정할 수 없었던 황종희는 군수에 맞서는 다른 권위체를 만들 것을 생각했고, 기존의 학교가 그 권위의 중심이 되게 한다는 구상을 했다.

그러한 제도가 정착되고 군주와 정부가 학교의 권위를 인정하는 사회라면, 입법과 행정, 사법 등 정부의 전반적 업무를 학교가 감시하고 타당성을 검토하며, 잘못되었다고 판단되었을 때는 비판해서 바로잡을 수 있다.

그처럼 막강한 권위를 갖는 학교의 장 역시 공정함을 잃게 되면 학교 구성원들의 궐기에 의해 자리에서 끌어낼 수 있다. 학교의 구성원들은 "위험을 두려워하지 않으며 솔직하고 엄정한 논의를 하고, 권력 있는 자들을 꺼리지 않고 비판하는"(『명이대방록』) 사람들로 이루어진다. 옳음에 대한 지향을 함께 나누며 키우고 있기 때문에, 더욱 강한 기개를 가질 수 있을 것이다.

교장은 최고의 학자를 추천받아 천자가 임명하며, 재상과 맞먹는 위상을 가진다. 유교국가의 재상은 천자의 단순한 신하가 아니다. 신하인 동시에 교사이고 자문가이다. 천자는 재상을 비롯해 고위관리들과 함께 매월 1일 학교에 와서 교장의 수업을 들어야 한다. 교장은 지식 면에서 최고의 권위자로 정평을 얻은 사람이다. 교장은 수업에 참여한 천자를 비롯한 정치실무가들에게 국정에 대해 조언하며, 잘못된 정책에 대해 거리낌 없이 비판한다.

또한 황종희는 학교의 다른 구성원 모두 공론에 의해 임명되며 또 공론에 의해 해촉되어야 한다고 생각했다. 이들 각자도 모두 잘못된 생각에 휘둘릴 수 있기 때문이다. 이 학교는 늘 공론장을 열어 두고 있으므로, 한두 사람이 잘못되면 그것을 알아채고 반성하고 비판할 수 있다. 이러한 공론의 제도는 양명학의 강학을 이어받은 것으로, 강학에서는 학습과 자기반성이 동시에 일어난다. 이를 통해 개인이 가질 수밖에 없는 취약성을 보완할 수 있으리라 기대했다. 개인적인 히약함이 가져올 수 있는 위험성을 차단할 수 있도록, 집단 지성의 열린 토론과 비판을 요청한 것이다. 이 학교는 교장과 같은 개인의 힘에 의하는 것이 아니라 구성원들의 공론에서 나온다.

황종희의 학교는 전체 백성을 생각하면 역시 소수이긴 하지만, 현대의 의회 역시 소수 집단인 것은 마찬가지이다. 황종희의 학교와 지금의 의회가 다른 점이 있다면, 황종희의 학교가 학교 내부의 자정 작용을 통해 부적절한 멤버를 교체하는데, 지금의 의회는 국민의 투표에 의해 멤버를 교체한다는 점이다. 모두 불완전한 사람이므로, 한 사람보다는 두 사람이, 두 사람보다는 열 사람이 하는 것이 훨씬 낫다고 생각한 점에서, 중국 근대의 청년들이 황종희에게서 '민주'의 정신을 찾아낸 데에는 이유가 있었다.

그리고 두 사람보다 열 사람이, 열 사람보다 백 사람이 모이는 것이 훨씬 낫다는 점에서, 오늘날의 우리는 의회에만 맡겨 둬서는 안 된다. 국회의원을 우리의 대리로 뽑았다면 맡겨진 일을 잘 하는지 시종 지켜봐야 한다. 어떤 것을 기준으로 대리인을 뽑을지에 대해서도 고민할 일이다. 내가 속한 지역 사람에게만 어필하는 공약을 내세우는지, 보다 확대된 세상을 생각하면서 바람직한 방향을 생각하는 사람인지도 봐야 한다. 제대로 대리인을 세우고 그를 감독하는 것이 우선 우리에게 정치가 될 것이다. 그를 비롯한 정치가들에게 눈을 떼지 않는 것은 각자의 생업 외에 또 시간과 정신을 할애해야 하는 일이지만, 잘못되었을 때 닥칠 비극을 생각하면 밥 먹고 청소하는 일처럼 일상으로 해야 할 일이다. 그가 어떤 법안을 발의하는지, 어떤 법안에 찬성하고 어떤 법안을 거부하는지 눈으로 마음으로 쫓아다녀야 한다. 그래야 계속 그를 고용할지 다른 더 적합한 사람을 찾아야 할지 알 수 있을 것이다. 우리가 일상을 영위하는 사회를 황종희가 말하는 학교로 만들어, 그 구성원으로서 할 일을 해야 한다.

윤리는 정치의 도피처가 아니다

맹자는 떳떳한 마음으로 하늘을 우러러 한 점 부끄럼 없이 살고자 했다. 그는 도(道)가 통용되는 세상이라면 세상 사람들과 같이 선(善)을 실천하지만, 세상에 도가 없을 때는 홀로 선을 지킨다는 말을 했다. 적극적으로 정치에 참여할 때와 그렇지 않을 때를 구별한 것이다. 맹자 자신은 홀로 선을 지키는 것 역시 정치라고 생각했을 것이다. 도가 세상에서 사라졌을 때 홀로 선을 지킨다는 것은 다음 세대를 위해 도를 보호하는 것이므로, 세상 사람들과 선을 실천하는 것 못지않은 중요한 일이었다. "무너지는 담장 아래 서 있는 것은 명을 어기는 것"(『맹자』)이라는 말은 그 의미에서 했을 것이다. 예측할 수 있는 재난을 피하는 것은 명을 아는 사람이 해야 할 일이다. 도는 사람을 통해 전수된다면 영원히 존속할 것이므로, 당장의 작은 개선보다는 앞을 내다보고 도를 지켜 내어 다음 세대에 전해 주는 것이 그들이 홀로 선을 지키는 명분이고 정당성이었다.

그러나 그들이 꾸려 온 세상은 오백 년에 한 세대 정도 좋은 시대가 올까 말까 한 세상이 되었다. 황종희 말로는 수천 년 전 성왕의 시대 이후 좋은 세상은 없었다. 맹자는 최고 권력자인 군주를 교육하고 견제할 구상을 했지만, 그것은 군주가 맹자와 같은 사람의 덕을 알아보고 존중할 줄 아는 정도의 인격을 갖추고 있어야 비로소 시작될 일이었다. 군주가 자신의 이기심으로 나라를 사유화하는 패악을 저지르면, 맹자와 같은 사람은 나라를 떠나는 방법 외에는 다른 길이 없었다.

그리하여 중국에서 유학이 오랫동안 정치이념으로 작동했지만, 황종희가 회상하듯이 대부분은 독부(獨夫)의 시대였다. '독부'는 백성들에게 버려진 '외로운 남자'라는 의미로 맹자가 썼던 말이다. 황종희는 "그 군주를 원망하고 미워하여 원수로 여기고, 그를 '독부'라고 부르는 것은 참으로 당연하다"(『명이대방록』)고 말한다. 백성들과 함께 즐기울 수 있는 '여민동락'(與民同樂)의 군주가 유학자들이 바랐던 군주의 모습이었다. 그러나 그것은 이상이었을 뿐, 자기 혼자만 즐겁고자 하는[獨樂] 군주가 줄줄이 이어졌다. 독부가 횡행하는 긴 시간 동안 맹자의 후예들은 저 멀리 요임금으로부터 전승됐다는 도를 지키기 위해 몸을 사렸다. 자신의 본성을 잊은 적이 없기에 스스로는 부끄러운 적이 없고 따라서 윤리적으로는 어디까지나 떳떳했을 것이다.

앞에서 언급한 적이 있듯이, 공자와 맹자는 스스로를 성장시키는 학문 즉 위기지학(爲己之學)을 타인의 인정을 얻는 학문을 의미하는 위인지학(爲人之學)과 대비시켰다. 그리고 위기지학은 위인지학과는 비교도 되지 않는, 질적으로 우월한 것으로 평가했다. 위인지학을 하지 않겠다는 것은 세상에서 원하는 좋음을 목표로 해서 행동하는 일은 하지 않겠다는 선언이었다. 부국강병이나 부귀 모두 세상이 좋은 것이라고 인정한 것들이다. 그런 것들 때문에 움직여서는 안 되며, 자신을 움직이는 것은 어디까지나 자기 내부의 힘이어야 한다고 생각했다. 그러한 윤리적 실천은 정치의 현실과 관계없이 일어난다. 유학자들이 가치를 평가할 때는 그 성과가 아니라 마음을 평가한다. 독부의 폭정 때문에 백성들이 굶주리고 굶주림 때문에 평상심을 잃은 백성들이 부모자식을 버리고 떠나서 산에 들어가 도적떼가 되더라도, 유학자들의 도덕적 성취에는 어떤 해도 되지 않았다.

윤리적 성취는 고고한 군자를 연상시키지만, 정치는 진흙탕을 연상시킨다. 맹자는 윤리와 정치가 다른 일이 아니며 선한 행위의 연장선에 같이 있는 것이라고 했지만, 정치가 윤리와 다른 일이 아니기 위해서는 윤리만큼 정치에도 적극적인 영향력을 행사할 수 있어야 하지 않을까? 그러기 위해 더 절실한 노력을 했어야 하지 않을까?

제4장에서 노나라 군주와 장창이라는 사람의 일화도 소개했듯이, 정치판에서 경쟁은 일상다반사다. 선의의 경쟁이란 그저 좋은 말일 뿐이다. 정치 영역에서 경쟁이라는 것은 음모와 모함과 죽음을 불사한다. 무엇을 위해 경쟁해야 하는가 하면, 권력을 가진 사람의 마음을 얻기 위해 경쟁해야 한다. 대의민주주의에서 정치가는 유권자의 마음을 얻기 위해 경쟁한다. 올바른 것을 추구하는 것이 꼭 표로 연결되는 것은 아니다. 맹자의 입장은 올바른 것만 지키고 자신과 같이 올바름을 함께하는 사람과만 연합하겠다는 것이다. 그러한 맹자의 입장에서는 의도가 어떠하든 누군가의 마음을 얻기 위해 경쟁하는 것은 고상함을 지키려는 사람이 할 만한 일은 아니다. 경쟁자의 음모와 모함에는 어떻게 대응해야 하는가? 맹자의 공감능력은 그 이전투구에서 어떤 힘이 있는가?

맹자가 힘쓰겠다는 위기지학은 그 자체로는 논리적으로나 윤리적으로 정당한 근거를 가진 것이었지만, 그것은 유학의 정치적 무능이 숨어들었던 도피처 같은 역할을 했다. 20세기에 루쉰(魯迅, 1881~1936)은 자신도 속해 있는 중국인의 비겁한 무능을 '정신승리법'이라고 뼈아프게 비판했다. 유학의 도덕주의는 도덕이 세상가치의 원천이라고 생각하며 도덕적인 힘에 의해 세상을 바꿀 수 있다고 하는 주장이다. 유학자가 할 일로 내세운 '천하의 태평'을 이루는 일이 어떤 상태에 있든, 자신은 자신의 마음에 충실함으로써 할 일을 다했다는 이러한 도덕주의는 쉽게 정신승리법과 손잡는다.

황종희는 세상일에 무능한 것을 수치스럽게 여기지 않는 유학자를 한탄스럽게 생각했다. '도덕군자는 세상일에 무능한 사람'이라는 통념이 생긴 것은 유학자들의 실상과 무관하지 않았다. '사람에게 인정받기 위한 학문' 즉 위인지학은 '사공'(事功)이라는 말로도 대신할 수 있다. '사공'의 문자적 의미는 결과를 내기 위해 애쓴다는 뜻이다. 보통 사람에게 인정받는 일은 사람이 중시하는 가치를 산출하기 위한 노력으로 이어지므로 대부분의 경우 '사공'의 행태와 겹친다. 역사적으로 많은 유학자들은 '사공'을 배척했다. 주희나 왕수인 등도 예외가 아니었다. 특히 주희는 당대의 '사공학파'와 유명한 논쟁을 했다. 사공학파는 학문의 의의를 실제적인 일에서 좋은 결과를 내는 것에서 찾았다. 자신의 마음에 우주의 진리가 깃들어 있다고 주장한 주희는 실제로는 세상일의 경영에 무능한 사람이 아니었다. 그러나 세상의 경영은 도덕성을 함양하는 것에 의거해야 한다고 생각했으므로, 주희 역시 사공학파를 적극적으로 비판했다.

황종희는 종래의 유학자들이 '인의'와 '사공'을 대립적인 것으로 생각한 것이 문제였다고 판단했다. 사공을 인의와 무관한 것으로 처리한 결과 초래된 재난에 대해 그는 다음과 같이 한탄했다.

> 후세의 유학자들이 사공(事功)과 인의의 길을 갈라놓게 되자, 변란을 맞았을 때 시탱할 만한 역량이 부족하게 되었다. 그리하여 나라가

망하려 내부에서 썩어 들어가도 내버려 둔 채, 자기 몸을 보전하려 해로움을 멀리할 뿐이다. 이것이 바로 부모를 버리고 임금을 뒷전으로 밀어 놓는 것이다.(『맹자사설』)

"후세의 유학자들"이란 공자와 맹자 이후의 유학자들을 가리키며, 특히 성리학자들을 염두에 둔 말이다. 유학의 대표적인 덕인 인과 의는 각각 상징적으로 부모를 부양하고 임금을 존중하는 일에서 드러나는 덕이다. 황종희에 의하면, 윤리 영역의 일은 나라의 변란을 대비하거나 나라의 위기에 적극적으로 맞서는 일과 다른 영역이 아니다. 맹자나 주희와 마찬가지로 황종희에게도 정치는 윤리의 연장이었다. 그러나 황종희에 의하면, 정치가 제대로 이루어지지 않았다는 것은 이미 윤리적으로도 실패했다는 이야기이다. 어떤 연유든 나라가 흔들리도록 내버려 둬서 결국에는 임금을 지키지 못하고 부모를 버리게 된다면, 그것은 인이 아니고 의가 아니기 때문이다. 그러므로 인과 의라는 덕을 가진 공맹의 후예가 되고자 한다면 실생활에서도 유능해야 한다. 즉 정치적으로 유능해야 한다.

기존의 유학에 따르면 황종희의 생각은 '사공'이라고 비난받을 수도 있다. 그러나 그 목적이 효이고 충이고, 인이고 의라면, 그러한 사공은 필요한 것이며, 인의와 사공이 완전히 대립하는 것이 아니라고, 황종희는 분명하게 말한다.

그러므로 사람은 누구나 마땅히 윤리적인 성장을 지향해야 한다는 데 동의한다면, 모든 사람은 동시에 정치적으로 유능하게 되어야 한다. 정치란 자신을 둘러싼 가족과 이웃이 자신의 본성을 제대로 실현하고 살 수 있도록, 사회의 살림에 책임을 느끼고 관여하는 것이다. 정치적인 무능은 자기가 돌봐야 할 사람들의 삶을 황폐하게 하고, 이는 마음을 각박하고 병들게 한다. 자신은 물론이고 자신의 부모와 자식을 재난에 휩싸이게 한다. 그러니 어떻게 정치가 윤리와 무관할 수 있겠는가?

제3장에서 언급했듯이, 맹자가 향원을 비난하는 이유는 그들이 보여 주는 도덕적인 행위와는 달리 다른 마음을 감추고 있기 때문이다. 황종희 역시 향원을 비난한다. 그러나 황종희가 향원을 규정하는 것이나 향원을 비판하는 이유는 선배들과 달라 보인다. 황종희는 향원을 "세태를 헤아리고 인정에 부합하면서 세속에서는 좋은 사람이 되고 조정에서는 비루한 사람"(『맹자사설』)이라고 묘사한다. "인정에 부합하면서 세속에서 좋은 사람"은 맹자가 묘사하는 향원과 일치한다. 그런데 황종희의 향원에는 "조정에서 비루한 사람"이라는 내용이 덧붙었다. 그가 향원을 비판하는 다음의 글을 보면 그 의미를 이해할 수 있을 것이다.

> 도학에는 또 도학의 향원이 있어, 읽는 것이 사서, 『통서』, 『태극도설』, 『근사록』, 『동·서명』, 『어류』에 지나지 않고, 서원을 건립하고 사서(四書)에 주석을 달아 간행하고 어록을 편집할 뿐, 하늘이 무너지고 땅이 갈라져도 나와는 상관없는 일이다.(『맹자사설』)

'향원'이라는 글자 그대로의 뜻은 '마을에서 신실하다고 칭찬받는 사람'이라는 뜻이다. 동네 사람들이 가짜라는 것을 알아챌 수 없을 정도로, 남들이 봤을 때는 좋은 사람으로 행세하는 사람이다. 황종희가 "조정에서 비루한 사람"이라고 한 것은 그러한 동네사람을 공격하는 것이 아니다. 황종희가 비판하는 표적은 조정에 진출해서 직무를 부여받고 있으면서도 그 일을 제대로 못하는 무능력한 성리학자들이다.

위에 언급된 책들은 성리학의 핵심 텍스트들이다. 『통서』(通書)와 『태극도설』(太極圖說)은 주희보다 약 100여 년 앞서 활동했던 주돈이(周敦頤, 1017~1073)가 지은 책이며 『동 · 서명』(東 · 西銘)은 주돈이와 같은 시대의 장재(張載, 1020~1077)라는 사람이 지은 글이다. 『근사록』(近思錄)은 주희가 이들 선배들의 글을 모아 편집한 책이며 『어록』이란 주희의 『주자어류』를 가리킨다. 주희는 자신에 앞서 약 100여 년 전부터 일어나기 시작한 새로운 학풍을 학문으로서 체계화시킨 사람으로 평가된다. 그 의미로 성리학의 '집대성자'로 일컬어진다. 모아서 완성했다는 의미이다. 사서는 『논어』, 『맹자』, 『대학』, 『중용』으로서, 중국고대에 성립한 책이다. 주희는 이 책들에 주를 다는 방식으로 자신의 철학을 전개했다. 그 네 종류의 책이 한데 묶여서 '사서'라고 불린 것도 이들 학파에 의해서이다. 학생들의 질문에 답하는 형식으로 주희의 어록을 기록한 『주자어류』 역시 성리학의 중요한 텍스트이다. 이들은 주석서를 발행하고 어록을 발행하는 등, 대단히 열성적으로 공부하고 수양했으니 스스로는 성인의 학도라는 데 부끄럽지 않다는 자부심을 갖고 있을 것이다. 이들에게 책을 읽는 일도 완전한 본성을 살려 내는 방법 가운데 하나이기 때문이다.

그런데 유학자들이 수양하는 이유는 세상을 평안하게 하기 위한 것인데, 정작 그 세상에 대해서는 무관심하고 무책임한 일이 다반사였다. 조정에 나가든 안 나가든 그들이 성인되기를 목표로 공부한다면 유학자로서 할 일은 마찬가지이다. 공감의 마음을 성장시키는 것이다. 그리고 성장한 마음은 세상일이 제대로 돌아가지 않는 것을 마음 편하게 보고만 있을 수 없다. 성장의 끝은 세상의 모든 일을 자기의 일로 느끼고 염려하는 것이다. 나아가 자신의 자식이 염려될 때 그 염려를 불식시키기 위해 어떤 행동이든 하는 것처럼, 백성을 위해서도 사회를 위해서도 염려하는 마음으로 무엇이든 하지 않을 수 없게 되는 것이다.

백성들의 가련한 상황, 사회의 어두운 먹구름을 보고 아무것도 느끼지 않는다면, 그리고 그 먹구름을 걷어 내기 위해 아무것도 하지 않는다면, 그의 내면에는 제대로 된 마음이 없는 것이다. 이것이 황종희가 그들을 향원이라고 비판하는 이유이다. 꾀부릴 생각 없이 열심히 책을 읽으며 성인공부를 하는 사람인 척하지만, 실제로 마음은 무감한 것이다. 이 사람이야말로 겉과 속이 다른 향원인 것이다.

기의 존재인 인간, 그래서 착한 마음을 먹다가도 한순간에 못된 마음을 품을 수도 있는 인간, 그 평범한 인간 가운데 하나인 군주, 마찬가지로 평범하게 이기적인 대신들, 그들에게만 정치를 맡겨 놓고 나라의 운명을 좌지우지하게 하게 내버려 두는 것은 결과가 너무나 뻔한데도 그저 손 놓고 두고 보는 무책임한 자세이다. 나라의 운명이 바로 자신들의 운명과 직결되므로 너무나 불합리한 무책임이다. 사람이 생의를 갖고 자신들이 삶을 열어 나가는 존재라면 삶을 내팽개치는 불합리로 이어지기에, 있어서는 안 될 무책임이다. 특히 그 책임을 부여받은 자리에서의 무책임이라면 향원이 아니고 무엇이겠는가?

황종희가 파악하기에, 나라가 어지러워지는 데 가장 큰 역할을 하는 것은 군주의 타락이었다. 군주가 특히 나쁜 사람이어서가 아니라 평범한 사람이기에 위험한 것이다. 견물생심이라는 말이 있다. 물건을 보면 없던 마음도 생겨서 갖고 싶어진다는 뜻이다. 보통 사람은 주인도 없고 다른 보는 사람이 없는 데서 좋은 물건이 밖에 나와 있는 것을 보면, 그것을 제 주머니에 넣어야겠다는 유혹을 느낀다. 보통 정도의 선량한 사람이라도 그러한 유혹을 느끼게 된다. 그러므로 사람들을 위해 자신의 물건을 잘 간수하는 것도 윤리적인 실천이다. 간수하지 못하는 것은 본의 아니게 선량한 사람을 시험에 들게 하는 것이기 때문이다.

몽테스키외가 권력이 타락하지 않는 방법을 찾아 권력의 분산을 주장했던 것 역시 "권력을 가진 모든 인간은 이를 남용할 성향이 있고, 어떤 방해를 받지 않는 한 끝까지 이를 남용할 것이다"(『법의 정신』)라고 간파했기 때문이다. 소수에게 권력을 맡기고 잊어버린 채 내버려 둔다면, 그 권력은 백 퍼센트 남용될 것이다. 그들이 특별히 탐욕스러워서가 아니라 우리 모두가 그런 사람이기 때문이다. 보통 사람인 군주와 보통 사람인 신하들이 모여 있는 정부인데, 그들이 막대한 권력을 알아서 운용하게 하는 일도 마찬가지로 위험한 것이다. 권력이 거대해서 하지 못할 일이 없다면, 자신을 위해서 권력을 휘두를 유혹을 당연히 느끼게 된다. 사람은 누구나 자신을 위하는 본성을 갖고 있기 때문이다. 그 유혹을 이겨 내기 위해서는 보통 사람 이상의 공감의 마음, 책임감 등을 갖고 있어야 하는데, 그런 사람일 가능성은 법가가 지적하듯이 토끼가 뛰어다니다가 나무 밑동치에 부딪혀 기절할 만큼의 확률로 있을 뿐이다.

그러므로 소수의 사람들에게만 맡겨 놓는 것은 자기 물건을 간수하지 못하고 보통 사람을 도둑질의 시험에 들게 하는 것과 다르지 않다. 황종희 역시 권력자들이 권력을 마음대로 할 수 있는 환경을 차단하는 일이 필요하다고 절감했다. 군주와 신하가 청렴하고 강직한 사람이 될 수도 있는 우연에 기대하는 것이 아니라, 필연적으로 그렇게 할 수밖에 없도록 제도적인 장치를 마련해야 했다. 황종희는 군주의 존재를 부정할 수 없는 사회에 살았고, 그의 유학적 세계관은 도덕적 엘리트가 정치를 책임져야 한다고 생각한다. 그러한 환경에서, 군주 이하 정부에게만 정치를 맡겨 둘 수 없다고 판단한 황종희가 생각해 낸 것이 바로 학교였다.

학교는 인격적 성장을 온전하게 인생의 일로 삼은 사람들이 모여 있는 곳이며, 인격의 성장에는 건전한 사회를 이루고 유지하는 일이 필연적으로 수반된다. 학교의 구성원들은 끊임없는 토론과 반성에 의해 올바름을 찾아 나가면서 개인의 약점을 보완해 나갈 수 있다. 올바른 방향을 찾는 일은 개인의 삶에도 해당되며, 개인의 올바른 삶은 사회의 올바른 삶과 별개의 것이 아니다.

황종희가 오늘날과 같은 '주권재민'의 시대에 산다면, 그는 한 사람 한 사람이 자신의 윤리적 성장에 대해 책임이 있고, 모두가 성장할 수 있는 좋은 사회를 만드는 것에도 모두의 책임이 있다고 할 것이다. 사회를 만드는 것은 우리 모두이고 사회를 망가트리는 것도 우리 모두이다. 망가지는데도 수수방관하고 있는 사람이 윤리적으로 좋은 사람일 수 없다. 자신의 선한 마음에 응답한다면 자신의 주위에서 일어나는 일에 눈 감고 귀 막을 수 없다. 자신의 도덕성에 충실한 사람이라면, 자신의 직업이 무엇이든, 지위가 어떠하든, 정치 역시 자신의 책임이라고 느낄 것이다.

정치 영역에서 일어나야 하는 일은 권력을 위임받은 사람이 자신의 책무를 제대로 이행해서, 사회 구성원 모두가 각자의 방식으로 생의를 추구하고 살 수 있게 하는 것이다. 그렇게 하기 위해 국가 차원에서 할 일이 있으면 정치가 담당해야 한다. 정치가 해야 할 일은 적극적인 일에서부터 소극적인 일까지 스펙트럼이 넓다. 정치가가 타락하지 않아야 하는 것은 소극적으로 요구되는 일이다. 적극적으로는 사회 구성원 모두의 생활을 잘 살펴야 하고, 어떻게 하는 것이 다양한 사람들의 생의를 충돌 없이 충족시키는 것인지에 대해 끊임없이 연구하고 시행하고 다시 연구하고 고쳐 나가야 한다.

정치가로 나서지 않는 보통 사람들이라고 정치에서 면책될 수는 없다. 오히려 우리가 사는 사회 전체를 황종희가 말하는 '학교'로 만들어야 한다. 즉 권력 밖에서 권력을 감시하면서 권력의 올바른 방향을 제시하는 공론의 터전으로 만들어야 한다. 또한 정치가 해야 할 일이 사회 구성원 각자의 생의를 실현시키는 일이므로, 우리 각자는 자신의 생의를 충족시키기 위해 무엇이 필요하고 무엇이 제거되어야 하는지 가장 잘 아는 사람이다. 우리 각자의 생의를 대변하는 일은 우리 각자가 해야 한다. 그것이 억눌렸을 때 비명을 지르며 살 길을 찾아야 하는 것도 우리 자신이다. 정치는 우리의 생존을 우리가 도모하는 일상의 활동이다.

정치는 성인의 사업이 아니다

맹자에게 윤리와 정치는 분리되지 않는다. 그에게 정치란 군주가 가진 공감의 마음을 나라 안의 모든 백성에게 미치도록 하는 것이었다. 즉 군주의 윤리적 실천이 그대로 정치적 활동이 된다. 황종희 역시 윤리와 정치가 다른 일이라고 생각하지 않았다. 그러나 황종희는 덕 있는 사람 즉 유덕자에 의한 왕도정치를 주장한 맹자의 정치구상에 그대로 찬동하지는 않았다. 정치에 대한 맹자의 기대는 너무나 비현실적으로 낙관적이었음은 역사가 증명해 주었을 뿐 아니라 황종희 자신이 직접 체험한 것이기도 했다.

황종희는 인간이 태생적으로 이기적일 수밖에 없으며 이기적인 성질은 변할 수 없는 것이라고 생각했다. 이기심은 생명을 가진 존재의 생존 본능이라고 받아들였다. 그가 긍정적인 의미로 표현한 '생의'(生意) 역시 욕망과 무관하지 않다. 좋은 세상은 생명체 누구나가 자신의 본성에 따라 생의를 실현할 수 있는 곳이어야 한다. 자신의 생의를 추구하는 것이 다른 생명체가 생의를 추구하는 것에 방해가 되지 않는다면, 더 이상 바랄 수 없는 좋은 세상일 것이다. 그런 세상이라면 자신에게 충실한 것만으로도 조화로운 세상이 될 것이다. 태양이 뜨고 지는 것이 달의 운행에 방해가 되지 않고, 하늘을 나는 새가 생의를 추구하는 것이 연못 속에 사는 물고기의 생의를 가로막지 않듯이 말이다.

그러나 사람들 사이에는 그 일이 저절로 이루어지지 않는다. 언제부터 그랬는지 알 수 없지만 사람들은 제한된 재화를 놓고 다투기 시작했다. 다투는 대상은 점점 다른 성격의 것으로 바뀌어 갔다. 아주 옛날에는 기본적인 의식주만 해결되면 만족했을 것이다. 그것이 더 좋은 옷, 더 좋은 음식, 더 좋은 집으로 진행되다가, 수백 명, 수천 명이 거주할 수 있는 땅의 소유권을 두고 다투기에 이르렀다. 그리고는 권력이 세상의 재화를 사유화하는 데 사용되자 권력을 소유물처럼 여기며 다투기 시작했다.

『맹자』는 권력의 미덕을 다음과 같이 말한다. 갑자기 쏟아진 많은 비에 물에 잠긴 징검다리 옆에서 난처해하는 동네 노인이 있다. 그렇게 서 있는 노인이 둘 셋 늘어 간다. 이 상황에서 그저 동네 청년인 경우와 권력을 가진 고을 수령이 할 수 있는 일은 천양지차다. 그저 동네 청년이라면 업어서 몇 명의 노인을 건네줄 수 있을 뿐이다. 비 때문에 징검다리가 잠기는 일은 매년 반복되지만, 청년이 할 수 있는 일은 매년 몇 명의 노인을 업어서 건네주는 것뿐이다. 그러나 고을의 수령이라면, 해마다 비가 올 때마다 잠기는 것을 확인한 뒤에는, 누구나 일 년 내내 날씨 걱정하지 않고 마음 놓고 건널 수 있도록 그곳에 다리를 놓을 수 있다. 더 나아가 군주의 권력이라면, 나라 전체에 필요한 곳에 다리를 놓을 수 있다.

황종희에 의하면, 군주와 권력은 세상 사람들이 자신의 생의를 추구하는 것을 안전하고 평화롭게 할 수 있도록 보장하기 위해 요청된 것이다. 또한 법은 "천하의 재부를 천하 사람의 수중에 두기"(『명이대방록』) 위해 만들어진 것이다. 맹자에게는, 권력은 군주에게 있으며 백성에게 보다 체계적이고 광범위한 은혜를 베풀 수 있는 힘이라는 의미가 강했다. 그러나 황종희에게 권력은 개인의 생명과 재화를 지키기 위해 필요한 것이었다.

그러한 임무를 맡은 권력이 이기심을 충족시키는 수단이 되니, 권력까지도 쟁탈의 대상이 되고, 나아가 사유화되어 간다. 권력은 할 일이 있어서 요청된 것인데, 권력을 운용할 개인은 누구나 이처럼 위험하니 권력의 운용이 제대로 되도록 하려면 어떻게 해야 하는가? 어떻게 권력의 사용을 통제해야 하는가?

사람의 이기심은 타고난 것이고 또 없어서는 안 되는 것이지만 남의 생의를 막을 정도로 넘쳐서는 안 된다. 기의 존재인 사람을 다른 존재와 구별시키는 것, 즉 사람을 사람이게 하는 것은 사람의 지각이다. 사람의 지각은 다른 동물들이 하지 못하는 것을 한다. 자신을 의식하는 일, 즉 자각을 한다. 사람은 자신의 이기심을 지켜보며 자신의 한편에 공감능력이 있음도 지켜본다. 자각하는 의식도 있고 나아가 자각되는 것을 통제할 수 있는 능력도 있다. 그리고 스스로 통제되지 않는다고 판단했을 때 타인에게 도움을 요청하는 일도 할 수 있다.

공감능력이 성장해 있다면 자신의 이기심이 넘치게 내버려 두지 않을 것이다. 그러나 이기심보다 우월한 공감능력을 가진 사람일지라도 이기심이 넘실대는 경험을 하지 않을 수 없다. 때로는 이기심에 굴복하는 일도 있을 것이다. 그러나 그 상황을 불안하게 여기면서 다시 자신을 추스르는 의식이 우리에게 있어서, 다시 올바른 궤도 위로 올라설 수 있다. 자신의 의식을 지켜보는 자의식이 있다면, 게다가 자신을 원하는 방향으로 이끌고 갈 의지와 통제력이 있다면, 이기심의 범람을 경험하면서도 한 발 한 발 보다 나은 사람이 되는 데로 나아갈 것이다. 공감능력은 자신의 것이면서 자신을 넘어서는 능력이다.

누구나 자신의 이기심을 감시하고 통제해야 하는 것처럼, 누구나 자신의 한 점 선한 마음을 키워야 하는 것처럼, 사회 구성원 누구나 사회의 권력을 감시하고 통제하여 좋은 방향으로 성장시킬 책임이 있다. 인간관계에서 자신을 성장시키는 일과 권력에 관심을 갖고 제대로 작동하도록 감시하는 일은 다른 일이 아니기 때문이다. 이 공감능력을 발휘하여 모든 사람들이 생의를 추구할 수 있도록 자신의 이기심을 통제하고, 타인의 이기심을 통제하도록 도와주는 일은 누구한 사람만이 책임질 일이 아니다.

황종희가 파악하기에 사람이란 다른 사람들 속에 있어야 비로소 자신의 본성을 무사히 키우고 사람답게 살 수 있는 존재이다. 육체의 기를 키우는 일에서부터 마음이 크는 일까지, 외부의 기를 섭취해야 숨을 유지하고 나아가 성장한다. '습'의 형태로 나를 둘러싸고 있는 모든 것들은, '외부'라는 말을 사용하지만, 나와 별개의 존재들이 아니다. 간접, 직접으로 나에게 영향을 주면서 나를 키우는 존재들이다.

인간이 기의 존재이고, 그렇기 때문에 다른 사람들과의 연동 속에 있다면, 나에게만 집중하는 삶이란 애당초 가능하지 않다. 흐르는 자신의 마음에 충실하다면, 자연히 그 마음을 따라 점점 더 넓은 공간으로 퍼지는 곳에 다다를 것이다. 내 마음이 감지한 세상의 불행과 불의가 나의 기를 편안하지 못하게 하므로, 그것은 남의 일이 아니다.

개인은 불완전하고, 그 불완전함은 끝내 벗어날 수 없는 것이라고 해도, 전광석화 같은 선한 마음을 잃지 않고자 노력하는 사람들의 협업에 의해, 선을 튼튼한 것으로 유지해 갈 수 있다. 황종희는 협업이 공간적으로 시간적으로 연속된다고 다음과 같이 말한다. 서론에서 한 번 소개한 적이 있는데, 다시 한 번 옮겨 본다.

> 세상에서 가장 알기 어려운 것을 한 사람이 찾으면 얻지 못하더라도 천만인이 찾으면 모두 얻을 수 있다. 세상에서 가장 이루기 어려운 일은 한때 힘을 쓰면 이루지 못하더라도 천백 년을 힘쓰면 못 이룰 것이 없다"(『맹자사설』)

사람은 혼자 성장할 수 없다. 성장은 다른 사람과의 상호 관심과 공감 속에서 이루어져야 하고, 인내와 관용 속에서 천천히 꾸준히 진행되어야 한다. '정치' 역시 사회의 관계망에서 자신이 성장하고 남의 성장을 돕는 일과 근원적으로 다른 일이 아니다. 가장 가까운 데서 보살피고 지켜봐 주는 가족 사이의 상호 관계, 대를 이어 일어나는 학문에 의한 협업 등과 마찬가지로, 정치 역시 서로 키워 주고 서로 경계해 주는 일이다.

유교경전이 전하는 근원적인 가치에 동의하는 황종희는 경전을 읽고 그에 대한 해석을 쓰면서 자연스럽게 군자 혹은 성인이라는 단어를 사용한다. 그러나 실제로 군자나 성인은 황종희에게 의미가 없는 말이다. 사람이 질적으로 다른 사람이 될 수 있다고 생각하지 않기 때문이다. 그저 오십 보를 나아갔는지 백 보를 나아갔는지의 차이가 있을 뿐이라고 생각했다. 그래서 그는 "촌사람을 면하면 군자"라는 말을 하기도 하고, 촌사람이란 "악인은 아니"지만 "일용의 범상함 속에서 격식틀을 만들어 스스로는 큰 잘못은 없다고 하지만, 도리어 다른 사람과 융화하지 못하는 사람"(『맹자사설』)이라고 설명한다.

즉 그는 '다른 사람과 융화하지 못하는 사람'이라는 의미로 '촌사람'이란 평가어를 사용했다. 촌사람이 지킨다는 격식틀은 자기 나름대로 선하고 올바르게 되기 위해서 만들었을 것이다. 그리하여 격식을 지키고 있기 때문에 본인이 잘못되었다고 생각하지 않는다. 그런데 격식을 지키다가 오히려 다른 사람과 융화하지 못하게 된다면, 실제를 반영하는 격식이 아니기 때문이다. 좋은 사람이 될 요량으로 격식을 지키려고 하지만 실제로 좋은 사람이 되는 길은 막아 버리는 것이다. 제3장을 시작으로 여러 곳에서 '향원'을 언급했다. 글자상의 의미는 '시골의 성실한 사람'인데, 유학자들이 담은 의미는 '사이비' 즉 '가짜 군자'라는 것이었다. 황종희는 군자와 소인을 칼같이 나누는 사람이 아니기 때문에 '촌사람'이 '가짜 군자'라는 의미와 정확히 일치하지는 않지만, '촌사람'이 '가짜 군자'와 '사이비'라는 의미는 공유한다고 할 수 있다.

왜 격식틀이 문제인가? 선(善)이란 사람 사이에서 정해지는 것이다. 100년 전의 한반도에서 가장 중요한 선은 국권을 지키고 조선 왕조를 회복하는 것이었다. 당시 민주나 공화는 아직도 불온한 구호였다. 현대에 여자 고위공무원의 비율이 점점 높아져 가는 것을 100년 전의 사람들이 보면 나라가 망할 징조라고 걱정했을 것이다. 100년의 시간차는 단적인 예인 것도 같지만, 100년의 변화가 단번에 이루어지는 것이 아니라는 점을 생각하면, 단적인 예도 아니다. 늘 어디서나 조금씩 변하고 있다. 또한 앞에서 이야기한 적이 있듯이 각 사회마다 통용되는 가치관이 다르다. 예나 지금이나 정도의 차이일 뿐, 다양한 배경을 갖고 다양한 생각을 가진 사람들이 섞여서 살고 있는 사정은 마찬가지이다. 같은 시대 같은 사회 안에 사는 사람들이라고 다 같은 생각을 하는 것도 아니며, 같다고 하더라도 움직이지 않고 멈춰 있을 수도 없다. 어디에서도 격식틀은 쓸 곳이 없다. 격식틀을 갖고 있으면 다른 사람의 감정이나 사정은 보려고 하지 않을 게 뻔하다.

촌사람이란 흐르는 자신의 마음도 자각하지 못하고 타인의 마음에도 다가가지 못한 채, 그것을 격식에 붙잡아 두려는 사람이다. 흐르는 마음에는 타인에게 공감하는 마음과 이기적인 마음이 섞여 있다. 마음을 그대로 흐르게 두면서 다른 마음과 부딪히는 곳에서 자신의 공감의 마음을 발휘하든 이기심을 자제하든 해야 한다. 스스로는 좋은 사람이 될 작정으로 격식틀을 만들어 지키려고 애쓰겠지만, 결과적으로는 사람들의 흐름에서 스스로를 격리시키게 된 사람이다.

그래서 촌사람을 면한 군자란 자신의 마음이 생긴 모습을 잘 알고 마음의 흐름을 잘 따르는 사람이라고 생각된다. 황종희는 다음과 같이 군자와 촌사람 대신 보통 사람과 성인을 대비시키기도 한다.

> 사람들과 다르고자 하면 허나한 꾸밈이 나오니, 이는 성인이 아니다. 그러므로 성인이란 보통 사람이면서 마음을 편안히 하려는 자이다. 보통 사람이란 성인이면서 마음을 편안히 하려고 하지 않는 사람이다.(『맹자사설』)

성인 역시 보통 사람과 다르지 않다. 공감의 마음 한편으로 이기적인 마음이 있다. 다만 성인은 감추려고 하지 않을 뿐이다. 감추려고 하지 않고 인정하기 때문에, 이기심을 어느 정도까지 충족시켜야 할지, 어떻게 통제해야 할지에 대해 대책을 세울 수 있다. 타인의 이기심을 인정하고 타인의 공감 능력을 믿기 때문에, 끊임없이 사람들과 소통하려고 노력하면서 선을 찾아 나설 것이다. 그래서 황종희는 그들을 "꾸밈" 없는 사람, "마음을 편안히 하려는" 사람이라고 부른다.

이러한 성인에게 이기심이 일어나면 그의 마음은 분주해질 것이다. 자신을 의식하는 마음은 이기심을 알아채고 그 마음을 지켜보도록 자신에게 경고를 보낼 것이다. 왜 그런 마음이 일어났는지 들여다보면서 어느 정도까지 허용되어도 좋은지, 어느 선에서 더 이상 자라지 못하도록 자신을 다잡아야 하는지 판단할 것이다. 그러한 경험은 다른 사람들을 이해하는 데 도움을 줄 것이다. 사람들이 어떤 마음에서 이기심을 일으키는지, 어느 지점에서 그 이기심에 굴복해서 무너지는지 이해할 수 있으므로, 그렇게 되지 않도록 지켜보고 도와줄 수 있다.

다른 사람의 마음과 눈을 떠올리면서 내가 이웃과 함께 사는 사회를 망가뜨리지 않도록 나의 이기심이 커지는 것을 막을 수 있다면, 우리는 모두 성인이다. 보통 사람인 성인이다. 우리는 이렇게 과도한 이기심에 위협당하는 상황을 점점 줄여 나가며 성장할 것이다.

성인은 이처럼 늘 이기심에 위협당하면서 자신을 바른 방향으로 이끌어 가려고 노력하는 사람이다. 성인은 우리가 알고 있듯이 신에 가까운 완벽한 인격이 아닌 것이다. 최선의 인격도 이러한 정도라면, 우리가 권력을 믿고 맡기고 잊고 있어도 되는 사람은 이 세상에 없다는 것을 다시 한 번 새겨야 한다. 우리 각자가 노력해서 스스로의 상황을 인정하고 이웃과 함께 노력하는 성인이 되는 것 말고는 다른 방법이 없다. 악의 전염력이 가공할 만한 것이라는 말을 제3장에서 한 적이 있다. 내가 나의 욕망을 드러내며 내 이웃과 사회가 허용하는 선에서 통제하려고 한다면 악은 내 근처에 오지 않는다. 그러나 나의 이기심이 자라게 내버려 두면 나는 은밀하게 누군가와 악의 공모를 하게 되고, 공모에 가담하지 않는 자를 적극적으로 미워하고 음해하는 데까지 이른다. 나 자신과 사회에 대해 져야 할 나의 첫째 책임은 자신의 욕망을 인정하고 공감능력을 믿는 보통 사람의 성인이 되는 것이고, 그다음 책임은 나의 이웃, 우리 정치가가 악의 전염원이 되지 않도록 지키고 감시하는 것이다.

정치는 인간과 짐승의 협업이어야 하는가?

마키아벨리가 근대정치의 개창자라고 평가되는 가장 큰 이유는 정치와 윤리를 분리해야 한다고 주장했기 때문이다. 그에 의하면, 윤리는 “어떻게 살아야 하는가”를 묻지만 정치는 “어떻게 살고 있는가”(『국가론』)에 토대를 두어야 하며, 그러한 현실에 토대를 두고 실제적인 효과를 거두는 것을 목표로 해야 한다. 그래서 그는 정치영역을 윤리영역에서 독립시키고, 정치는 합리성과 효율성을 기준으로 설계되고 실행되어야 한다고 주장했다. 그때까지 정치는 기독교의 형이상학과 당위론에 종속되어 있었기 때문이다.

황종희 역시 자신이 겪은 비극이 다시 되풀이되지 않도록 막는 것을 자신의 과제로 삼고, 피바람 부는 현실을 직시하는 것으로 새로운 구상을 시작했다. 정치와 권력이 얼마나 쉽게 타락할 수 있는지, 인간이란 도덕적으로 얼마나 허약한 존재인지를 뼛속 깊이 인정해야 했다. 그에게 정치는 성리학이 말하듯이 우주적 진리를 현실에서 구현하기 위한 윤리적 노력이 아니었다.

정치란 각자의 욕구를 갖고 있는 인간들이 함께 모여 살면서 필요해진 것이다. 결국은 인간들의 관계로 이루어진다. 그래서 황종희는 정치를 하고자 한다면 다음과 같은 사항에 대한 숙고가 필요하다고 생각했다. 즉 인간이 어떤 속성을 갖는지, 어떤 기제에 의해 관계를 맺는지, 어떤 약점과 강점을 갖는지 그들의 본성과 습성을 파악해야 한다고 생각했다. 정치를 형이상학과 당위적 가치에서 분리시켜서 현실에 기반을 두고 실행되어야 할 것이라고 생각한 점에서, 마키아벨리와 황종희는 통하는 점이 있다.

마키아벨리는 "인간은 사악하고", "은혜를 모르고 변덕스러우며 위선적인 데다 기만에 능하며, 위험을 피하려 하고 이익에 눈이 어둡다"(『군주론』)고 판단한다. 황종희 또한 인간을 그와 비슷하게 파악한다. 황종희 역시 "인간은 각각 자신을 위하고 자신의 이익을 추구하며", "편안함을 좋아하고 수고로움을 싫어하는"(『명이대방록』) 존재라고 이해한다.

그렇다고 마키아벨리나 황종희가 인간을 이기적이고 악하기만 한 존재로 단정한 것은 아니다. 인간은 이기적이면서도 동시에 다른 면도 갖고 있다. 마키아벨리는 법에 의해 통치되는 인민에게서 "선량함"을 발견했으며, 특히 로마 인민은 "일관되게 조국의 영광과 공동선의 애호자"(『로마사논고』)였다고 평가한다. 황종희는 맹자의 후예로서 인간이 선한 본성을 타고 태어난다는 데 동의했다. 다만 그 선한 본성을 한 줄기 섬광 같은 것이라고 생각했다.

윤리는 개인적 선을 추구하는 영역이고 정치는 다른 가치를 추구해야 한다며, 마키아벨리는 윤리와 정치 영역을 분리했다. 효율적인 정치에 대해 이야기하면서, 마키아벨리는 군주에게 다음과 같이 조언한다.

> 어떤 상황에서나 선하게 행동할 것을 고집하는 사람이 선하지 않은 많은 사람들에게 둘러싸여 있다면, 그의 몰락은 불가피합니다. 따라서 권력을 유지하고자 하는 군주는 상황의 필요에 따라서 선하지 않을 수 있는 법을 배워야 합니다.(『군주론』)

"선하지 않을 수 있는 법을 배워야" 한다는 말은 자신이 선한 사람이라도 자신의 선함을 거스를 줄 알아야 한다는 말이다. 이처럼 자신의 윤리의식을 거스르는 목적은 군주로서 "몰락"하지 않고 "권력을 유지"하기 위해서이다. 기독교적인 세계관하에 정치와 교회가 분리되지 않은 당시 상황에서, 마키아벨리는 교회와 교회가 제시하는 윤리로부터 정치는 독립해야 한다고 웅변했다. 위 인용문에서 언급하고 있는 "선하지 않은 많은 사람들" 역시 그들에게 "둘러싸"인 군주와 마찬가지로 기독교적 윤리의식을 공유하고 있었을 것이다. 즉 마키아벨리는 아무리 선한 가치관과 윤리의식을 교육하더라도 사람들은 다른 마음을 품고 "선하지 않"은 마음을 도처에서 드러내리라고 짐작하고 있다. 그러나 실제 마음이 선하지 않고 행동도 그렇다고 하더라도, 대외적으로는 하느님의 말씀에 따르고 있는 듯이 포장하고 살았을 것이다.

만일 군주가 정치 영역에서 더 이상 기독교의 윤리를 따르지 않고 새로운 원칙을 세우겠다고 공표한다면, 실제로 군주가 하는 일은 이전과 크게 달라지지 않는다고 하더라도, 그 사회 안에서는 많은 것들이 달라질 것이다. 예컨대 정치와 윤리가 분리되지 않았을 때, 군주가 윤리에 반하는 것을 알면서도 슬며시 권력유지에 유용한 행동들을 할 때와는 많은 것들이 달라진다. 슬며시 할 때는 공공연하게 알려지기를 원하지 않기 때문에 공공연해지지 않을 정도로 작은 수준에서만 이루어질 것이다. 그리고 누군가가 공개적으로 그 일을 문제 삼아서 그 행위에 대한 판단을 해야 할 때에는 윤리적 가치를 우선적인 기준으로 삼게 될 것이다. 그러나 마키아벨리의 조언대로 윤리에서의 가치와 정치에서의 가치가 다르다고 공표되고 이어서 널리 받아들여지게 되면, 윤리와 정치의 각 영역이 주상하는 가치가 서로 어긋날 때는 정치적 가치가 우선시될 것이며, 윤리적 가치는 결국 개인의 사생활 영역으로 축소될 것이다. 그리고 실제로 근대 유럽은 마키아벨리가 주장한 대로의 길을 밟았다.

앞에서 인용한 말에 이어 마키아벨리는 쐐기를 박듯이 "군주는 모름지기 짐승의 방법과 인간의 방법을 모두 이용할 줄 알아야 합니다."(『군주론』)라고 덧붙였다. 윤리를 떼어 버린 정치만의 영역에서는 효용성을 위해 수단과 방법을 가리지 말아야 한다는 뜻이다. 그가 말하는 인간의 방법은 법에 의지하는 것이고, 짐승의 방법은 힘에 의지하는 것이다. 완력과 협박과 같은 위법행위라도 필요하면 동원해야 한다는 것이다. 물론 짐승의 방법만 쓰라는 것은 아니다. 인간의 방법과 함께 짐승의 방법도 쓰라는 것이다. 그는 기본적으로는 좋은 군주는 폭력을 통해서가 아니라 동료 시민들의 지지에 의해 옹립된다고 말한다.

인간의 본성을 철저히 파헤치는 것이 마키아벨리의 주목적은 아니었기 때문에 인간의 본성에 관한 마키아벨리의 의견은 여기까지이다. 마키아벨리는 이 이상 논의하지 않았지만, 그가 인정한 대로 법에 의해 통치되는 인민이 선량하며 공동선을 추구할 수 있는 이유는 이기심을 넘어서는 다른 마음도 갖고 있기 때문일 것이다. 자신의 이익을 위해 계산하는 마음만으로는 애국이나 공동선을 추구하기 어렵다. 애국이나 공동선을 추구하다 보면 자신의 이익은 뒷전이 되기 쉬운데, 그럴 때는 개인의 불이익을 어느 정도 감수해야 한다. 그러므로 이기심과 계산능력 외에 기꺼이 공동선에 이바지하고자 하는 마음도 갖고 있어야 한다.

윤리적 판단을 배제하고 이익과 효용을 추구하는 마키아벨리식 정치는 예측 가능하고 계산 가능한 이익을 추구할 것이고, 그 점에서 합리적이고 안정적인 정치가 될 것이다. 위선적인 수식 없이 목표를 확실하게 정하고, 철저한 계산에 의해서 목표에 접근하는 정치를 하게 될 것이다. 누구를 인간의 방식인 법으로 대하고 누구를 짐승의 방식인 힘으로 제압할지 판단을 내리는 것 역시 계산에 포함된다.

그런데 마키아벨리의 조언에 따라 정치하는 군주는 개인적으로 어떤 생활을 하게 될까? 또한 그 나라 백성의 삶은 어떤 것일까? 사람이 윤리와 정치 영역을 나눠서 살 수 있는 것일까? 설사 나눌 수 있다고 해도 각 영역에서 주장하는 가치가 다르다면, 개인은 문제없이 자신의 가치판단을 각 영역에 적용하면서 살 수 있을까?

마키아벨리의 조언을 받아들여서 정치에 임하는 군주도 개인적인 삶에서는 여전히 하느님을 섬기며 선한 사람이 되기 위해 애썼을 것이다. 그러나 정치를 할 때는 선이 아니라 이익을 추구하며 때로는 불선한 행위도 감행할 것이다. 여전히 마음의 순결함을 설교할 기독교의 성직자들은 그에게 겸손함, 정직함, 경건함 등의 덕목을 지키라고 요구할 것이다. 그러나 마키아벨리와 같은 정치 조언가들은 냉철함, 판단력, 용맹함 등을 요구하며, 국가를 지키고 싶다면 "종종 악행을 저지르도록 강요"(『국가론』)할 것이다. 마키아벨리는 정치는 실재가 아니라 외양의 영역에 속하는 것으로 파악했다. 그러므로 그는 군주에게 본심은 내보일 필요 없고 오히려 마음을 감추고 능숙한 가장과 위선을 보호색으로 사용해야 한다고 조언할 것이다. 그의 말에 따르는 군주는 주말에는 신실하게 예배에 임하겠지만 정작 일주일의 대부분인 업무 시간에는 이익을 위해 꾸며 낸 얼굴로 꾸며 낸 말을 하며 살 것이다.

그 나라에 사는 백성이라고 다를 수 없다. 그들은 개인적인 삶에서는 교회에 가고 고해성사를 보면서 선한 사람으로 살려고 애쓰겠지만, 생업을 위해 사람들을 상대하고 나아가 정부와 상대해야 할 때는 군주가 머리를 쓰듯이 머리를 써야만 살아남을 수 있을 것이다. 법만을 지킨다고 해결될 일도 아닌 것이, 때로는 법이 아닌 완력을 상대해야 할 것이기 때문이다. 그러면서도 국가의 이익을 위해 개인적인 손해를 감수하는 행위도 해야 할 것이다.

이 군주는 권력을 유지하고 때로는 확장할 수 있겠지만, 그의 개인으로서의 삶은 그대로 괜찮을까? 군주와 마찬가지로 나라의 백성 역시 이중, 삼중적인 삶을 살아야 한다. 군주에게는 정치가 중요해서 마키아벨리의 조언을 따르겠지만, 그렇게 하면서도 그가 윤리적 삶을 청산하지 못하는 것은 윤리 역시 중요하기 때문이다. 두 영역을 유지하고 사는 한, 그는 평생 갈라지는 마음을 갖고 살 것이다. 사적으로 윤리적인 행위가 공적으로는 비윤리적인 짓이 될 수도 있고, 사적으로는 부도덕한 일이 공적으로는 훌륭한 일이 될 수도 있는 사회에서 살아야 하는 것이다.

정치 영역에서는 이익과 효용을 추구하는 일이 분명 필요하고, 때로는 동물적 방법이 필요할 것이다. 동물적인 방법이 유효하게 작동하는 이유는 인간의 동물적인 면 때문일 것이다. 정치 영역에서는 인간의 동물적 성격을 고려해야만 한다고 인정한다면 마키아벨리와 같은 길밖에 없는 것일까?

황종희도 마키아벨리와 마찬가지로 정치 영역에서는 보다 확실한 계획과 통제가 필요함을 절감했다. 그러나 그는 마키아벨리와는 다른 길을 열고자 했다. 그는 유학자 선배들과 마찬가지로, 인생은 인간이 성장하는 과정이어야 한다는 이상을 버리지 않았다. 그는 인간에게 이기적인 마음과 공감의 마음이 공존한다고 인정하면서도, 사람들의 협업에 의해 짐승보다는 인간의 길을 넓혀 가는 쪽을 선택했다. 성장을 통해 인간의 마음으로 마음의 통일을 추구하는 길을 넓히고자 했다.

인간의 길

황종희는 인간의 이기심을 보면서도 인간이 타고난 섬광 같은 선한 마음을 살려 내는 방향에 노력을 쏟았다. 선한 마음의 빛이 이기심을 제어하기를 기대했다. 맹자 역시 인간의 마음을 믿었지만, 인간에 대한 그의 신뢰는 각자가 자신의 이기심을 제어할 수 있다고 믿을 정도로 낙관적이었다. 자신의 이기심을 어렵지 않게 제어할 수 있는 사람을 더러는 만날 수도 있을 것이다. 그러나 모든 사람에게 기대할 수 있는 일은 아니다.

황종희는 인간이 갖는 섬광 같은 선한 마음을 키우기 위해 교육에 주목하는 한편, 인간이 갖는 짐승의 성격인 이기심을 다스리기 위한 제재의 방법을 구상했다. 상호 관계라는 인생의 현장에서 선한 마음을 키우고 단련하는 교육이 적극적인 기둥을 이루고, 누구에게나 언제까지 살아 있는 이기심의 어두움을 알아채고 서로 견제해 주는 제재가 소극적인 기둥을 이룬다.

한 줄기 섬광처럼 쉽게 사라질 것 같은 선한 마음을 붙잡아 두는 길은 어머니의 뱃속에 잉태되었을 때부터 시작되어야 한다. 아이가 이 땅 위에서 처음으로 만나는 환경을 부모로서 그리고 인생 선배로서 책임감을 가지고 조성해야 한다. 우선은 어머니가 좋은 신체, 좋은 마음을 갖도록 해야 한다. 그렇다면 그 일은 그 어머니를 좋은 환경에서 살게 하는 데까지 거슬러 올라가고, 그 어머니의 태중, 또 그 어머니의 태중까지 거슬러 올라간다.

어머니의 기를 받고 태어난 아이는 가정에서 또 많은 것들을 받는다. 부모의 말만 아이에게 표본이 되는 것이 아니다. 말로 표현되어 나오는 그들의 생각뿐 아니라 표정에 담긴 생각, 감정 표현에 담긴 생각까지도 아이에게 영향을 미친다. 즉 부모가 어떤 마음으로 어떤 말투로 어떻게 살고 있는지는 그대로 아이가 배우는 표본이 된다. 그러므로 아이를 가르친다기보다는 그저 좋은 사람이 되어야 하고, 좋은 동거인이 되어야 하고, 바람직한 인간관계를 확장하며 살아야 한다.

나아가 가정 못지않게 사람의 성장에 영향을 미치는 곳은 학교이다. 무엇을 어떤 마음으로 어떤 태도로 가르치는가는 학교만 책임질 일이 아니다. 학교에서 가르치는 것은 사회가 지향하는 가치와 가치를 실현하는 방식을 반영한다. 그러므로 학교의 방책과 실행에 대해서 사회 구성원으로서 관심을 갖고 관여해야 할 뿐 아니라, 사회의 지향에 대해서도 고민하고 관여해야 한다.

아무리 노력하더라도 인간이란 태생적으로 언제든 함정에 빠질 위험이 있다고 생각한 황종희는 다른 유학자들과는 달리 수양론이라는 것을 제시하지 않았다. 자신의 마음을 들여다보고 마음을 고치는 일을 반복하며 수양한다면 방문 안에 들어앉은 당사자의 어지러운 마음은 해결할 수 있을지도 모른다. 그러나 기의 존재로서 하나의 흐름 안에 있고, 그렇기 때문에 서로가 서로에게 영향을 주고 있는 이 세상에서 방문 안에서 해결할 수 있는 문제가 있을까? 오히려 방문을 닫고 방 안에서 얻는 안심 즉 편안한 마음은 세상의 흐름을 차단해 버릴 것이다.

우리 각자는 자기가 닿는 주위의 긍정적인 흐름에 기여해야 할 존재론적 책임이 있다. 황종희는 서로의 성장이 이뤄지는 가정을 다음과 같이 묘사한다. 앞에서 한 번 인용한 적이 있으나, 다시 한 번 소개한다.

> 아들이나 동생이 어질지 못하고 재능이 없는 것은 아버지와 형이 어질지 못하고 재능이 없는 것과 마찬가지이다. 요와 순은 아들의 불초를 스스로의 유감으로 생각하지 않은 적이 없다. [요의 아들] 단주(丹朱)와 [순의 아들] 상균(商均)을 마침내 요와 순이 변화시켰기 때문에 나라를 세울 때 대략 내치는 데까지 이르지는 않았다. 만약 버렸다면 길거리의 남과 마찬가지이다. 이렇다면 어떻게 성(性)을 다한 것이겠는가. 일찍이 어떤 유명한 아버지를 둔 아들을 본 일이 있다. [아버지가 아들의] 기거동작과 식사예절 [단속하기를] 조금의 가차도 없이 하니, 아들이 아버지 보기를 정말로 엄한 임금 보듯이 했다. 그러나 일단 아버지 옆을 떠나게 되자 안 하는 짓 없이 다 하게 되니, 오히려 시정과 동네의 배우지 못한 아이보다도 못했다. 부자의 정이 서로 통하지 못하면 잠시 눌러 놓더라도 감춰진 흠은 더욱 심해진다. 그래서 맹자는 '기른다'[養]는 글자로 말했으니, 온화한 기로 서서히 변화시키면[蒸] 융화하지 않음이 없다.(『맹자사설』)

기라는 하나의 흐름 속에 있는 사람들이 섞이고 부딪히는 과정을 보여 준다. 겉보기에 개별적인 사람들 같아도 개별적일 수 없는 존재들인 것이다. 위 인용문에 등장하는 아버지와 아들은 어떤 인간관계보다 가깝게 부딪히는 존재이다. "기거동작과 식사예절" 같은 매일의 소소한 일을 하면서 섞이는 사이이다. 아이의 미숙함, 성장의 어려움 등은 당연한 것이다. 생활을 통해 순차적으로 가르쳐야 할 책임은 아버지와 형에게 있기 때문에, 아들 혹은 동생이 미숙하고 어질지 못한 것은 아버지와 형의 책임이라고 말한다.

아버지와 형도 어릴 때는 미숙한 시기를 보냈고, 역시 그 아버지와 형의 따뜻한 기운으로 성장했을 것이다. 자기도 겪은 어려움이기 때문에, 가르치지도 않고 기대하고 비난하는 대신 어떻게 해야 순조로운 성장을 도울지 고민하며 자신 역시 지속적인 성장 속에 있어야 한다. 아버지로서 그리고 형으로서, 부자 사이와 형제 사이라는 새로운 인간관계와 함께 새로운 책임이 늘어난 것이기 때문이다. 자신들 역시 그들의 아버지와 형의 도움으로 여기까지 왔듯이, 아들과 동생과 같은 후배와의 관계에서는 자신에게 더 많은 책임이 있음을 알고 더 노력하며 성장해야 한다.

관계가 어긋나고 단절되는 것이 어느 한쪽의 책임일 수는 없지만, 조금 더 먼저 태어난 사람이 그만큼 더 참고 기다려 줘야 하는 책임이 있다. 부모형제의 관계를 끊는다는 것은 그보다 더 나쁜 것이 없을 패륜인 데다가, 가족 안의 일로만 끝나는 것도 아니다. 누군가와의 관계든 끊는다는 것은 사회 전체의 기의 흐름을 차단하는 것이다. 자신과 가장 가까운 사람과 차단된다면 어떤 연결을 순조롭게 할 수 있겠는가?

가족은 섞이고 부딪히는 강도와 빈도가 높은 것일 뿐, 가족 밖의 인간관계도 본질적으로는 다르지 않다. 서로 성장을 도울 사람이 되는 것이 가장 좋지만, 각자의 성장 정도나 상황 등 성장을 방해하는 많은 요소들이 산재하기 때문에, 어떤 관계든 그 관계가 순조롭지는 않을 것이다. 그러나 과불급의 운동을 하는 것은 인간관계에서도 늘 있는 일이라고 생각하며, 봐주고 다시 북돋으며, 설사 잠시 끊어지는 일이 있더라도 다시 이어 나가야 간다. 우리가 서로 도와가며 함께 성장해 간다는 사실을 깨닫는다면, 상대가 부족하다고 판단하고 선을 긋는 일은 하지 않을 것이다. 황종희는 다음과 같은 말을 했다.

> 군자와 소인의 이름을 너무 쓸데없이 분별하지 말라. 소인으로 하여금 염치의 마음을 품게 하여 그 화를 줄일 수 있도록 해야 한다. 일단 그 죄를 늘어놓고 나면 부끄러운 마음 품기를 기대할 수 없으니, 군자와 함께하기가 훨씬 어려워진다.(『맹자사설』)

"군자와 소인의 경계를 나누고, 모든 일에서 서로 충돌하면서 붕당의 화에 이르게 되는 것"은 공맹의 행동방식이 아니라고 황종희는 말한다.(『맹자사설』) 군자는 구체적인 일을 처리하면서 어떤 것이 올바른 이치인지 말할 뿐, "소인이기 때문에 관계를 끊는다는 뜻을 가진 적은 없다"(『맹자사설』)고도 덧붙인다. 앞에서 성인과 보통 사람, 성인과 촌사람의 차이를 이야기하는 데서 보았듯이, 성인과 보통 사람, 군자와 소인은 질적으로 다른 사람들이 아니다. 소인의 영역이 따로 있고 군자의 영역이 따로 있지 않다. 좀 더 나은 사람과 그렇지 않은 사람이 있을 뿐이며, 좀 더 나았던 사람이 그렇지 않았던 사람보다 늘 나으라는 법도 없다. 소인이라고 비난하며 배척한다는 것은 자신은 군자라고 자임한다는 것인데, 군자라고 자임하는 것도 근거 없는 오만함이지만, 소인이라고 배척하는 것도 군자로서 책임방기이다. 자신이 군자의 인격에 더 가까이 다가간 사람이라고 생각하다면 그만큼 더 책임을 느껴야 한다. 소인이라고 선을 긋는 대신 구체적인 일을 처리하면서 올바른 길을 보여 줘야 한다.

소인이라고 비난받을 정도로 나빠진 상태의 마음일지라도, 황종희는 좋은 마음을 회복할 수 있다는 희망을 버리지 않았다. 마음의 기는 "생생(生生)의 기틀로서 혹시라도 쉬는 때가 없다. 그러므로 잘못된 뒤라도 조금 있다가는 다시 발할"(『맹자사설』) 것이라고 믿었다. 그렇기 때문에 누구도 순간적인 실수 때문에 버려져서는 안 된다고 생각했다. 스스로에 대해서도 마찬가지이다. 어쩌다 한 번 한 실수 때문에 영영 나쁜 사람으로 낙인찍힌다고 생각해 보라. 불합리한 일일 뿐더러 그보다 비교육적인 일도 없다.

관계 안에서의 성장은 대를 이어 계속된다. 나는 부모의 기를 이었다. 나의 부모는 그들 부모의 기를 이었다. 부모가 자식을 얻기를 바라는 것은 "자신의 뜻을 잇기 바라는 마음에서이며, 나의 모자란 부분을 아들이 채우고 내가 못한 일을 아들이 하기를 바라"기 때문이다. 그럼으로써 "몸은 유한하지만 뜻은 무궁"한 것으로 만든다.(『맹자사설』)

대를 이은 성장의 방법 가운데 가장 적극적이고 광범위한 영향력을 갖는 것은 학문이다. 황종희는 선배 학자의 말에 동의하면서 그 말을 인용한다.

만약 사람의 본성에 본래 이러한 도가 없다면 배워도 할 수 없을 것이다. … 본성이 선한 것이 아니라면 배움이 끊어져 전해지지 않은 지 오래되었을 터이니, 서책이 어떻게 오래도록 남아 있을 수 있었겠는가. 배워서 할 수 있는 만 가지는 천생의 하나를 당할 수 없지만, 배우지 않아서 파괴되는 것 한 가지가 천생의 만 가지를 잃게 한다. 그러므로 배움이 중요하다.(『맹자사설』)

학문은 타고난 선한 본성을 지키고 키우기 위해 대를 이어 노력한 인류의 산물이다. 인간의 노력에 의해 본래의 허약하고 선한 본성이 단단해지고 안정될 수 있다. 황종희는 앎이 많아지면 "안정되고" 그렇게 되면 "사려할 수 있게" 된다고 사람의 주관이 성장해 가는 과정을 묘사했다. 동물과 달리 사람이 가진 지각은 성장하여 사려하는 능력이 되고, 사려할 수 있기 때문에 사람은 자기 시대를 넘어 자손들의 시간을 위해 지식을 축적하여 전해 줄 것을 고민한다.

동시대인의 관심과 애정 속에서 자라고 선배들이 대를 이어 전해 준 지식의 축적 속에서 자라는 사람은, 즉 지식의 성장을 이룬 사람은 세상의 어떤 일에도 무심할 수 없을 것이다. 지식은 나를 둘러싼 세상이 나와 무관하지 않으며 나를 변화시키고 또 나에 의해 변화하는 것임을 알려 주기 때문이다.

나의 불완전함을 보완해 줄 수 있는 것은 내 앞에 있는 다른 불완전한 사람이고, 또 과거에 살았던 수많은 불완전한 사람들이다. 불안전한 사람들이 힘을 합하면 각자의 불완전함을 벗어날 수 있는 커다란 힘이 된다. 이는 나를 둘러싸고 있는 동시대를 공간적으로 연결하는 것일 뿐 아니라, 지나온 과거와 앞으로 이이질 미래를 시간적으로 연결하는 일이다. 학문은 동시대를 살아가는 서로 멀리 떨어진 사람들을 연결시킬 뿐 아니라, 이 공간을 살았던 사람들과 앞으로 살아갈 사람들을 시공을 초월해 연결해 준다.

좋은 가정을 만들고 학교를 만들어 어느 정도 수준까지 교육하는 일은 어느 사회에서나 중요한 일이다. 교육을 통해 서로의 영향력과 책임에 대해 자각하는 사람들이 사회에 가득해진다면 자연스럽게 독부(獨夫) 즉 혼자서만 즐겁겠다는 외로운 독재자의 발생을 막을 수 있을까?

황종희는 공간과 시간을 넘어서 펼쳐지는 성장을 강조함과 함께, 이기심이 낳을 수 있는 비극, 특히 권력과 결부된 이기심의 폭주를 막는 방법에 대해 고심했다. 개인의 이기심이란 다른 사람들의 관계 속에서 조정될 수 있으며, 앞에서도 언급했듯이 좋은 영향을 받고 제자리로 스스로 돌아오는 일도 가능하다. 보통 사람들이 일상에서 부릴 수 있는 이기심이란 그렇게 큰 위험이 아니므로 스스로 돌아올 때까지 기다려 줘도 된다.

그러나 권력을 다루는 사람의 이기심은 한순간의 폭주도 용납할 수 없다. 수천 수만의 목숨을 파리 목숨처럼 죽여 버릴 수도 있기 때문이다. 황종희는 권력을 감시하고 통제하기 위해 크게 두 가지 방안을 제시했다. 하나는 앞에서 언급했듯이 학교에 정치적 기능을 부여하는 것이고, 다른 하나는 법의 권위를 강화하는 것이다. 학교에 정부를 견제하는 역할을 맡기는 한편, 황종희는 법을 더 중요하게 활용하는 방법에 의해서도 권력의 독단을 차단할 수 있다고 생각했다.

누군가가 다스리는 '사람'은 있어도 다스리는 '법'은 없다고 한다면,

나는 다스리는 법이 있고 난 뒤 다스리는 사람이 있어야 한다고 말하겠다. 법도 아닌 법이 천하 사람들의 손과 발을 묶어 놓은 이후로 비록 유능한 정치인이 있어도 마침내 이리저리 끌려 다니며 의심이나 하고 눈치나 살피는 것을 벗어나지 못하고, 하는 일이 있다 해도 또한 자신의 분수와 한계에 머물러 일을 대충대충 처리하는 데 안주하면서 그 한계를 벗어나 공명을 세우지 못한다. 선왕의 법이 있다면 법 이외의 어떤 자의도 그 사이에 끼어들지 못한다. 그 사람이 옳으면 좋은 일을 행하지 않을 이유가 없고, 그 사람이 그릇되더라도 엄격한 법망 때문에 천하 사람을 해롭게 하지 않을 것이다. 그러므로 다스리는 법이 있은 후에 다스리는 사람이 있다고 하는 것이다.(『명이대방록』)

'법 아닌 법'[非法之法]이란, 천하를 자신의 사유물로 여기는 권력자가 자신의 재산을 보호할 생각으로 만들어 낸 법을 의미한다. 법이 천하의 재부를 누군가 독차지하는 일 없이 천하 사람의 수중에 두도록 하기 위해 태어났다는 것을 생각하면, '법 아닌 법'이란 법의 반란이다. 황종희는 법의 근원적인 역할, 즉 사회 구성원 각각의 이익을 충족시켜야 한다는 역할이 제대로 실행되도록 하기 위해, 권력자 즉 군주와 대신들의 독단을 막는 것을 법이 할 일로 재설정하고 있다.

사회 안에서의 상호관계에 의해 공감능력을 확대해 가는 일에서는 가르치는 사람과 배우는 사람이 나뉘지 않고, 상황에 따라 관계에 따라 역할이 바뀐다. 실제로 거의 대부분의 경우 누구에게나 가르침과 동시에 배우는 일이 일어난다. 바찬가지로 이기심을 제어하기 위해 작동해야 하는 법에도, 법을 만든 사람과 법의 제어를 받는 사람이 분리되지 않는다. 특히 오늘날처럼 모든 사람에게 주권이 있고 유권자의 대의자로서 정치가가 되는 구조에서는 더욱 그러하다.

황종희는 마키아벨리처럼 정치 영역의 현실성을 중요하게 생각했지만, 그렇다고 윤리 영역의 일을 축소하지 않았다. 그는 상호 성장이라는 방법으로 정치 영역의 현실성을 확보하는 방법을 생각했다. 현실의 정치를 충분히 고려하면서도 유용성의 원리에 의해서 움직여서는 안된다는 생각을 표명한 것이다. 황종희가 정치의 목적을 마키아벨리와 다르게 설정했기에 가능했던 생각이었다.

유용성을 목표로 설정하게 되면 삶의 전도가 일어난다. 무엇을 위한 유용성이든, 그것이 사람보다 중요해지는 순간 사람과 삶은 그 목표와 목표를 산출하기 위한 유용성의 도구로 전락할 수밖에 없다. 황종희에게 좋은 정치는 권력을 지키고 나라의 이익을 확대하는 것이 아니었다. 그에게 정치란 선배 유학자들과 마찬가지로 인간이 성장하는 일이었고, 인간의 성장을 가로막지 않는 사회를 함께 만드는 일이었다.

우리의 삶이 유용성이라는 경제적 원리에 휘둘리게 되면, 개인의 존엄성을 신뢰하고 그것을 지키겠다고 기치를 내건 민주주의와는 점점 멀어진다. 좋은 삶을 위한 성장이 윤리와 정치를 관통하는 황종희의 청사진은 오늘날 우리에게도 의미 있는 모델이 아닐까?

제6장

인간은 어떻게 존엄해지는가?

자의식과 자존감

생의라는 것이 그저 자신의 배를 불리고 몸을 따뜻하게 하는 것으로 충족된다면 인간은 동물과 다를 바가 없다. 배를 채우는 것이 아무리 화려하고 몸을 따뜻하게 하는 것이 아무리 거창한 것이라고 해도, 그것이 그 사람을 화려하고 거창하게 만들지는 않는다. 자신의 욕구만을 채우려는 마음이라면 무엇을 성취하든지 그는 그저 자신 안에 갇힌 사람일 뿐이다.

다행히도 인간에게는 스스로를 자신의 몸을 넘어선 존재로 만드는 능력이 있다. 바로 맹자가 측은지심이라고 부른 공감능력이다. 내 마음은 어떻게 내 마음을 넘어서는가? 내 마음이 내 가족의 기쁨에 같이 기뻐하고 슬픔에 같이 슬퍼할 때, 내 마음은 내 몸을 넘어 가족에게 가 닿는다. 내 가족의 기쁨과 슬픔을 넘어 아프리카에서 교육도 받지 못하고 힘들게 노동하는 아이들을 보며 분노할 때, 내 마음은 멀리 아프리카에 가 있다.

그러나 내 마음이 항상 순조롭게 펴져 나가는 것은 아니다. 무거운 몸 때문에, 넉넉하지 못한 재정 때문에, 혹은 내일을 위한 걱정 때문에 타인에게 가는 마음을 접어 버리기도 쉽다. 가족을 잃은 다른 사람의 슬픔을 보고 울컥하며 움직이려다가, 당장 내가 겪고 있는 감기 몸살이 더 무거워 그냥 주저앉고 마는 것이 우리 허약한 인간이다.

그런데 내게는 이러한 이기심과 공감능력 말고도 또 다른 마음이 있다. 즉 자신을 자각하고 반성할 줄 아는 자의식이다. 자의식은 나의 이기심이 움직이는 것을 지켜보고 나의 공감능력이 일어났다 주저앉는 것을 지켜본다. 자의식은 자기 안의 다른 마음을 지켜볼 뿐 아니라, 여러 마음들에 대해 기특하다거나 부끄럽다는 감정의 판단을 한다.

우리 마음이 한 갈래가 아니라는 것은 누구나 쉽게 경험하는 일이다. 여기에서는 지금 세 가지 갈래의 마음을 이야기하는데, 마음의 갈래는 이뿐만이 아닐 것이다. 불교의 유파 가운데 사람의 의식을 집중적으로 탐구한 유식불교는 사람의 의식을 아홉 가지로 나눴다. 양파를 생각하면 이해하기 쉽다. 껍질 한 겹을 까고 나면 나일까 생각하는데, 나라고 생각한 의식 역시 껍질일 뿐이고, 그렇게 아홉 겹의 껍질을 까서 안으로 다가간다는 것이다. 유식불교가 의식을 여럿으로 나눈 이유는 표층의 의식부터 하나씩 그 의식이 진짜 자기라고 할 만하지 않다는 것을 보여 주기 위해서였다. 불교는 진짜 자기라고 주장할 만한 것은 없다는 것을 깨달으면 자신에 대한 집착도 깨질 것이라 생각했다. 자신에 대한 집착에서 벗어나기 위해 집중적으로 의식을 파고든 것이다.

불교의 주장을 감안하더라도 우리가 지금 말하는 자기를 의식하는 이 마음, 즉 자의식도 완전히 나라고 하기는 어려울 것이다. 의학이나 심리학에서 밝혀 놓은 여러 병리현상들을 보면 내가 나의 모든 것을 의식하지는 못한다. 감당하기 어려운 기억은 기억상실이라는 병리현상을 만들어 내기도 하고, 더 감당하기 어려운 경험은 다른 인격까지 만들어 내기도 한다. 또 제4장의 "나의 허약함을 인정하기"에서 언급한 적이 있듯이, 자신이 감당해야 할 수치심을 타인에 대한 경멸로 둔갑시켜 배출하는 일도 한다.

그러니 지금 말하고 생각하고 행동하면서 그 주체임을 주장하는 나도 정말 나라고 할 만한하지 않겠지만, 이 땅 위에서 이 몸을 갖고 살아야 하는 우리들에게 '자신'이라는 주체가 닻을 내릴 곳은 필요하다. 만약 이보다 더 깊은 자신을 찾아낸다면, 우리는 그 새로운 자신에게 다시 주체의 닻을 내릴 것이다. 우선은 우리의 모든 감정과 의식을 지켜보는 이 마음을 나로 삼아 살 수밖에 없다.

그런데 갈라지는 나의 마음들을 의식하는 이 자의식을 모든 사람이 살뜰하게 챙기고 있는 것은 아니다. 자의식 역시 타고난 능력이지만 쓰지 않고 어둠 속에 묻어 두면 그대로 묻혀 있을 뿐이다. 그러나 묻혀 있다고 해서 없어지는 것은 아닌 듯하다. 정약용(丁若鏞, 1762~1836)은 사람에게 천성적으로 선한 마음이 있고, 실제로 나쁜 사람으로 살고 있더라도 선한 마음은 끝내 사라지는 것이 아니라고 주장하기 위해 다음과 같은 예를 들었다. 즉 세상에 다시없을 악인이라도 누가 착한 사람이라고 칭찬해 주면 기뻐한다는 것이다. 정약용 역시 맹자의 후예로서 사람은 천성적으로 선한 마음을 타고난다고 생각했는데, 정약용은 이를 '선을 좋아하는 마음' 즉 선에 대한 기호라고 해석했다. 악인은 선과 관계없는 듯이 살고 있지만 선을 좋아하는 그의 천성은 살아 있기 때문에 그 칭찬에 기뻐한다는 것이다. 이 예는 선한 마음은 사라지지 않는다는 것을 이야기하기 위한 것인데, 자의식 역시 그렇다는 것을 이야기하고 있기도 하다. 즉 좋은 사람이고자 하는 자의식이다.

자신을 의식하는 마음은 공감하는 자신도 의식하고 이기심도 의식한다. 자의식 때문에 나를 괴롭히는 남이 없어도 나는 스스로 괴로울 수 있다. 어제 내가 한 생각, 한 말, 한 행동 등을 곱씹으며 괴로워할 때가 있다. 오늘은 어제 한 일을 괴로워하고, 내일은 오늘 한 일을 괴로워할 것이다.

자신을 괴롭힌다는 것은 스스로가 지향하는 자신이 있고, 그렇지 않은 자신이 있기 때문이다. 자신을 부끄러워하는 일을 그만두기가 쉽지는 않겠지만, 이러한 의식이 있기 때문에 자신을 편안하게 만들기 위해 노력한다. 자신을 부끄럽고 괴롭게 만드는 마음들을 사라지게 하거나 움직이지 못하게 노력하는 것이다. 자의식이 자신을 편안하게 하기 위해 다른 마음들을 정리해 나가는 방향이 꼭 선한 쪽이 되리라는 보장은 없다. 의식적으로 나쁜 일을 하는 사람도 분명 있다. 그러나 앞의 정약용의 말을 받아들인다면, 아무리 나쁜 쪽으로 자신의 마음을 통일해 가는 사람이라도 한 구석에 선한 마음은 사라지지 않고 언제든 다시 고개를 내민다. 그러므로 자신을 괴롭히지 않는 방향으로 마음 갈래들을 정리한다면, 좋음, 선함에 대한 추구이어야 할 것이다. 계속 자신을 편안하게 하려고 한다면 궁극적으로는 그 방향이 되어야 할 것이다.

스스로 자랑스럽지 않은 마음을 정리하면서 내 마음의 갈래는 줄어들 것이고, 자신의 행동에 부끄러워 얼굴 붉히는 일도 줄어 갈 것이다. 그렇게 정리되어 가면, 앞에서 황종희가 성인을 묘사하면서 말했듯이 "꾸밈없는 사람"이 될 것이다. 자신의 이기심을 부정하지 않으면서 이기심의 움직임을 놓치지 않고 바라보며 자신의 공감능력이 어디에서 주춤하는지 자신의 마음을 살펴볼 것이다. 나아가 이기심이 어디에서 증폭될 수 있는지, 증폭되면서 나의 공감능력이 어떻게 약해지는지 파악하게 되면, 위험을 줄이기 위해 그 마음들을 통제할 방법을 찾아 나갈 것이다. 그렇게 하여 점점 자신의 느낌, 생각, 행동이 모두 나에 의해 일어나는, 나의 길을 갈 수 있게 된다.

내가 나의 마음들을 지켜보고, 어떤 생각, 어떤 반응, 어떤 언설도 '나'에 의해 이루어진다고 느낄 때, 나는 나의 주인이 된다. 내가 나를 떳떳하게 여길 수 있을 때 갖는 자존감은 나의 생각과 행동을 의식하고 책임지려고 하는 그 마음에서 오는 것이 아니겠는가? 책임진다는 것은 자신이 선택했다는 것을 자각하고 선택을 책임지기 위해 자신을 일관성 있게 유지하는 것이다.

맹자가 세상의 모든 것이 내게 다 갖춰져 있다고 한 것은, 세상 끝에 있는 존재에게까지 마음을 쓰게 되었다는 소리일 것이다. 그러한 자기마음의 자각에서 갖게 된 자존감은 자신의 가치를 남이 매기는 것을 허용하지 않을 정도로 대단했다. 이러한 자부심은 어떤 외부가 아니라 스스로를 원동력으로 삼아 삶을 영위하겠다는 결심에서 온다. 나만이 나를 움직일 수 있다는 이 자유의 정신보다 우리 존재를 더 고귀하게 하는 것은 없을 것이다.

우리는 맹자만큼 마음을 크게 하지는 못한다고 해도, 자신을 떳떳하게 하는 방향으로 나아갈 수는 있다. 이러한 자부심과 자존감은 자신을 자각하고 스스로를 자랑스럽게 여기도록 성장하려는 사람들에게 허락된 것이다. 사람은 자신의 몸 안에 갇혀 일생을 끝낼 수도 있지만, 자신을 뛰어넘어 위대한 자신이 될 수 있는 능력도 있다. 어떤 타인도 나를 평가할 수 없을 정도로 고귀한 사람이 되는 것도 내게 달려 있다. 스스로의 존재를 긍정하고, 나아가 긍정의 범위를 넓혀 갈 수 있는 능력도 자신에게 달려 있다.

우리가 고귀한 사람이 될 수 있는 그 무엇보다 강한 동기는 우리가 스스로에게 자랑스럽고자 하는 존재라는 것이다. 우리 인간은 숨쉬는 것 이상의 고귀한 가치를 추구하는 존재이고자 한다. 그러한 지향이 있으므로 맹자는 인간을 더할 나위 없는 고귀한 존재로 여겼으며 성리학 역시 그 정신을 자신들의 틀로 재탄생시켰다. 스스로를 선하고 고귀한 존재가 되고자 하는 지향이 있기 때문에 인류는 어둠 속에서 헤매다가도 결국은 빛이 있는 궤도로 다시 올라 제 갈 길을 가고 있을 것이다.

공감과 비판정신

우리는 다른 사람을 향해 음흉한 속내가 빤히 보인다고 하거나 속보이는 거짓말을 집어치우라고 외칠 때가 있다. 그 사람과 끝장을 낼 작정이라면 상대에게 들리도록 말하겠지만, 대부분은 그럴 수 없는 사정이라서 혼잣말로 하는 경우가 더 많다. 어쨌든 '속내'나 '속'처럼 겉으로 보여 주는 것이 아닌데도 나는 안다고 생각하는 것이다. 그럴 수 있는 근거가 있는가?

우리가 공감하는 것은 슬픔이나 기쁨과 같은 감정만이 아니다. 우리는 타인의 욕망과 꼼수도 느낀다. 우리 자신의 마음도 그렇게 움직이기 때문일 것이다. 상대방이 저지르는 음모나 악행에까지 이르지 않는다고 해도 어떤 마음이 그렇게까지 자랄 수 있는지 알기 때문에 그 행보를 짐작할 수 있을 것이다. 나아가 그 사람을 통해 내가 타락했을 때의 모습을 본다. 나의 이기심을 제어하지 못하고 마냥 풀어놓았을 때, 나의 몸이 흡사 타인과의 관계를 가로막는 벽처럼 작용하여 나의 마음이 밖으로 향하지 못하고 오로지 나에게만 향할 때, 내게 어떤 일이 일어나고 나의 주위에 어떤 일이 일어날지 짐작한다. 그럼으로써 타락의 여파가 내게만 한정되는 것이 아니라는 것도 짐작한다. 내 옆에 있는 사람이 타락했을 때 나에게까지 영향이 미치고 나아가 이웃까지 괴롭히는 것처럼, 나의 타락도 그처럼 멀리멀리 퍼져 내 옆의 사람을 괴롭히고 세상 사람들을 괴롭힐 것임을 짐작할 수 있다.

이기심이 겪는 유혹, 타락의 과정, 타락의 끝을 공감하면서 예측할 수 있기 때문에, 자신의 자의식이 자신을 막는다. 마찬가지로 타인이 겪는 유혹과 타락의 가능성을 예측할 수 있는 우리는 타인의 타락을 미리 막아 줘야 할 의무가 있다.

우리는 누구나 스스로를 완벽하게 통제할 수는 없다. 그렇게 때문에 서로에게 적절한 비판을 해 줄 필요가 있다. 우리의 욕심은 때로는 눈앞의 비극도 보지 못하게 한다. 옆에서 보면 욕심이 이미 눈덩이처럼 커져 수많은 사람들을 불행으로 밀어 넣고 있는 것이 보이는데도 당사자는 깨닫지 못한다. 우리 모두 이러한 맹목과 어리석음을 갖고 있다는 것을 알기 때문에 서로 경계해 줄 필요가 있다. 우리가 경험하듯이 한 사람의 타락은 그의 불행에서 끝나는 것이 아니기 때문이다. 우애로운 공감능력에 의해 서로 연결되는 것처럼, 무모한 이기심 때문에 생기는 벽 역시 심장을 노리는 창처럼 서로를 찌른다.

어린아이는 옳은 일을 했을 때 칭찬받고 그른 일을 했을 때 꾸중을 들음으로써 구체적으로 무엇이 옳고 그른지 배워 간다. 그른 일을 했는데도 꾸중하지 않으면 고칠 생각을 하지 않는다. 어린아이라 할지라도 사려가 없는 것은 아니므로 때로는 어른이 어떻게 반응할지 살펴보기 위해 나쁜 일을 해 볼 때도 있다. 조금 더 큰 아이들은 나쁜 일이라는 것을 명백히 알면서도 저지르는 경우가 있다. 각자의 이유가 있을 것이다. 정말 나쁜 일인지 확인해 보고 싶어서일지도 모르고, 어른의 관심이 필요해서인지도 모른다. 자신이 나쁜 길로 갈 때 사랑으로 걱정하며 야단쳐 줄 어른을 기다리기 때문인지도 모른다. 어떤 이유든 아이들이 나쁜 일을 할 때 야단치지 않고 그대로 두면, 다음에는 더 쉽게 나쁜 일을 한다. 그래도 아무런 제재가 없으면 계속될 것이다. 나쁜 일인지 명백히 알 정도로 나이를 먹은 아이의 마음은 버림받았다는 생각까지 겹쳐서 더욱 잘못된 길로 나아갈 것이다.

우리가 나쁜 마음을 먹을 때 우리의 자의식이 우리를 야단치는 것처럼, 누구든 나쁜 마음을 먹고 그곳으로 한 발 내딛었을 때 서로 야단치고 비판해 주는 일을 해 줘야 한다. 그것이 서로를 버리지 않는 길이고, 우리가 함께 사는 세상을 망치지 않는 길이다. 가족이나 이웃이 나쁜 마음을 먹는지 나쁜 짓을 하는지, 내가 위임한 권력으로 정치가가 어떤 일을 하는지 그 권력을 어디에 쓰는지 전혀 관심 갖지 않는 일은 외출하거나 자기 전에 자기 집 문단속을 하지 않는 일만큼이나 어이없이 무신경하면서 위험한 일이다.

무관심은 어디에서 오는 것일까? 자신의 마음에도 둔감하고 타인의 마음에도 둔감한 데서 올 수도 있고, 괜히 비판했다가 보복을 당할까봐 두려워해서일 수도 있고, 혹은 타인의 타락이 나의 이기심을 충족시켜 주기 때문에 은근히 모르는 척할 수도 있다.

그러나 이웃의 타락은 건물의 벽돌을 중간에서 빼는 것처럼 위험하다. 어른의 따뜻한 제재를 기대하고 나쁜 일을 하던 아이는 제재해 주는 사람이 없으면 더욱 절망적인 마음으로 나쁜 사람이 되기 쉽다. 타인의 제재 없이 사소한 잘못을 행한 사람은 갈수록 더욱 큰 이권이 걸려 있는 악행을 시도할 것이다. 그의 욕망은 점점 자라고 악행을 거듭하면서 자신이 지금 나쁜 일을 한다는 자의식은 점점 사라질 것이다. 그리고 나쁜 일이 점점 커지면 연루되는 악의 연대도 점점 커지다가 그 자체로 권력이 되어 적극적으로 선의 영역을 침해하고 탄압하게 된다.

물론 우리의 모든 일이 지적되고 비판될 일은 아니다. 우리의 몸과 마음을 이루는 기가 과불급의 운동을 할 수밖에 없다면, 불협화음과 탈선 역시 피할 수 없는 자연이다. 자연 가운데 용인할 수 있는 과불급과 용인할 수 없는 과불급이 분명 있을 것이다. 그대로 둬도 시간이 지나면서 제자리로 돌아올 과불급도 있다. 아이들이 성장하면서 겪는 혼란의 시기에는 옳지 않은 것을 단호하게 알려 줄 필요는 있지만, 스스로 혼란을 정리하고 판단할 수 있을 때까지 기다려 줘야 하는 때도 있다. 우리가 어른의 기준을 정하는 이유도 어른이 되기 전에 한 판단이나 실수에는 온전히 책임을 묻지 않기 위해서이다.

그러나 성인(成人)의 행동, 특히 이른바 공적인 영역에서 많은 사람들의 권리를 위임받아 일하는 사람들의 실수는 한 번이라도 그대로 넘어가서는 안 된다. 옛날의 최고 권력자는 세습으로 권력을 받았지만, 요즈음은 주권자 국민의 권력을 위임받은 사람이 권력자이다. 황종희는 권력자의 권력 오용을 통제하기 위해 학교를 구상했지만, 요즘의 우리는 황종희보다 훨씬 입지가 단단하다. 무엇보다 우리들이 주권자이다. 정부의 권력은 국민의 권력을 위탁받은 것이다. 그러므로 정부가 권력을 잘 사용하도록 감시하는 일은 우리의 권리를 지키는 일이다.

우리의 마음이 온갖 유혹에 흔들린다는 것은 분명하다. 게다가 권력이 주는 유혹이 워낙 막대하니 보통 사람이라면 흔들리는 것이 당연하다. 권력을 사적으로 써서 얻을 수 있는 것들이 점점 화려해지고 많아지기 때문에 유혹은 점점 강렬해진다. 혼자서는 멈추기 어려워진다. 그러므로 권력이 그 사람 자신의 것이 아니라는 것을 수시로 일깨워 주는 일이 필요하며, 위탁한 권력이 제대로 사용되고 있는지 늘 지켜보는 눈이 있다는 것을 늘 지적하며 알려 줘야 한다.

물건을 간수하지 못해서 보통의 선량한 사람의 욕망을 자극해 도둑질을 하게 만들었다면 도의적으로 물건 주인의 책임도 있다. 권력을 맡겨 놓고 간수하지 못하고 오용되게 만드는 죄는 훨씬 크다. 죄의 크기 이전에 오용이 낳을 수 있는 비극은 상상을 초월한다.

권력의 오용은 모두의 나태를 먹고 산다. 나태를 정당화하기 위해 그를 믿어서 그랬다고 변명하지 말라. 믿어도 되는 사람은 어디에도 없다. 각자 자기 자신 안에, 혹은 자기 밖 타인의 눈에 자신을 지켜보는 존재가 있어야 탈선하지 않는다. 믿어야 한다면 그러한 역할을 해 줄 타인을 믿어야 할 것이다. 혼자서는 불완전하지만 함께 협력해서 경계해 줘야 믿을 수 있는 사회가 된다. 대책 없이 믿어 주는 것이 아니라 타락하지 않게 서로 경계하고 견제해 주는 것이 불완전한 우리들이 짐승의 길을 걷지 않고 인간의 길 위에서 존엄해지는 방법이다.

위선과 성장

위선이란 무엇일까? 우리는 대부분 위선적이라고 느껴지는 사람을 싫어한다. 뭔가 속셈이 있어 보여서 경계하게 되는 탓도 있지만, 그 이전에 그냥 기분이 안 좋다. 칸트가 말하는 대로 나 자체를 목적으로 대하지 않고 어떤 다른 목적을 위한 수단으로 대한다는 것이 느껴져서인지도 모르겠다. 속셈이 뭐든 위선은 사람을 불쾌하게 한다.

그런데 우리에게 마음이 하나가 아니라 여러 갈래라는 것을 생각하면, 위선에 대해서도 좀 더 관대하게 받아들일 수 있는 여지가 생긴다. 위선이라고 다 똑같지는 않을 것이다. 개중에는 좀 덜 미워해도 되는 위선이 있을 것이다.

가령 어떤 사람에게 잘 보인 뒤 그에게서 얻을 것이 있어서 꾸미는 '위선'이 있을 것이다. 상대의 경계심을 풀고 호감을 사기 위해 취하는 거짓 태도이다. 상대가 어떤 사람인가에 따라 위선의 연출이 달라질 것이다. 상대가 선량한 사람이라면 같이 선량한 척할 것이고, 상대가 권력자라면 권력자들이 원하는 온순함을 보이거나 자신도 비슷한 권력을 갖고 있는 척할 것이다. 상대가 물질은 가졌지만 외로운 사람이라면 외로움을 위로해 줄 수 있는 따뜻한 사람인 척할 것이다. 그렇게 해서 호감을 얻고 난 뒤에는 본격적으로 사기 행각이 벌어질 테니, 이 경우는 위선보다는 사기의 영역으로 넣어야 할 것이다. 이러한 위선은 미워하고 조심해야 할 사기이다.

사람은 누구나 타인의 인정을 원하는데, 자신의 실상보다 더 대단한 인정을 원하는 경우가 많다. 그런데 어떤 영역의 인정을 원하는가에 따라 스스로를 꾸미는 방향이 다르다. 가령 똑똑한 척할 수도 있고 돈이 많은 척할 수도 있다. 인기가 많은 사람처럼 굴 수도 있고 세속적인 가치에 초연한 사람인 척할 수도 있다. 실제의 자신보다 더 멋지고 선한 사람인 척을 한다고 해도 남에게 피해를 주는 것이 아니라면, '척'도 그렇게 나쁜 것으로만 매도할 필요는 없을 것 같다. 스스로 지향하는 자아상이 '척'으로 드러나는 것일 텐데, 이러한 자아상을 목표로 실제의 자신을 합치시키기 위해 노력하는 중이라고 생각해 줄 여지도 있다.

이런 여러 가지 꾸밈 가운데 선한 사람이 되고 싶다고 생각하고 선한 척하는 사람은 그래도 기특한 꾸밈, 바람직한 척이라고 할 만하지 않을까? 이것이 여기에서 주목하고자 하는 위선이다. 다만 격식을 만들고 따르는 것만으로 자신이 선한 사람이라고 만족하게 되면, 정작 중요한 공감의 마음을 키우려는 노력에는 손 댈 생각조차 하지 않고 일생을 마칠 수도 있다. 이렇게 되면 계속 황종희가 말하는 촌사람으로 남아 있을 것이다. 우리에게는 촌사람으로 인생을 끝내지 않도록 경계해야 하는 과제는 있다.

그러나 '선'을 좋은 것으로 인정하고 행하는 '위선'이라면 일단 덜 경계해도 될 것이다. 이 위선을 행하는 '보통 사람' 혹은 '촌사람'은 나쁜 사람은 아니고 다만 스스로의 인정이든 타인의 인정이든 인정을 필요로 하는 사람이다. '보통 사람'의 경우처럼 선이 어떤 것이고 어떻게 해야 선한 것인지 판단을 하기 어렵기 때문에 격식틀을 갖고 연출이 필요한 것이다. 혹은 평온하게 선한 마음으로 지내다가 불쑥 이기적인 마음에 지배되는 일도 있기 때문에 이기심을 감추는 위선일 수도 있다.

누구나 인정을 필요로 한다. 스스로를 중요한 존재로 느끼기 위해 필요하다. 맹자나 황종희가 말하는 성인(聖人)이라면 자기 마음의 가치를 자각한 사람이므로 스스로든 타인이든 더 이상의 인정을 필요로 하지 않을 것이다. 그러나 보통 사람은 아직 자신의 마음이 갈라지는 것을 면하지 못한 사람이다. 스스로 인정할 만하지 않기 때문에 다른 사람의 인정을 필요로 한다. 그래도 선한 사람이 되고 싶어 한다. 선한 사람이 되고자 하는 열망은 인간답게 살고 싶다는 열망과 다른 것이 아니다. 그저 밥 먹고 잠자는 것만을 반복하는 사람이 아니라 소중한 가치를 추구하는 사람이 되고 싶기 때문에 갖는 열망이다.

이는 지속적으로 이기심의 난동을 겪고 때로는 도를 넘는 생각과 행동을 하지만, 곧바로 그것이 지나쳤다고 깨닫고 사람들 앞에서는 그런 적이 없는 척하는 위선이다. 이는 '보통 사람'인 우리 모두의 상황이 아닐까? 미숙한 자신을 자각하면서 보다 나은 사람이 되기 위해, 그리고 보다 나은 사람으로 보이고 싶어서, 조금씩 스스로를 포장하면서, 그에 가까워지기 위해 한 발씩 노력해 간다. 타인 앞에서 그런 척 선전해 놓은 내가 만든 이미지에 나를 맞춰 가는 일은 일반적인 성장의 과정일 것이다. 자신을 지켜보는 스스로의 눈을 더욱 중요한 것으로 생각하기까지, 나를 지켜보는 타인들의 눈이 필요한 것이다.

선을 존중한다는 것은 중요한 덕이다. 때로는 자신의 것이 아닌 선을 가장할 때도 있지만 그 역시 선을 존중하기 때문에 나올 수 있는 태도이다. 정말 무서운 것은 선을 꾸밀 생각도 없이 공개적으로 당당하게 사악한 일을 벌이는 사람들이다. 특히 우리가 권력을 맡긴 사람이 권력을 이용하여 사익을 추구하며 나라에 해를 끼치면서도, 더 이상 주권자의 눈도 신경 쓰지 않고 위선적이지도 않다면, 그것은 재난이다. 위선적인 권력자라면, 우리가 합의한 선이 어떤 것인지 상기시키고 공론화시키는 것만으로도 효력이 있다. 그러나 더 이상 위선적인 척하는 것도 그만둔 상황이라면, 그를 평화롭게 바로잡을 방법은 남아 있지 않다.

그의 본심이 무엇일지라도 그가 위선이라는 행위 방식을 택하고 있는 한, 선을 근거로 개선을 요구할 수 있는 여지가 있다. 앞에서 황종희가 타인을 소인으로 규정하며 잘못만을 지적한다면 그를 좋은 방향으로 인도할 여지가 없어진다고 한 것도 같은 이유이다. 스스로가 선이라는 미명은 원하지 않고 전혀 꺼리는 것 없이 탐욕을 드러내면서 악행을 자행하는 사람이라면, 물리적인 방법 외에 그를 제지할 길은 없다.

갈라지지 않는 오롯한 마음은 '보통 사람'을 면한 성인의 경지이다. 우리 보통 사람들은 마음이 갈라지면서도 또 누구에게나 내놓을 수 있는 당당한 마음으로 돌아오려고 애쓰는 일을 되풀이하면서 산다. 그렇게 갈라지는 마음속에서 갈등을 겪으면서도 사회의 선을 행하려고 하는 노력은 칭찬받아 마땅하다. 우리는 갈라지는 마음 때문에 시행착오를 거듭하고, 또 후회와 반성도 거듭하며 사는 보통 사람이다. 그리고 서로 그런 처지라는 것을 알고 있기 때문에 때론 지켜봐 주면서 때론 비판해 주는 이웃이 되어야 한다.

황종희는 우리가 태생적으로 그렇게 태어났으니 모자라거나 넘치는 과정을 겪어 가면서 제자리를 찾아가야 한다고 말한다. 모자라거나 넘치는 것을 제자리로 돌려놓는 일은 사회 안에서 서로 키워 주고 경고해 줌으로써 이루어져야 하는 일이다. 보통 사람의 위선이란 타인의 눈을 자기의 선생으로 삼는 것이다. 타인의 눈 대신 스스로의 마음을 선생으로 삼게 되면, 그 사람은 황종희가 말하는 성인에 가까울 것이다. 황종희의 성인은 우리 보통 사람과 아주 가깝게 붙어 있다. 성인이란 그저 마음을 편안하게 한 보통 사람인 것이다.

이기심과 권리

지금까지 좋은 삶, 바른 정치, 좋은 사회를 꿈꾼 황종희의 구상을 따라가며 오늘날 황종희가 우리의 민주주의를 위해 어떤 조언을 줄 수 있을까에 대해서 생각해 보았다. 황종희는 기본적으로 유학자이다. 유학자로서 그는 사람이 가치의 원천이라고 생각한다. 그런데 유학자이기 때문에 그에게서는 '권리' 개념을 찾아보기 어렵다. 유학은 권리보다는 공동체의 조화에 기여하는 역할을 더 중요한 것으로 여긴다.

권리는 개인주의와 밀접한 관련을 갖는 개념이다. 개인주의는 유럽에서도 근대에 비로소 등장했다. 개인주의는 이성을 갖는 존재로서 개인이 세계를 올바로 인식하고 통제할 수 있다는 믿음을 전제하며, 개인 누구나 평등한 권리를 갖고 있다고 주장한다.

앞에서 봤듯이 황종희의 기의 존재론에서 설명되는 개인은 혼자서는 세계를 올바로 인식할 수도 없고, 당연히 세계를 통제할 수도 없다. 황종희에 의하면, 개인은 공동체 안에서 삶에 필요한 것들을 선배와 가족과 이웃에게 배우면서 비로소 어떻게 살아가야 할지 터득한다. 그리고 자신들이 터득한 것을 후배들에게 전해 줘야 한다고 생각한다. 그러므로 유학도 황종희의 생각도 개인주의와는 거리가 멀다.

그런데 개인주의는 민주주의에 필수적인 요소라고 할 수 없다. 개인주의는 개인의 자유를 주장하고 보장하려는 의지에서 자유주의 노선과 동행하는데, 자유주의가 주류로 성장한 서구에서는 자유주의가 드러낸 폐단, 즉 개인의 원자화와 윤리적 토대의 상실 등을 보완할 이념으로 공동체주의를 제안한다. 공동체주의는 인간이 모든 판단을 합리적으로 하는 이성적 존재라는 전제에 동의하지 않으며, 인간은 공동체 안에서 배움으로써 비로소 온전한 시민으로 성장해 간다고 주장한다. 그래서 공동체주의는 개인의 자유보다는 개인의 성장과 공동체 안의 평등을 더 중요하게 생각한다. 한국에서는 유학이 남긴 불통의 권위주의와 집단주의 때문에 공동체주의가 그 비슷한 것으로 오해되고 매도되기도 하지만, 공동체주의는 기본적으로 근대의 산물이다. 즉 민주주의를 지향한다. 다만 개인주의적 자유주의가 추진해 온 현 상황에 대해 반성하고 비판하면서 그 개선을 고민하는 것이다.

유학 안의 비판자로서 황종희는 개인의 이기심을 정당한 것으로 인정한다. 그런데 이기심을 정당한 것으로 인정하지만, 적극적으로 이기심을 충족시키려는 길을 닦는 일보다, 이기심의 폭주를 염려하고 그것을 막는 일에 관심을 기울였다. 그가 몸소 겪은 일 때문에 그가 주목한 이기심은 보통사람들의 것이 아니라 권력자들의 것이었기 때문이다. 개인주의는 훨씬 적극적으로 물질적인 쾌락을 인정하고 그 쾌락을 실현하려는 개인의 욕망을 정당한 것으로 평가한다. 황종희는 물질적인 쾌락, 즉 개인의 이기심을 자연이라고 인정은 했지만, 그것이 가치라고 생각하지는 못했다.

산업화에 치중한 급격한 근대화를 겪은 우리에게, 개인의 자유와 권리를 강조하는 개인주의는 제대로 배우지 못해서 여전히 학습해야 할 숙제로 남아 있는 가치이다. 우리는 자신의 권리를 주장하는 연습을 할 기회가 거의 없었다. 나아가 국가 주도의 산업화를 겪으면서 부유한 나라를 위해서라는 미명 아래 너무 많은 개인들이 자신들의 꿈과 삶을 희생하면서 착취당했다. 그 희생과 착취가 상당히 오랫동안 지속된 데에는 전통에서 습성이 된 효의 관념을 충과 결합시킨 정권의 선전이 큰 역할을 했다. 개인생활을 할 최소한의 시간까지 헌납하면서 산업화에 몸 바쳤던 산업역군들은 국가의 선전처럼 자신이 부유해지지 못하더라도 나라가 부유해지는 것으로 위로를 삼았을까? 알 수 없다. 어쨌든 나라의 국민총생산은 점점 올라갔지만 산업역군의 삶은 산업화가 이루어지기 전보다 더 나아졌다고 할 만한 것이 없었다. 오히려 자신들이 자라고 살던 삶의 터전을 잃은 나쁜 조건만이 더해졌을 뿐이다.

황종희도 말하듯이 사람에게 이기심은 없을 수 없다. 사라지는 것도 아니다. 그러한 것이기 때문에 다만 자신과 사회를 위해 균형을 이루기를 기대할 뿐이다. 그런데 실제로 자신의 이기심을 통제하도록 강요당하는 사람은 실제로는 최소한의 기본생활을 영위하는 것도 어려운 사회적 약자들이다. 그 사람들의 이기심은 오히려 그 충족을 소리 높여 주장해야 마땅한 삶에의 의지이다. 그들을 향해 나라를 위해 이기심을 접으라고 선전하는 사람들이야말로 이기심의 균형을 잡아야 할 사람들일 경우가 많다. 그들은 실제로는 사회적 약자들이 양보한 결과를 독식하고 과식하는 호사를 누리기 십상이다.

모든 생명체와 생명활동의 존엄함과 정당함을 표현하는 황종희의 용어는 '생의'이다. 정치 역시 공동체의 생의를 충족시켜 주는 것을 임무로 한다. 황종희는 개인의 생의 충족보다는 공동체의 살림을 고민했다. 개인이 갖는 권리에 대한 자각 대신에 그 공동체의 운영에 대한 개인의 책임을 강조한다는 점에서 그는 현대의 공동체주의자에 가까이 있다. 그러나 그 책임이란 자신의 생의를 충족시키고 나아가 가족의 생의를 충족시키기 위해 소수가 재화와 권력을 독점하지 못하게 해야 한다는 책임이다.

그의 세계에서는 악이 존재성을 가지지 않는다. 즉 악은 실체가 아니다. 누구나 빠질 수 있는 상황일 뿐이다. 마음이든 재화든 순조롭게 흘러야 하는데 흐르지 못하게 막아 두는 것이 악의 실상이다. 즉 사람들의 삶에 필요한 것들을 소수가 독점하여 흐르지 못하게 하는 것이다. 이는 삶의 터전을 통으로 파괴하는 극단의 악이지만, 실체가 있는 것이 아니기 때문에 사라지게 하기도 어렵지 않다.

이 악의 책임은 누구에게 있는가? 악은 개인의 힘으로 자라지 않는다. 누군가는 방관하고 누군가는 조장했기 때문이다. 사소해 보이는 개인의 태만이 초래한 결과는 우리가 살아야 하는 이 땅을 불모지로 만든다. 황종희가 자신이 경험한 비극을 되풀이하지 않는 방법으로 제시한 것은, 모두의 삶이 이어져 영향을 주고받는 삶의 연동을 깨닫고 자신의 생명을 지키는 마음으로 사회의 타락을 막아야 한다는 것이다. 그 실천은 일상적이어야 한다. 내 옆에 가까이 있는 사람의 삐끗함을 지켜보고 경고하는 것이며, 내 이웃의 실수를 지켜보고 눈감지 않는 것이다. 나아가 우리의 주문을 대행하고 있는 정치가의 일거수일투족을 관리하는 것이다. 모두가 깨어서 자신의 삶의 길을 찾고 넓히는 것이 결국은 주위에 악이 자라나지 못하게 하는 일이 된다. 황종희가 위기에 빠져 고민하며 찾아냈던 바른 길, 즉 '정도'란 단지 모두가 게으름 피우지 않고 자신의 생의를 추구하면서 만들어내는 길이다. 모두가 자신의 생의를 주장하며 합의해 가는 길이다. 바른 길은 미리 정해진 것이 아니라, 많은 사람들이 다녀서 만들어진 길일 뿐이었다.

그리하여 각자가 사회에 갖는 책임의 큰 부분은 구성원의 도덕적 성장과 정치적 성장에 참여하는 것이다. 참여하여 스스로 성장하고 내 이웃을 성장하게 하는 것이다. 악이란 나의 나태와 무감이 만들어내는 것이다. 처음에는 사소하게 시작되어 끝내는 이 세상을 누구도 살 수 없는 곳으로 망쳐 버린다. 나의 나태와 무감에서 시작한 작은 악은 옆으로 전염되어 수습할 수 없는 크기로 불어나고, 끝내는 모든 생명체를 삼켜 버리고 만다. 함께 노력하며 성장하면 올바른 길을 닦을 수 있지만, 그렇지 못하면 겉잡을 수 없는 나락이다. 악은 선처럼, 주위를 물들이며 넓게 퍼져 나간다. 그런 의미에서 나를 단속하고 주위를 단속하고 정치가를 단속하는 일은 권리라기보다는 책임이다.

우리가 권리라는 말로 번역한 영어는 'right'이다. 'right'는 라틴어 'ius'에서 왔는데, 이 라틴어는 자 같은 것이 "곧은" 것을 뜻하는 말이었다. 이 말이 비유적으로 윤리적인 '옳음'을 뜻하게 되고, 윤리적 옳음에서 '법'이 파생되었다. 그리하여 영어 'right'에는 '법이 보장하는 이익'이라는 의미와 함께 '올바름'이라는 의미도 들어 있다. 즉 권리는 올바르기 때문에 정당한 것이라는 의미를 갖고 있다. 안타깝게도 우리말 '권리'는 '權'(권력)과 '利'(이익)로 이루어져서, 올바름의 의미는 반영되지 않았다. 이 때문에 한자문화권에서 권리란 단순한 이익주장이라는 이기적 관념이 보급된 것을 피할 수 없었다고 주장하는 연구도 있다.

유학의 영향이 큰 데다 번역어의 영향도 조금 보태었을지 모르겠다. 어쨌든 우리에게 권리 관념이 희박한 것은 사실이다. 이기심이 정당한 것으로 운위되기도 어려운 상황이다. 더 나쁘게는 개인주의도 이기주의와 구별되지 않고 매도되는 일도 있다. 황종희는 올바른 사회를 위해 개인이 어떻게 올바른 책임을 다해야 하는지 강조했다. 그것이 권리라는 이름으로 발휘되지 않고 책임이라는 이름으로 요구된다고 해도, 그것은 나의 이기심을 주장하는 것이고, 그 충족의 길을 순탄하게 만드는 길이다. 나의 이기심은 주장되어야 한다. 그것을 충족시키고자 하는 각자의 권리를 찾는 것이 올바른 길을 만드는 방법이다.

덕치라면 모두의 덕치이어야

마키아벨리는 선을 추구하는 윤리와 실익을 추구하는 정치를 구분해야 한다고 주장했다. 정치 영역에서 선 같은 것은 치워 두라는 뜻이었다. 마키아벨리는 군주 권력의 안정을 기반으로 한 국가의 안정을 추구했다. 황종희 역시 정치가 해야 할 일이 국가의 안정과 안락이라는 데는 동의할 것이다.

그런데 마키아벨리가 제안한 정치적 효용을 거두기 위해서는 윤리적 심성을 무시하는 것을 넘어 배신까지 해야 한다. 효용성만을 중요하게 여기는 생활이 가져올 수 있는 문제에 대해서 황종희는 다음과 같이 경고한 적이 있다.

> 사람이 오직 '사공'(事功)에만 뜻을 두면 학문에 근본이 없다. [이러한 사람은] 천하를 얻을 수 있다면 의롭지 않은 짓을 하고 무고한 사람을 죽이는 일도 하니, 그 성취가 정말 얕다.(『맹자사설』)

황종희는 "의(義)가 있는 곳은 일의 크고 작음과 관계있는 것이 아니라 다만 곧은가 굽은가와 관계있을 뿐"(『맹자사설』)이라고 생각했다. "일단 계산하게 되면," 즉 유용성이나 효용성을 따진다면, 일의 규모와 관계없이 '옳음'은 뒷전으로 밀리게 된다. 그렇게 되면 이익을 위해서는 어떤 불의도 저지르고, 무고한 사람을 희생시킬 수도 있다.

유용성과 효용성을 가장 중요하게 생각하게 되면, 의로움, 공정함과 같은 덕목들은 부차적인 문제가 되고 결국은 고려되지 않게 된다. 황종희가 말하듯이 무고한 사람을 죽이는 일까지 하게 된다면, 정치는 무엇을 위한 것인가 묻지 않을 수 없다.

유용성과 효용성은 그 목적을 무엇으로 두는지에 따라 구체적인 가치가 달라진다. 군주가 나라의 주권자이고 부국강병을 최고의 가치로 여긴다면, 유용성과 효용성은 부국강병의 창출을 기준으로 판단될 것이다. 지금 우리가 살고 있는 민주주의 국가에서 국가가 추구할 최고 가치는 무엇인가? 가치가 무엇이든 민주주의 국가의 주권자는 정부가 "의롭지 않은 짓을 하고 무고한 사람을 죽이는 일"을 하면 다음 선거에서 표를 주지 않는 방식으로 그들을 심판할 수 있다.

그런데 현재에도 여전히 많은 나라에서는 부국강병이 중요하다. 특히 경제 성장을 최고의 가치로 여기지 않는 나라는 찾기 어렵다. 경제 성장을 최고의 가치로 여기는 나라에서는 국민들도 그렇게 생각하도록 교육된다. 국민들은 십중팔구 국가의 경제적 추구가 지극한 선이라는 것에 동의할 것이며, 자신을 경제적 진보를 성취하는 집합의 일원으로 생각하게 된다. 그리하여 자기 개인으로는 경제적으로 나아지는 게 없는데도, 국가의 경제적 부를 자신의 것으로 생각하게 된다. 이렇게 되면 민주주의 정치체제하에 있고 선거에 의해 정치가를 선택하고 정당을 선택하게 되어도, 십중팔구는 또다시 국가의 경제 성장을 최고로 생각하는 정당에 투표할 것이다.

앞에서 언급한 누스바움의 문제의식은 바로 그것이었다. 경제성장을 최고의 가치로 여기는 나라에서는 효용성에 도움이 되지 않을, 개인으로서의 자각이나 세상의 다양한 사람들에 대한 사려는 중시되지 않는다. 그러므로 세상의 다양한 가치에 대해 사고하고 비판할 수 있도록 훈련되지 않는다. 도덕적 감성을 키우는 일, 즉 공감의 마음을 키우는 일이 경시될 것은 말할 것도 없다.

근대 사회는 모든 방면에서 마키아벨리가 초석을 놓은 길, 즉 유용성을 가치로 여기는 길을 걸어왔다. 여전히 근대의 길 위에 서 있는 우리는 앞에서 언급했던 누스바움이 지적하는 문제에 봉착한다. 즉 이익추구와 유용성을 삶의 모토로 삶게 되면 인간은 이익이라는 가치에 종속되는 하찮은 존재가 되리라는 것이다. 유용성을 위해서라면 황종희가 경고하듯이 결국에는 "의롭지 않은 짓을 하고 무고한 사람을 죽이는 일도" 하게 될 것이다.

누스바움은 "이익을 위한 교육"과 "민주주의를 위한 교육"을 대비시켰다. 누스바움은 어떤 권위에도 영향 받지 않으면서 국가 전체에 영향을 미치는 정치 이슈에 대해 생각하고 검토하고 논쟁하는 능력, 인종이나 종교, 젠더가 다르더라도 동등한 권리를 가진 사람으로 인정하고 존중하는 능력, 특정한 종류의 정책이 타인에게 어떤 영향을 가질 것인지와 같이 타인의 삶에 관심을 기울이는 능력 등을 민주주의 교육에서 핵심으로 꼽았다. 그리하여 "한 인간의 삶을 지배하는 정책들의 선정 과정에서 일정한 목소리를 내는 일이야말로 존엄한 인간 삶의 핵심 요소"(『공부를 넘어 교육으로』)라고 주장한다. "민주주의를 위한 교육"은 공감능력과 함께 비판능력을 키우는 것을 골자로 한다.

유학은 유용성의 추구를 배격하고 사회 안의 적절한 분업과 적절한 재화의 분배를 전제한 도덕 사회를 꿈꾼다. 도덕 사회는 개인의 도덕적 성장을 사회의 중요한 가치로 생각하며, 도덕을 사회 운영의 원동력으로 생각한다. 그런데 실제로 최근 100여 년 전까지 동아시아에서 정치이념으로 작동했던 유학은 성리학이었다. 성리학은 도덕적 수양에 전력해서 어느 정도 수준에 이르렀다고 인정되는 군자에게 권력을 위임하자는 정치구조를 지향한다. 즉 도덕적 엘리트에게 나라살림을 맡기자는 생각이다. 도덕적 엘리트의 입장에서 말하면 자신의 인격 완성을 어느 정도 달성한 뒤에 세상을 구제하는 데로 나아가자는 것이다.

사라지지 않는 인간의 이기심, 그러한 인간이 권력을 잡아야 하는 불가피성, 이런 것 때문에 엄격한 법을 필요로 하면서도 황종희는 인간의 도덕적 성장을 사회가 추구해야 할 가장 큰 목표로 삼았다. 황종희는 마키아벨리처럼 정치를 현실의 영역으로 끌어내렸지만, 마키아벨리와 다르게 정치를 윤리에서 독립시키지 않았다.

그러나 황종희는 완성된 인격의 군자가 다스린다는 유학의 슬로건은 환상이라고 폭로한다. 그는 유학자 선배들과 마찬가지로 인간다운 삶을 사회의 목표로 하면서도 인격의 완성이라는 환상은 접는다. 완성된 인격을 기다리기에는 우리 현실이 쉬지 않고 움직이면서 우리의 판단과 참여를 요구하며, 인격이 완성된다는 것을 믿기에는 현실에서 목도하는 인간들이 너무 허약하다. 완성된 인격의 환상은 자격 없는 사람들에게 권력을 위임하는 위험을 초래하고, 완성된 인격에 위임해 놓았다는 안도 속에 권력자를 감시할 보통 사람들의 책임을 방기하게 한다.

황종희는 인격의 성장이 사회참여와 별개로 일어나는 일이어서는 안 된다는 사실을 깨달았다. 내가 내 이웃과 관계를 맺으면서 이웃의 범위를 점점 넓히고 그럼으로써 나의 공감능력과 지식을 넓혀가는 것이 그대로 나의 성장이자 사회의 성장이 되어야 한다. 이는 윤리의 더욱 넓은 면과 정치의 더욱 넓은 면이 일치하도록 하기 위한 고민의 결과라고도 할 수 있다. 사회의 구성원이 윤리적으로 성장해 간다는 것은 타인에 대한 공감이 커져 간다는 것이며, 공감은 좋은 세상을 향하고 있기 때문에 좋은 것뿐 아니라 나쁜 것에도 예민하게 반응하고 수정해 나갈 수 있게 된다. 공감의 마음을 그대로 실천에 옮긴다면 정치적 성장의 궤적이 될 것이다.

오늘날에는 권력의 근원은 국민에게 있다. 권력을 위임 받아 권력자 노릇을 하고 있는 사람을 통제할 수 있는 권력의 주인은 국민이다. 그러나 주인으로서의 일을 제대로 하려면 권력을 통제하는 것이 자신의 의무임을 자각하고, 정책이 결정되고 시행되는 과정을 지켜보는 일을 마다하지 않고, 문제가 있다고 느꼈을 때 두려움 없이 이의제기하는 일을 일상처럼 할 수 있어야 한다. 자신이 느끼고 있고 알고 있는 수준에서 발언하고 관여하는 일이 누구에게나 일상이어야 한다. 이는 황종희가 이야기하는, 연동 속에 있어서 함께 성장하면서 좋은 세상을 만들어 가야 할 이유이다.

성장을 위해 아무리 애써도 대부분은 끝내 보통 사람을 벗어나지 못하고 일생을 마무리할 것이다. 우리 모두는 보통 사람인 채로 사회를 살 만하게 꾸려 가야 한다. 불완전하지만 성인에 다가가는 보통 사람들이 흔들리는 마음을 자각하면서도 좋은 사회를 위해 분투하는 곳이 바로 황종희가 그린 바람직한 사회였다. 누군가는 성인에 오십 보 다가간 사람이라면 누군가는 백 보 다가간 사람일 것이다. 성인이 되는 것은 중요하지 않다. 오히려 자신의 불안함을 자각하는 보통 사람들이 성장을 위해 노력하면서 상호 도움을 필요로 하는 것이 중요하다. 즉 보통 사람으로서 해야 할 일을 자각하고 실천하는 것이 중요하다.

제5장에서 언급한 적이 있듯이 천티엔화는 20세기 초 청왕조를 전복하고 공화국의 건설을 기도하는 혁명파의 인사였다. 그는 황종희가 루소보다도 훌륭하게 민주정신을 드러냈다고 칭송했다. 그런데도 중국은 프랑스처럼 혁명을 통해 민주공화국을 이룩하기는커녕 만주족에게 나라를 빼앗기는 지경에 이르렀다고 한탄했다. 천티엔화는 이 이유를 프랑스에는 루소 이후 수많은 루소가 이어졌으나 중국에는 황종희 이후 아무도 없었기 때문이라고 진단했다.

오늘날 황종희의 민주정신이 훌륭하다는 천티엔화의 의견에 동의하는 '수많은' 사람이 있다면, 그들이 바로 황종희를 루소와 같은 민주주의의 선구자이자 상징으로 만들 수 있을 것이다. 그들은 루소의 공감능력을 배워 '이익 추구 사회'가 노정한 문제들을 타개해 보고자 한 누스바움의 해법보다, "민주주의를 위한 교육"이라는 의도에 더 적합한 모델을 황종희에게서 찾을 수 있을 것이다. 이성적인 개인을 전제하는 민주주의가 아니라 상호의존적인 개인을 전제하는 민주주의가 우리가 경험한 현실에 보다 부합하는 것이기 때문이다. 이성을 갖고는 있지만 이성적인 판단을 늘 자유롭게 할 능력은 결여되어 있는 것이 우리 개개인이기 때문이다.

황종희의 뜻에 공감하는 '수많은 황종희'는 사람을 나쁘게 만드는 것은 나쁜 세상이라는 것을 알기 때문에, 좋은 가족, 좋은 이웃, 좋은 사회를 만들기 위해 노력할 것이다. 이는 혼자서만 잘하는 것으로 이룰 수 없는 일이다. 그래서 사람들 사이에 막히는 일이 없도록 지속적으로 소통을 도모하는 사회를 만들 것이다. 자신에게도 늘 일탈의 가능성이 있으므로 스스로에 대한 경계를 내려놓지 않고 타인의 비판에 귀와 마음을 열어 두는 동시에, 다른 누구라도 권력을 독점하고 독단적으로 사용하지 못하도록 그에 대한 눈과 마음도 열어 둘 것이다. 이 사회 안의 개인들은 자신 각자가 흐름 안에서 중요한 연결고리임을 자각하고, 사회를 책임져야 한다는 마음으로 자기 성장을 도모하면서 동시에 비판의 역할도 태만하게 하지 않으려고 노력할 것이다. 이렇게 성장해 가는 사람들의 선의와 성장해 가는 사람들의 지성에 의해 이 사회는 건전하게 꾸려져 갈 것이다.

'수많은 황종희'는 이웃이 없으면, 공감이라는 방식의 상호 검증이 없으면, 옳음은 옳음이 될 수 없다고 주장할 것이다. 그리하여 지속적으로 옳음을 찾아 나가고 지속적으로 스스로를 단속하듯이 권력을 단속하고 살아야 한다고 일깨울 것이다. 이것이 사람이 사람과 함께 성장해 나가는 현대 민주주의 사회의 보다 현실적인 전망이 아닐까?

자신의 성장과 사회의 성장을 함께 실현한 경험은 더욱 견고한 자존감을 가진 사람으로 거듭나게 할 것이다. 자존감이 있는 사람은 다른 어떤 목적 때문에 자신의 도덕성을 억누르거나 외면하지 않는다. 그리하여 이들이 더 좋은 자신, 더 좋은 사회를 키워 가기 위해 공감의 마음을 발휘하고 이를 실천에 옮긴다면, 이 일은 갈수록 견고해지고 갈수록 속도가 붙을 것이다.

더 읽으면 좋을 책들

(1) 황종희의 글 직접 읽어보기

황종희 지음, 이혜경 주해, 『맹자사설』, 한길사, 2011

황종희 지음, 김덕균 옮김, 『명이대방록』, 한길사, 2000

황종희에게 관심이 생겼다면 황종희의 글을 직접 읽어 보자. 이 책에서 황종희를 소개하는 데 직접적으로 참고로 한 두 책 모두 번역이 되어 있다.

두 권 가운데 『명이대방록』은 이해하기 쉬운 내용이다. 이 책에서 자주 언급했듯이 바람직한 정치에 대한 황종희의 구상이 담겨 있다. 특히 쉽게 타락하는 권력자들을 어떻게 견제해야 하는지, 그러기 위해서는 얼마나 많은 사람의 노력과 시간이 필요한지, 어떻게 그러한 노력을 일상으로 가져올지에 대한 구상을 소개하고 있다.

『맹자사설』은 『맹자』 가운데 코멘트가 필요한 구절에만 자신의 주석을 다는 방식으로 쓴 일종의 주석서이다. 유가의 경전이라고 평가되는 책들에 주석을 다는 방식으로 자신의 사상을 피력하는 일은 유학의 역사에서 전통적으로 이어져 온 방식이다. 그래서 『맹자사설』에서는 황종희 이전의 『맹자』 주석, 특히 송대 주희의 『맹자집주』와 명대에 임금의 명에 의해 발간된 『맹자대전』이 비판의 대상으로 자주 언급된다. 『맹자』를 알고, 또 그에 대한 해석이 달라지는 것을 구별할 수 있을 정도의 고전독서 경험이 있다면 깊은 재미를 느낄 수 있을 것이다. 『맹자』에 대한 선이해가 없다면, 읽히는 부분만 읽는 방식으로 황종희의 생각을 들여다봐도 좋을 것이다.

(2) 긍정적으로 『맹자』 읽어보기

이혜경 지음, 『맹자, 진정한 보수주의자의 길』, 그린비, 2008

황종희는 맹자의 정치사상에 의문을 던지며 맹자와 다른 생각을 개진했지만, 그렇게 한 이유는 기본적으로 맹자가 제시한 측은지심 즉 이 책에서 공감의 마음이라고 소개한 그 마음에 의해 연결되는 사회 구상에 동의했기 때문이다. 맹자는 사람이 가장 귀한 가치라고 생각했다. 그리하여 사람이 부국강병과 같은 다른 목적의 수단으로 다뤄져서는 안 된다고 생각했다. 맹자는 사람의 마음이 갖는 힘을 발휘하여 맺어지는 인륜사회의 귀중함을 설파했다. 이혜경의 위의 책은 만약 현대에도 맹자의 사상이 긍정적으로 계승될 수 있다면 바람직한 보수주의의 이념이 될 수 있으리라는 제안을 담았다. 보수와 진보는 대단히 많이 사용되는 말이지만, 우리 사회에서 사용하는 사람마다 의미가 다른 듯하며, 실제로 명확한 내용을 염두에 두고 사용되는 것 같지는 않다. '보수'란 지킨다는 뜻이고, 지키려는 것이므로 무엇인가를 가치 있다고 여기는 것이다. 건전하고 당당한 보수가 있다면 자신들이 귀중하게 여기는 가치에 대해 사회구성원들에게 분명하게 말하며 같이 지키자고 할 것이다. 그렇게 분명하게 자신들이 수호하는 가치를 내놓을 수 있다면, 진보주의자들에게도 좀 더 신중하게 고민할 기회를 줄 것이며, 보다 바람직한 사회를 만드는 데 기여할 것이다.

(3) 황종희와 비교해서 읽어보기1

니콜로 마키아벨리 지음, 강정인 · 김경희 옮김, 『군주론』, 까치, 2008

니콜로 마키아벨리 지음, 강정인 · 안선재 옮김, 『로마사논고』, 한길사, 2003

마키아벨리는 이상주의적인 도덕론에 대립하는 의미에서 현실주의 정치이론가이다. 현실 어디에도 없는 인간이 될 것을 가르치는 이상주의적인 도덕은 현실에서 아무런 힘도 발휘할 수 없다는 점에서 도덕은 무용하며, 현실을 부정하고 외면한다는 점에서 해롭다고 마키아벨리는 주장한다.

『군주론』은 마키아벨리가 살았던 15세기 중반 이탈리아의 위기 극복 방안이라 할 수 있다. 당시 분열되어 파국으로 치닫고 있는 이탈리아 내의 단합과 통일을 달성하여 외세의 위협에 대처할 수 있는 강한 국가를 만들기 위해 어떻게 해야 하는지를, 메디치가의 군주에게 건의한 내용이다. 그는 군주에게 귀족의 전횡과 억압에서 인민을 보호하고 인민의 환심을 사야 한다고 설득한다. 그리하여 전쟁이 계속되기를 바라는 용병들 대신 인민들로 군대를 구성하고, 자유에 대한 인민들의 사랑에 의지해야 국가가 유지되고 강해질 수 있다고 주장한다.

『로마사논고』는 성장과 번영을 누렸던 로마공화정을 자신이 주장하는 현실주의 정치의 성공적인 사례로 소개한 책이다. 잘 조직된 강한 군대를 가졌던 로마는 많은 국가들을 식민지로 정복했다. 이 책의 주제는 무엇이 로마공화정을 위대한 제국으로 만든 것인가이다. 인민이 국가의 통제에 참여하는 공화제에서는 짧은 시간에 국가가 거대하게 성장한다는 것이 한 가지 대답이고, 때때로 짐승의 방법을 사용하는 것을 주저하지 않았기 때문이라는 것이 또 다른 대답이다. 폭력이나 기만이 경우에 따라서는 필요하다는 것이며, 사람은 이러한 현실의 복합성과 다양성을 고려하여 그에 부합하게 행동할 수 있어야 한다는 현실정치의 실례를 소개한다.

(4) 황종희와 비교해서 읽어보기2

마사 누스바움 지음, 우석영 옮김, 『공부를 넘어 교육으로』, 궁리출판, 2011

누스바움은 민주적 시민을 키워 내야 할 이 시대의 교육이 경제성장에 이바지하는 일꾼을 키워 내는 현실을 재난으로 바라보며, 어떤 사람이 되어야 할 것인가, 어떤 사람으로 키워야 할 것인가에 대한 각성을 요구한다. 우리나라처럼 경제성장에 올인한 단기간의 근대화를 거친 사회에서 누스바움의 문제제기는 심각하게 받아들여야 할 일이다. 경제성장을 제일의 가치로 두게 되면 사람도 거기에 종속된 톱니바퀴 정도의 의미밖에 갖지 못한다. 누스바움은 민주주의를 위한 교육은 개인에 대한 존중을 기반으로 세워진다고 강조한다. 민주시민으로 성장해야 한다는 것은 인간으로서 자신의 존재를 귀중하게 다루는 것이며, 동시에 이 지구에서 같이 살고 있는 타인을 세심하게 배려하는 일이라고 역설한다. 그리하여 자신과 타인에 대한 진정한 배려는 우리 사회에서 일어나는 일들에 적극적인 관심을 갖고, 어떤 기제에 의해 돌아가는지 이해하며, 비판할 수 있고, 나아가 바로잡기 위해 실천하는 능력까지 포함한다는 것을 들려준다.

✿ 찾아보기

이혜경
서울대학교 인문학연구원 부교수. 중국근대 세계관의 동요와 그에 따른 윤리의식의 동요에 관한 논문으로 일본 교토대학에서 박사학위를 받았다. 이후 동아시아 3국의 근대로 그 연구범위를 넓혀 가고 있다. 『천하관과 근대화론: 양계초를 중심으로』, 『량치차오: 문명과 유학에 얽힌 애증의 서사』, 『맹자, 진정한 보수주의자의 길』 등의 연구서와 『역사 속에 살아 있는 중국 사상』, 『송명유학사상사』(공역), 『맹자사설』, 『신민설』 등의 번역 · 주해서를 출간했다.

문명총서 발간사

서울대학교 인문학연구원은 2007년 11월 한국연구재단의 인문한국(HK) 사업을 수탁하여 HK문명연구사업단을 출범시켰다. 한국과 아시아, 세계를 향한 문명연구의 허브를 구축하기 위해 '한국 인문학'의 정립을 목표로 인문학 제 분야는 물론 인근 분야의 전공자들까지 한 지붕 아래 모였다.

인문학연구원이 한국 인문학의 도약을 위해 핵심과제로 주목한 것은 문명에 대한 새로운 이해이다. 문명이란 장구한 세월 동안 인류가 일구어 낸 정신적·물질적 성과들의 종합이며, 타 문명들과 서로 영향을 주고받으며 진화해 온 복합적 실체이다. 이에 대한 심층적인 이해가 선행되지 않는다면, 현재와 미래에 대한 유효적절한 준비와 대응은 불가능하다.

'문명텍스트총서'는 인문학 안팎의 다양한 전공을 가진 우리 연구원의 연구자들이 자신의 영역에서, 과거와 현재 문명의 정수와 그에 대한 인식을 담은 중요한 텍스트를 선정하여 번역하고 주해한 결과물이다. 이는 긴 시간의 노동을 요하면서도 성취가 단기간에 가시화되지 않는 우직한 작업이지만, 인류의 유산을 한국화하는 이 같은 작업이 주체적으로 세계문명을 사유하고 새로운 문명을 개척하는 데 발판이 되리라고 믿는다. 문명텍스트총서가 현재와 과거를 엮는 씨줄 놓기 작업이라면, 문명공동연구총서는 인간과 세계를 총체적으로 이해하려는 날줄 엮기라고 할 수 있다. 오랫동안 자신의 분야에서 전문화를 추구했기에 공동연구가 쉬운 일은 아니지만, 문명 이해의 융합적 시각뿐만 아니라 한국 인문학의 새로운 전망을 써 내려가는 방법론을 제시할 수 있기를 희망한 결과물이다. 또한 문명지평총서는 연구원 안팎의 연구자들이 참여한 연구서와 교양서를 아우르고 있다.

아무쪼록 문명총서 시리즈가 동서고금의 문명을 더 깊고 더 넓게 이해하는 창발의 효과를 가져오길 기대하며, 국내외의 학자들이 참여하고 교류하는 열린 연구공간이 되길 바란다.

2014년 4월

서울대학교 인문학연구원 원장